科技部 2021 年度"社会治理与智慧社会科技支撑"重点专
成长跟踪研究"课题"多维度多场域学生数据采集技术"
课题编号：2021YFC3340802

课堂学习行为的视觉感知与分析

刘 海 张昭理 编著

电子工业出版社
Publishing House of Electronics Industry
北京·BEIJING

内 容 简 介

人工智能技术辅助下的教育改革已在世界各国受到越来越多的关注，加快推进教育数字转型和智能升级成为我国教育数字化战略行动。本书致力于在课堂学习行为的视觉感知与分析这一精细领域利用基于深度学习的计算机视觉技术推动教育智能改革，为实现个性化教学、提升教学质量、促进教育公平提供一系列方法和策略。本书系统地分析了计算机视觉技术与课堂学习行为相结合这一必然发展趋势，从数据集构建、关键技术的模型方法提出、精准的应用实施三个方面展开了细致的论述。其中涉及的计算机任务主要包括面部表情识别、视线估计、头部姿态估计及人体姿态估计，课题组通过总结过去十余年在这些方面的实践经验，以期为国内探索实现规模化教育与个性化培养的有机结合提供一定的借鉴和指导。

本书可供教育信息化科研人员或工作者参阅，也可以为计算机视觉相关专业的本科生、研究生提供该领域实际应用方向上的指导与借鉴。

未经许可，不得以任何方式复制或抄袭本书之部分或全部内容。
版权所有，侵权必究。

图书在版编目（CIP）数据

课堂学习行为的视觉感知与分析 / 刘海，张昭理编著. —北京：电子工业出版社，2023.6
ISBN 978-7-121-45628-2

Ⅰ. ①课… Ⅱ. ①刘… ②张… Ⅲ. ①课堂教学－计算机辅助教学－教学研究 Ⅳ. ①G434

中国国家版本馆 CIP 数据核字（2023）第 089884 号

责任编辑：缪晓红　　　　　特约编辑：田学清
印　　刷：天津千鹤文化传播有限公司
装　　订：天津千鹤文化传播有限公司
出版发行：电子工业出版社
　　　　　北京市海淀区万寿路 173 信箱　　邮编：100036
开　　本：720×1 000　　1/16　　印张：13　　字数：241 千字
版　　次：2023 年 6 月第 1 版
印　　次：2023 年 6 月第 1 次印刷
定　　价：95.00 元

凡所购买电子工业出版社图书有缺损问题，请向购买书店调换。若书店售缺，请与本社发行部联系，联系及邮购电话：（010）88254888，88258888。
质量投诉请发邮件至 zlts@phei.com.cn，盗版侵权举报请发邮件至 dbqq@phei.com.cn。
本书咨询联系方式：（010）88254760。

前　言

课堂学习行为分析

课堂是学校规模化教育的核心，课堂教学评价对于教学质量的提高有重要意义，而学生的课堂行为表现是课堂教学评价的重要成分。通过评价学生的课堂行为，形成有效的反馈信息和教学导向，可以有效地促进课堂教学和学生的发展。因此，将现在的计算机视觉技术和教学过程的相关测量手段相结合，对教室中学生的学习行为进行分析，形成对学生、课堂的多维度的客观评价和反馈，对于提高课堂的教学效率和教学质量有着重要的意义。

学习分析与评测

学习投入度是指学生在学习过程中表现出来的一种状态，是影响学生学习质量的重要因素，学生的学习投入度影响着他们的学业成绩和认知发展。而本书利用人工智能技术对学生的课堂行为进行分析，准确了解学生的学习状态，对学生的学习投入度和认知水平进行评测，帮助教师针对不同的学生进行相应的策略修改，提高课堂教学效率。

自适应个性化辅助学习

随着知识经济时代的到来，当前的学习模式受到了前所未有的冲击，各种新的学习模式如潮水般涌现。在所有学习模式中，最具冲击力的是随着网络技术发展而出现的网络化教学，又称为在线教学。在线教学环境在抗击新型冠状病毒感染疫情的过程中取得了快速发展，为学生学习及获取知识发挥了重要的作用，直播课教学逐渐成为一种新的教学方式。然而，教育大数据的发展带来了信息冗余、教育资源质量参差不齐的问题。学生在选择教育资源时，不仅要面对从海量的教育资源中选择合适教育资源的难题，还要面对优质教育资源的选择和判别问题，这对当前学生来说无疑是很困难的。如何在海量的教育资源中选择适合学生的优质教育资源是一个亟待解决的问题。自适应个性化辅助学习是指可以根据学生的偏好特性为其选择合适的优质教育资源。

当然，随着信息技术的快速发展，互联网中的数字化学习资源越来越丰富，在一定程度上解决了大规模学生同时在线学习、获取教学服务、共享学习资源等问题，也为个性化学习创造了条件。但是，过载的教学信息及冗余网络信息会导致学生迷航。网络信息资源浩瀚，大量组织无序和随机性的信息容易造成学生"信息迷航"，同时在网络信息资源中，"负信息"可能使学生茫然。而知识传递方式的单一性与统一性，使得不同知识结构、不同知识背景与不同接受能力的学生面临相同的学习方式，导致直播课教学寡效。因此，有必要开展自适应个性化辅助学习的研究，这样节省了学生寻找自己可能需要的学习资源所耗费的精力和时间，提高了学生的学习效率和积极性，在一定程度上缓解了海量资源所引起的"信息过载"问题；实现了学生在学习过程中学习资源的连续性和一致性，从而达到学习内容的系统化和体系化。

本书由华中师范大学刘海拟定编写框架、体系结构和指导思想，编写小组由硕士研究生组成。其中，周启云参与第1章、第2章、第3章、第4章、第8章、第9章的编写、朱俊艳参与第1章、第3章、第7章、第9章的编写，宋云霄参与第1章、第3章、第6章、第8章、第9章的编写，王书通参与第1章、第3章、第5章、第8章、第9章的编写，刘海对本书进行了统稿并对每章的内容进行了修订。本书在编写过程中参阅了大量的文献与研究资料，在每章后面列举了主要的参考文献，由于编写时间及编者水平有限，书中难免有不足和疏漏之处，恳请广大读者提出宝贵的意见和建议，以便本书进一步的完善和修订。

致谢

首先，我要感谢周启云、朱俊艳、宋云霄、王书通、方帅、汪翔、陈煜、赖承杭、聂瀚文、陈莹莹、李振华、吴潇楠等，没有他们的支持和帮助，本书不会取得顺利的进展。感谢研究团队的研究生们在资料收集方面的工作，为本书的编写也提供了很多宝贵的建议，他们的努力使我的研究更加丰富有价值。其次，我要感谢家人和朋友们，是他们在繁忙的工作中给予我精神上的支持和帮助。最后，我要感谢所有协助完成本书的编辑和排版人员，他们认真仔细地审阅并纠正了许多错误，让读者能够更清晰地了解我们的研究成果。由衷地感谢此刻正在阅读本书的读者，你们的积极参与和反馈将会让本书的内容更好地运用于实践，进一步促进人工智能在教育教学中的应用及未来教育的变革。

刘 海

2023 年 4 月

目 录

第一部分 背景与理论

第1章 背景与意义 ... 2
- 1.1 国家重视课堂学习行为分析的引领作用 ... 2
  - 1.1.1 课堂学习行为分析是落实个性化培养的重要举措 ... 2
  - 1.1.2 课堂学习行为分析是加快教育新基建的重要举措 ... 3
  - 1.1.3 课堂学习行为分析是促进教育"以人为本"发展的重要举措 ... 4
  - 1.1.4 其他国家在"人工智能+教育"领域的行动计划 ... 5
- 1.2 要解决的问题 ... 6
- 1.3 国内外的研究现状 ... 9
  - 1.3.1 课堂学习行为的视觉感知 ... 9
  - 1.3.2 分析国内外的研究现状 ... 10
- 1.4 视觉感知原理 ... 19
  - 1.4.1 计算机视觉驱动的行为感知基础 ... 19
  - 1.4.2 课堂学习行为的理解与认知 ... 20
  - 1.4.3 课堂学习行为的智能评测 ... 21
- 1.5 总体研究框架 ... 22
- 参考文献 ... 23

第2章 学生兴趣建模理论模型 ... 31
- 2.1 兴趣概念的界定与分类 ... 31
  - 2.1.1 兴趣的概念界定 ... 31
  - 2.1.2 不同角度的分类 ... 32
- 2.2 兴趣的获取方式与表示方法 ... 33
  - 2.2.1 兴趣的获取方式 ... 33

2.2.2 兴趣的表示方法 33
2.3 学生兴趣模型 34
2.3.1 学生兴趣模型的概念框架 34
2.3.2 学生兴趣模型的表示方法 37
2.4 学生兴趣模型量化指标分析 38
2.4.1 课堂注意力量化指标 38
2.4.2 课堂参与度量化指标 40
2.4.3 学习情感的量化指标 42
2.5 学生兴趣模型量化分析技术 43
2.5.1 兴趣量化指标的采集方法 44
2.5.2 单维度的兴趣指标量化技术 48
参考文献 52

第二部分　关键技术

第3章　课堂学习行为数据集构建 56
3.1 头部姿态的数据集 56
3.1.1 采集场景设计与布置 57
3.1.2 方案规划与数据采集 59
3.1.3 数据后处理及数据集设计 61
3.2 人体姿态的数据集 63
3.3 已有的数据集 64
3.3.1 面部表情图像数据集 64
3.3.2 视线估计数据集的介绍 66
3.3.3 头部姿态数据集的介绍 67
3.3.4 人体姿态数据集的介绍 69
3.4 参考鼠标轨迹数据的面部表情图像标注 70
3.4.1 摄像头和鼠标轨迹数据的采集与处理 71
3.4.2 标注方法的选择与数据标准的一致性检验 73
3.5 数据集建立小结 78
参考文献 79

第4章　面部表情识别方法 81
4.1 基础 81
4.1.1 人工神经网络 81

            4.1.2 卷积神经网络 85
            4.1.3 图卷积神经网络 87
            4.1.4 标签分布学习技术 90
      4.2 基于高斯先验分布的表情识别方法 91
            4.2.1 情感标签分布设计 92
            4.2.2 基于标签分布学习的表情识别模型构建 95
      4.3 基于图卷积网络与 K 最近邻图的面部表情识别 98
            4.3.1 面部表情特性的挖掘 98
            4.3.2 基于图卷积网络与 K 最近邻图的情感标签分布构建 101
            4.3.3 K 最近邻图的情感标签分布构建 104
            4.3.4 情感标签分布建模与优化 105
      4.4 建议及对未来的思考 107
      参考文献 108

第 5 章 视线估计方法 110
      5.1 基础 110
      5.2 基于复合损失卷积神经网络的视线估计方法 111
      5.3 基于头戴式设备的视线估计 113
            5.3.1 校准数据的准备 115
            5.3.2 HMD 的自动校准 116
            5.3.3 3D PoR 估计 118
      5.4 建议及对未来的思考 119
      参考文献 120

第 6 章 头部姿态估计方法 121
      6.1 基础 121
            6.1.1 头部姿态低容忍性分析 121
            6.1.2 精细化头部姿态标签设计 122
            6.1.3 姿态表示差异性分析 123
            6.1.4 基于矩阵费雪分布的旋转矩阵参数化 125
            6.1.5 标签平滑正则化技术 127
      6.2 各向异性的分布学习 128
            6.2.1 头部姿态的两个观察及验证 128
            6.2.2 各向异性的姿态分布模型构建 131
            6.2.3 基于极大后验估计的损失函数推导 132
            6.2.4 基于空间权重的网络架构 133

6.3 基于三元组网络架构的头部姿态估计 134
6.3.1 三元组网络架构 134
6.3.2 头部姿态精细化估计 135
6.3.3 基于三元组网络架构的精细化头部姿态估计模型 136
6.3.4 损失函数和模型优化 138
6.4 基于矩阵费雪分布的头部姿态估计方法 139
6.4.1 矩阵费雪分布模块构建 139
6.4.2 模型架构设计 140
6.4.3 损失函数和模型优化 141
6.5 建议及对未来的思考 141
参考文献 142

第7章 人体姿态估计方法 144
7.1 基础 144
7.1.1 基于深度学习的人体姿态估计方法介绍 144
7.1.2 目标检测 146
7.1.3 非极大值抑制 148
7.1.4 HRNet 网络框架 149
7.1.5 姿态估计回归方式 150
7.2 基于骨骼线索感知的 HPE 模型构建 151
7.2.1 基于骨骼线索感知的高斯坐标编码 151
7.2.2 面向姿态估计的 EHPE 模型构建 156
7.3 基于像素表征学习的 CHRNet 网络设计 159
7.3.1 前背景权重组件 159
7.3.2 AF1-measure 评估策略 160
7.3.3 CHRNet 网络架构 161
7.4 建议及对未来的思考 161
参考文献 162

第三部分 应用与未来趋势

第8章 课堂学习行为的多模态融合 166
8.1 过程性的融合 166
8.1.1 多模态数据融合的层次 166
8.1.2 过程性融合的关键问题 167

8.2	决策性的融合	170
8.3	混合性的融合	172
	8.3.1 分层信息融合方法	173
	8.3.2 混合性融合	174
参考文献		175

第9章 应用实例与未来趋势探讨 ... 176

9.1	应用1：智慧教室中的学生兴趣模型应用实例分析	176
	9.1.1 《酸碱盐》案例基本信息	176
	9.1.2 学习行为数据采集	178
	9.1.3 学生的课堂兴趣量化分析	180
9.2	应用2：基于鼠标轨迹和面部微表情的投入度分析	181
9.3	应用3：基于关键点位置信息的学生课堂状态分析机制	183
	9.3.1 学生行为识别路线	184
	9.3.2 学习行为分析指标	186
	9.3.3 学生行为状态判别系统构建	187
9.4	应用4：基于头部姿态的学生注意力感知与分析	188
	9.4.1 实验数据采集	189
	9.4.2 学生注意力感知分析	190
9.5	建议及对未来的思考	193

后记 ... 195

扫描可查看全书配图

（部分为彩图）

第一部分

背景与理论

第 1 章

背景与意义

▶ 1.1 国家重视课堂学习行为分析的引领作用

1.1.1 课堂学习行为分析是落实个性化培养的重要举措

学习行为分析是收集和分析由学生及其学习互动生成的数据,如学生的姿态偏转和视线方向、学生的动作、学生的面部表情等。学习行为分析的目的是从这些数据中得到学生的实时学习状态和学习风格,以便教师能做出更好的决策并提供相关干预措施(注视、提醒等)、调动学生的积极性、激发学习动机、提高学生的学习效率。此外,学生在课堂教学中呈现的状态和获得的发展可作为评定课堂教学质量的重要依据。

2020 年年底,党的十九届五中全会明确提出要建设高质量教育体系,到 2035 年建成教育强国。习近平在全国教育大会上指出,"教育是民族振兴、社会进步的重要基石,是功在当代、利在千秋的德政工程,对提高人民综合素质、促进人的全面发展、增强中华民族创新创造活力、实现中华民族伟大复兴具有决定性意义。教育是国之大计、党之大计。"当今世界正经历百年未有之大变局,教育必须主动变革,有所作为。然而,当前我国学校教育仍以班级授课制的集体化教学为主,应试升学要求高、班级人数规模大、学生课业负担重,教育规模化覆盖和个性化需求满足的基本矛盾依然突出。2018 年 4 月,中华人民共和国教育部发布《教育信息化 2.0 行动计划》,提出了"互联网+"条件下的人才培养新模式。2019 年 2 月,中共中央、国务院印发了《中国教育现代化 2035》,再次强调"利用现代技术加快推动人才培养模式改革,实现规模化教育与个性化培养的有机结合。"这一系列重要举措的实施,不仅表明国家对于技术赋能教育的认可,更为技术优化规模教育与个性化培养指明了方向。本项目构建了规模化教育与个性化培养的逻辑框架,并提出了具体的实施路径——通过对课堂内的学生进行头部姿态估计、视线估计、面部表情识别、人体姿态估计等,对上述结果进行多模态的数据融合,得到每个学生的实时学习状态,最终实现个性化学习。本书总结过去十余年课题组的实践经验,以期为国内探索实现规模化教育与个性化培养的有机结合提供一定的借鉴和指导。

江浙沪是我国基础教育发展水平较高的地区,同时,这些地区的教育现代化发展水平位于全国前列。以浙江省为例,2021年3月《浙江省教育领域数字化改革工作方案》被提出,全面落实国家智慧教育公共服务平台浙江省试点工作,组织建设区域和学校数字化改革创新试点项目,扩大优质数字资源的有效供给与应用,加快形成"全网互通、学段贯通、学研融通、教企联通"的省域智慧教育平台体系,努力提供惠及全民、覆盖全省的大规模个性化在线教育公共服务。

1.1.2 课堂学习行为分析是加快教育新基建的重要举措

2019年年初,中华人民共和国教育部印发《关于加强网络学习空间建设与应用的指导意见》,提出了利用空间开展基于数据的教育教学和学生综合素质评价,实现个性化教学和精准化施策,促进教育治理现代化;利用空间进行学习评价和问题诊断,开展差异性和个性化教学与指导,促进教育公平,提高教育质量。2021年3月,新华社发布的《中华人民共和国国民经济和社会发展第十四个五年规划和2035年远景目标纲要》是我国开启全面建设社会主义现代化国家新征程的宏伟蓝图,内容丰富、意义深远。2018年4月,中华人民共和国教育部印发了《教育信息化2.0行动计划》,其指出"教育信息化是教育现代化的基本内涵和显著特征"。因此,教育信息化必将是教育事业"十四五"发展规划的一个聚焦点。

2021年7月,中华人民共和国教育部等六部门发布了《关于推进教育新型基础设施建设构建高质量教育支撑体系的指导意见》,提出了构建创新应用新型基础设施,依托"互联网+教育"大平台,创新教学、评价、研训和管理等应用,促进信息技术与教育教学深度融合;开发基于大数据的智能诊断、资源推送和学习辅导等应用,促进学生个性化发展;开发基于人工智能的智能助教、智能学伴等教学应用,实现"人机共教、人机共育",提高教育教学质量。此外,还提出了创新信息化评价工具,全面记录学生学习实践经历,客观分析学生能力,支撑各学段全过程纵向评价和德智体美劳全要素横向评价。推动学生数字档案在评价中的应用，转变简单以考试成绩为唯一标准的学生评价模式。教育部信息化专家组成员、东北师范大学教授钟绍春说："教育数字化是实现高质量教育体系建设的根本保障和核心内驱力"，教育部信息化专家组成员、西北师范大学教育技术学院院长郭绍青提出："教育数字化推动教育服务生态重组与再造"。

2021年7月，中共中央办公厅、国务院办公厅印发《关于进一步减轻义务教育阶段学生作业负担和校外培训负担的意见》，简称为"双减"政策。该政策指出，要全面压减作业总量和时长，减轻学生过重作业负担，把学生从机械、低效、繁重的学习方式中解放出来。2021年6月，教育部办公厅发布《关于成立校外教育培训监管司的通知》，宣布将成立校外教育培训监管司。该部门为直接面向基础教育阶段的教育培训监管部门，行业内的无序竞争乱象和"双减"政策的落地得到更好的监管和实施。2022年3月，国家智慧教育平台正式上线，教育部基础教育司司长吕玉刚介绍："新平台凸显了服务'双减'工作的需要，进一步加强了优质教育资源的建设与汇聚。"教育部党组书记、部长怀进鹏强调："要以平台开通为契机，紧紧抓住数字教育发展战略机遇，以高水平的教育信息化引领教育现代化"。2022年7月，教育部办公厅印发《国家智慧教育公共服务平台接入管理规范（试行）》，该文件加快推进教育数字化转型，促进教育高质量发展，并加强了对接入国家智慧教育公共服务平台的各级管理。

1.1.3　课堂学习行为分析是促进教育"以人为本"发展的重要举措

随着互联网的进步与发展，教育行业愈发强调"以人为本"，并且越来越重视学生在学习过程中的主体地位。对于如何明确学生的"实际需求"，美国非常有名的教育学家泰勒最早提出"教育评价"的概念。2020年10月，中共中央、国务院印发的《深化新时代教育评价改革总体方案》指出"坚持科学有效，改进结果评价，强化过程评价，探索增值评价，健全综合评价，充分利用信息技术，提高教育评价的科学性、专业性、客观性。"这为深度学习技术促进学习指明了方向。本书将信息技术与教育教学深度融合，得到学生的课堂学习状态，即过程评价，以促进学科教学，并促进学生的认知发展和学业水平的提高。2022年年初，中华人民共和国教育部提出了"实施教育数字化战略行动"，并要求"强化需求牵引，深化融合、创新赋能、应用驱动，积极发展'互联网+教育'，加快推进教育数字转型和智能升级。"

1.1.4 其他国家在"人工智能+教育"领域的行动计划

2020年，欧盟发布的《数字教育行动计划（2021—2027年）》提出"发展高绩效的数字教育生态系统"和"提高数字化转型的数字技能和能力"两大战略及十三项行动计划，支持各成员国的教育和培训系统可持续和有效地适应数字时代新的发展与变化。该计划部署了大量的数字技术，将学生具备数字能力作为战略重点，提出了需要关注基础设施、师生技能、内容、课程、评估等教育的方方面面。2022年7月，欧盟出台《教育培训数字化转型的关键点》一文，该文强调了实现教育数字化转型需要遵循的十项原则。2022年4月，美国发布的《2022地平线报告：教与学版》从重塑未来教与学的五大趋势、教与学六项关键技术、四大教与学场景、应对举措四个维度描绘了未来教与学。2019年4月，英国教育部发布《教育技术战略：释放技术在教育中的潜力》指导文件，提出了一系列行动计划，旨在推动教育数字化转型和发展教育科技。2021年12月，英国政府发布了《2022年国家网络空间战略》，以强化英国的网络空间安全、保护和促进网络空间利益。通过教育领域新技术的开发和融合，在减少非教学工作量、增强教学效果的同时，缩小数字鸿沟，促进教育公平。

"新加坡学生学习平台"是新加坡教育部打造的全国性在线学习平台，所有学生都可以从该平台获取从小学到大学主要学科的相关学习资源，并根据自己的兴趣和需要灵活学习。教师也可以通过该平台分享教学经验。2021年3月，日本出台了《科学技术创新基本计划》，该计划着力强调教育的数字化转型，系统推进STEM教育。当前日本的教育改革，旨在通过信息教育培养学生的学习能力和面向社会5.0时代的生存能力。2022年2月，韩国教育部制定了《2022年教育信息化实施计划》，它的重点是将最新的智能技术融入教育信息化计划，打造以人工智能（AI）+ICBM（物联网IoT、云计算Cloud、大数据BigData、移动Mobile的缩写）为基础的信息通信技术（ICT）教育信息化框架。该框架是指教育信息化由"互联网+"转化为"AI+"，利用AI技术实现以人为中心的智能化教育。此外，印度国家教育研究与培训委员会开发出用于展示和传播的所有教育电子资源，包括教科书、音频、视频、期刊等，并放在印度中央教育技术研究所官网首页，为全印度提供在线教育服务。南澳大利亚推出了"数字化战略"（2022—2025年），旨在"利用数字技术为K-12阶段学校提供世界一流教育，帮助青少年儿童在数字世界中茁壮成长"。该战略的未来教育图景：开展数字化教学，让所有学生拥有良好的数字学习体验；增强各级学校的数据能力，并不断改进；所有教育工作者都具备富有成效的工作所需的技术和数字能力，为教育系统提供世界一流的政策、计划和服务。世界各国在"人工智能+教育"领域的政策文件如图 1-1 所示。

韩国	《2022 年教育信息化实施计划》
欧盟	《数字教育行动计划（2021—2027 年）》《教育培训数字化转型的关键点》
美国	《2022 地平线报告：教与学版》
英国	《2022 年国家网络空间战略》《教育技术战略：释放技术在教育中的潜力》
澳大利亚	推出"数字化战略"（2022—2025 年）
日本	《科学技术创新基本计划》

图 1-1　世界各国在"人工智能+教育"领域的政策文件

1.2　要解决的问题

根据教学理论研究，学生在课堂上的行为状态与该学生在课堂上对授课内容的理解有一定的关联。因此，通过分析学生在课堂上的行为状态的结果，可以对教师的课堂进行横向评价，这对教学的迭代改进有一定的意义。传统的课堂教学评价通常是通过专家观察课堂听课来完成的，不仅费时费力，而且缺乏客观性。人工智能和图像处理等领域的发展为这类问题带来了新的解决方案，将深度学习技术应用于课堂行为识别具有重要意义。

目前，对课堂行为识别的研究是通过人为观察或问卷调查进行的，不仅耗时长，而且统计效率低。因此，如何用人工智能的手段来分析学生的课堂行为，并及时反馈给教师，已成为一个亟待解决的问题，深度学习在教育领域的应用为上述问题提供了一个解决方案。深度学习可以实现目标特征的全自动化，同时有效地克服了噪声带来的干扰，避免了人工设计目标特征的复杂性和低容错性。

目前，关于课堂上学生行为检测和识别方向的研究还比较缺乏，研究方法主要是机器学习和深度学习，研究内容主要是学生在课堂上的出勤率和课堂注意力两个方面，还有就是一些学生在课堂上的异常行为。

利用深度学习对学生课堂行为识别进行研究，在某种意义上可以促进计算机技术在教育领域的应用，推动教育的现代化和信息化进程。为了探索深度学习在学生课堂行为识别中的应用，本书重点讨论了在研究中应注意的以下几点。

1）数据采集

我国的教学理念和模式与国外有很大不同，虽然关于行为识别的研究有很多，但是几乎很少看到关于课堂具体场景下学生行为识别的研究，这必然导致缺乏公共的学生行为数据集。在不对课堂正常教学造成影响下采集真实的数据，我们采用数据采集的方式应该尽量是非入侵的、伴随式的，需要考虑在课堂环境下对数据采集造成的影响。图像数据的采集主要是利用安装在教室各个方位的 RGB 摄像机等来进行的，所采集的数据包括教师、学生和黑板等类型图像数据。

学生在课堂上的行为多种多样，根据行为的性质可以有不同的分类。例如，依据与学习是否相关，可以有学习行为与非学习行为之分，依据对教学的影响性质，又可以有积极课堂行为与消极课堂行为之分。

2）学生之间遮挡严重

在课堂环境下的数据采集常常会遇到采集到图像中目标被外界环境严重遮挡的问题，并且遮挡数据的类型比较复杂，以及遮挡信息较为严重（如课堂中前后排同学的遮挡、特有背景的影响）。室内场景结构、杂波、遮挡、光照等布局复杂多样，网络模型在进行训练的过程中通常会存在过拟合问题，这就会导致对训练集以外的数据检测的准确度比较低，很难对网络模型进行良好的改进，就需要对数据集进行预处理，并进行图像增强，获取大量的差异性数据增强数据集，生成更多的数据，改善过拟合问题。

3）学生画像

学生画像是用户画像在高校大数据应用中的延伸，通过学生大量的课堂行为数据来抽象出标签化的学生模型。构建学生的标签化体系是构建学生画像的核心，根据学生大量的课堂数据分析进而得到标签分布。考虑如何结合深度学习将采集到的数据经预处理、转化、储存后，进行课堂行为建模，最终得出学生标签。学生群体画像基于大数据标签聚类不同群体的行为特征，通过进行多维度的数据分析、置身于多种坐标空间，来俯瞰学生群体特点，进而有利于教师根据学生群体特征进行差异化教学管理。

4）学习行为的刻画

课堂注意力是指学生在课堂上一定时间内集中地关注、反应某种事物的能力。对学生课堂学习的注意力、学习兴趣进行分析，不仅关系教师的课堂教学效果，而且是学生在课堂上学习知识和技能的重要保障，关系学生自身的发展。因此，引入人工智能新一代信息技术来对课堂注意力、学习兴趣进行分析刻画。

5）学习状态可视化

数据可视化能准确而高效、精简而全面地传递信息和知识。可视化能将不可见的数据现象转化为可见的图形符号，将错综复杂、看起来没法解释和关联的数据建立起联系和关联，发现规律和特征，获得更有教育价值的洞见。

关于学习状态可视化的问题，可以利用合适的图表直截了当且清晰而直观地表达出来，达到数据自我解释、让数据说话的目的。而人类右脑记忆图像的速度比左脑记忆抽象的文字的速度快 100 万倍。因此，数据可视化能够加深和强化受众对于数据的理解和记忆。当然，基于训练好的模型，可以利用与 Python 相关的库快速构建一个行为识别结果的可视化展示模块。

6）隐私保护

在在线学习过程中，通过学生/教师与工具或平台的互动产生个人数据。隐私是自然人的私人生活安宁和不愿为他人知晓的私密空间、私密活动、私密信息。随着在线学习的大规模应用，个人隐私保护已成为在线学习面临的一个关键问题。

课堂学习收集的数据应符合安全的基本原则，在数据生成时应按照数据类型、敏感度、数据价值等属性明确数据分类分级标准，统一数据分类分级标识；收集和使用未成年人信息时应征得监护人同意或授权。当数据被标记为个人信息或与个人信息主体相关的附加信息时，应实施隐私控制。在使用过程中应提供统一的权限管理，确保用户按照最小权限原则，按需要申请和访问相关数据，并应对相关数据的使用和访问提供全面的安全监控和访问审计措施，以及个人信息保护机制（包括但不限于去标识化和伪匿名化技术等隐私保护技术）。

7）量化学习的手段

在线自我调节学习指标体系是对学生学习过程进行量化、感知和双反馈的基础，引导学生对知识进行整理和内化，培养其自我监控、自我反思和自我调节能力。当评价指标体系公平、真实、与学习目标一致时，可以促进学生在学习过程中更有效地调节自己的学习，如自我导向、自我观察、元认知监控等。

8）传感设备引入课堂教学

注重科学探究，提倡学习方式多样化，并明确指出科学探究既是学生的学习目标，又是重要的教学方式之一。对于教育工作者来说，他们对用于课堂学习和技术研究的可穿戴技术的兴趣越来越大，因为这些技术能够以全新的沉浸式方式有效增强学习体验。可穿戴技术为学生提供了一个独特的机会，让他们能够积极尝试第一手的沉浸式技术，也让他们不仅仅停滞在理论学习阶段，还能有效提高其学习潜力。

课堂学习行为分析的最终目的是完成对学生课堂行为的识别，并对学生的课堂行为动作进行有效、及时的反馈，有利于教师的教学管理和教学质量的提高。因此，本书在其他学者研究的基础上，通过观察和实验的方法，将深度学习技术应用于教学，识别学生的课堂行为动作，督促学生的学习，提高学生的课堂学习效率，加强学生的自我管理能力，完善学生的知识体系。

1.3 国内外的研究现状

课堂学习行为主要表现为学生在课堂中的心理情感状况、注意力集中程度、学习意图、参与度、投入度及学习兴趣等方面。在这里对课堂学习行为的视觉感知和国内外的研究现状进行介绍。

1.3.1 课堂学习行为的视觉感知

通过采集学生在课堂中的视频数据，利用视觉感知的相关技术处理这些数据，分析心理情感状况、注意力集中程度、学习意图、参与度、投入度及学习兴趣等状态，辅助教师调整后续教学的方案，从而对学生进行个性化教学，有助于提升学生的学习效果。

早期，Stanley等人使用Kinect设备采集人体骨骼关键点，通过计算学生的人脸姿态转向和人体姿态的倾斜特征来分析学生的注意力。Ashwin等人通过检测学生的面部表情来描述用户表达的情绪，并相应地改变教学策略。实验结果表明，在不同的数据集下，该系统的准确率可达89%以上。Chen等人通过头部姿态、眼睛注视跟踪、面部表情识别、生理信号处理和学习进度跟踪等混合智能方法，利用多模态视觉感知学生的情感状态。基于所提出的学习模型，对收集到的多模态信息进行融合，该系统提供在线干预，并根据学生当前的学习状态调整在线学习的教学策略。华东师范大学杨金朋等人提出了一种在线学习情感计算系统的体系构架，该系统通过在学生端安装深度摄像装置，实时获取学生的面部表情，并进行实时的分析和处理，对分析的情感采取对应的干预措施，从而进一步提高在线学生的学习效率。Wang等人为了帮助学生克服网络学习环境中容易出现的注意力不集中、反应迟缓等不利因素，设计了一种视频分析算法来检测注意力下降的情况，并及时反馈或提前预警。该算法以头部姿态、视线、面部表情特征为注意力的属性，将机器学习的分类器应用于编码行为特征，最后通过行为特征的时间序列统计来评价注意力水平和情绪愉悦度。

近年来，贾鹏宇等人基于课堂视频，采用人工智能的方法，对学生状态进行分析并对指标进行量化：通过深度学习算法对学生数量进行检测，通过机器学习算法对学生位置分布进行分析、对学生人脸关键点进行检测并对学生表情进行分类，该课堂评价体系具有信息反馈的实时性和高效性，可辅助教师改进授课方式。华中师范大学魏艳涛等人为了提高智能化学生行为识别的精度，首先采集了300名志愿者的7种典型课堂行为图像，并进行了数据预处理，将在ImageNet数据集上训练好的经典深度网络模型迁移到学生课堂行为识别任务中，研究表明基于深度学习的学生课堂行为识别能及时、精准地反馈学生的课堂学习情况，有利于教师改进教学方法、优化课堂教学与管理，从而提高教与学的效率，助力教学改革。Revadekar等人提出了一个三重解决方案检测学生的注意力。其中，基于姿势的注意力检测模型的准确率为99.82%，而通过测量睡意和情绪来检测注意力的两种方法也取得了令人满意的效果。华东师范大学王泽杰等人利用OpenPose算法提取的人体姿态全局特征，融合YOLOv3算法提取的交互物体局部特征，对学生行为进行了识别分析，提高了识别精度；选取与学习投入状态紧密相关的4种行为：正坐、侧身、低头和举手进行识别，该检测与识别方法在验证集上的精度达到了95.45%，在课堂上玩手机和书写等常见行为的识别精度较原模型有很大的提高。陈藩等人提出了一种改进的多任务级联神经网络来对课堂中的学生进行疲劳检测，构建眼、嘴数据集，完成眼、嘴状态分类模型训练。实验结果表明，该方法的准确率达到了95.7%，同时实时性得到了极大的改善。

综上所述，越来越多的研究者对课堂学习行为进行了大量的研究，视觉感知的相关技术被广泛应用于课堂教学中，并取得了令人瞩目的效果。这些研究表明，随着技术的发展，将会有更多的方法和手段获取学生的课堂学习数据并进行智能的感知和分析，为教师开展后续的教育教学提供了极大的帮助。

1.3.2 分析国内外的研究现状

目前，面部表情识别、视线估计、头部姿态估计、人体姿态估计等计算机视觉感知技术被广泛应用于课堂教学中，通过相关的识别感知技术和算法，为后期多维度的特征提取与融合奠定了基础。

1）面部表情识别国内外研究现状

面部表情是人类传达非言语行为的重要线索，通过计算机可以尝试分析出人类的面部表情，从而理解人类在互动和交流中的情绪。近年来，面部表情识别在疲劳驾驶、人机交互、课堂情感分析等方面应用广泛，受到越来越多研究者的关注。随着深度学习的发展，采用深度学习的方法进行大规模人脸表情识别相较于传统的手工提取特征的方法，能够获取更具有鲁棒性的特征，因此基于深度学习的方法逐渐成为人脸表情识别算法研究的主流方向。

（1）基于图像的静态人脸表情识别。

早期，卷积神经网络在图像分类领域取得了巨大的进展，Mollahossein 等人提出的 VGGNet 模型，可以缩短模型的训练时间并取得较之前方法更高的表情分类准确率。但是，该方法需要依赖大量的训练参数，并且耗费较多的计算资源。王晓峰等人提出了一种自适应重加权池化深度多任务学习的表情识别，设计孪生神经网络，通过自适应重加权模块动态调整缩放概率参数，得到具有不同置信度的类别标签信息。该方法没有考虑低质量的面部表情图像及标注员的主观性导致的不确定性，Wang 等人为了抑制大规模人脸表情识别中的不确定性提出了自愈网络（Self-Cure Network，SCN），该网络建立在传统卷积神经网络（Convolution Neural Network，CNN）的基础上，添加了重标记模块来修改低重要性组中的一些不确定样本，寻找更多干净的样本，增强最终的模型。当给定标签的概率不同时，使用相同的阈值作为重标记的标准是不公平的。Li 等人提出了一种视觉遮罩 Transformer 网络模型，主要包含两个关键模块：遮罩生成模块和动态重标记模块。遮罩生成模块生成的遮罩可以有效滤除人脸图像的背景和干扰，保留表情信息部分，提高分类的精度；不同于 SCN 模型中重标记模块的固定阈值，动态重标记模块的阈值随给定标签的概率而变化，训练过程更稳定，从而提高了野外环境下人脸表情数据集上的性能。Chen 等人提出了一种基于辅助标签空间的标签分布学习，利用相关任务标签空间中的拓扑信息来挖掘隐藏标签重要性的函数。

（2）基于视频的动态人脸表情识别。

Feng 等人提出了一种基于双流结构的动态面部表情识别方法，该方法既关注了表情的空间特征，又关注了表情序列中的时间信息。该方法没有考虑到表情数据的拓扑性结构，Liu 等人将图卷积网络（Graph Convolution Network，GCN）层引入基于视频的 FER 模型中，首先利用 GCN 层在提取的 CNN 节点特征之间共享信息后，GCN 集中在特定区域学习更显著的面部表情特征，然后应用长短时记忆网络（Long Short Term Memory，LSTM）层来学习从 GCN 层学习到的特征之间的长距离依赖关系，从而对变化进行建模；此外，还设计了一种权重分配机制，通过对每一帧的表达强度进行表征，对不同节点的输出进行权重分配以进行最终分类。考虑到面部表情的特征之间具有长距离依赖关系，Zhao 等人提出了一种时空融合多头注意力机制对面部表情进行识别，使用卷积空间 Transformer 学习所有类之间的相关性。该方法忽略了表情中的细粒度特征，Xue 等人提出了一种基于平滑预测由粗到细的级联网络，首先将几种相似的表情进行分类，形成一个粗分类，然后利用网络进行粗略但准确的分类，最后进一步进行细粒度的分类，实验表明该方法提高了人脸表情识别的性能。考虑到人脸的空间信息表征和时间动态建模是动态面部表情识别的关键，Xia 等人提出了一种用于动态人脸表情识别的端到端多尺度注意力网络，该方法能够在时空特征两个尺度上编码，学习显著的面部特征。

2）视线估计国内外研究现状

（1）基于眼球模型的方法。

基于眼球模型的方法是将眼球模型建立成两个球体，根据光路在眼球中的传播路径分析眼球转动的角度。人眼结构模型如图 1-2 所示，人眼的光轴和视轴是不重叠的。基于眼球模型的方法通常使用人眼的几何特征，如瞳孔、角膜或红外光反射形成的普尔钦斑，通过对眼睛特征的变化和注意力位置之间的二维回归函数建模来进行视线估计。这些方法根据实施原理的详细差异，可以细分为瞳孔—眼角法、瞳孔—角膜反射法、交叉比值法和单应变归一化法。

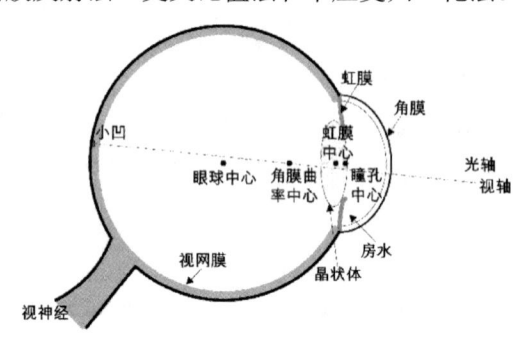

图 1-2 人眼结构模型

瞳孔—眼角法假设头部静止时人眼角的位置是固定的，当视线方向改变时，从瞳孔中心指向眼角的矢量会相应改变。因此，首先通过检测红外摄像机拍摄的图像中人眼的瞳孔中心和眼角的位置来计算瞳孔—眼角矢量，然后用一个二维回归函数来拟合这个矢量和视线之间的对应关系。为了简化回归模型，同时保持较高的预测精度，Yu 等人通过人眼和屏幕的二维几何模型估算视线。他们利用了一个误差补偿函数,所以模型需要更多的人眼特征,算法也更加复杂。

为了解决在没有光源的单机系统中很难准确检测眼角点的问题,瞳孔—角膜反射法在系统中加入了红外光,用红外光通过角膜反射形成的普尔钦斑代替眼角点,作为眼睛运动的参考点。虽然瞳孔—眼角法和瞳孔—角膜反射法的要求不高,操作简单,但它们需要提取瞳孔、眼角或角膜的多个校准点来实现准确的二维回归模型,这导致了算法的实时性不高。此外,瞳孔—角膜反射法要求受试者的头部保持固定,这限制了它在现实中的应用。

交叉比值法利用了投影几何中的交叉比值不变性。这些系统一般包含至少四个光源,分别位于屏幕的四个角。当受试者看屏幕上的某一点时,四个光源会在角膜上形成反射,形成普尔钦斑。根据交叉比值不变性,四个光源形成的多边形的一侧的交叉比值应等于普尔钦斑形成的多边形对应一侧的点的交叉比值,然后根据公式可以得出屏幕上视线的位置。Kang 等人着重研究了基于交叉比值法的估算的误差来源,一是视轴和光轴之间存在一定的偏离角;二是真正的瞳孔中心不在角膜的反射面上。通过比较三种基于交叉比值法的视线估计方法,一些研究者还提出用偏移矢量来补偿视轴和光轴之间的偏离角,并通过实验比较表明这种方法的优越性。而为了改善瞳孔中心不在角膜反射平面上的问题,Cheng 等人提出了使用动态虚拟切面的想法,通过动态矩阵描述光源反射点和虚拟点之间的关系,进一步提高了视线估计的准确性。交叉比值法的优点是进一步减少了所需的外部设备,还可以在自由姿态下进行视线跟踪。然而,由于真正的瞳孔中心不在角膜的反射平面上,这种方法只是一个近似的模型。

单应变归一化法与交叉比值法相似,也包括至少四个光源。这种方法放弃了单一的二维回归函数,根据瞳孔中心与角膜反射面共面的假设,从两个投影变换矩阵中计算出视线的位置。这种方法可以弥补瞳孔—角膜反射法和交叉比值法的误差。然而,为了解决这两个转换矩阵,需要四个光源来维持人眼的反射,这就会给受试者带来不便。除此之外,在归一化平面和屏幕之间校准投影矩阵的过程会增加工作的复杂性。

(2)基于头戴式设备的方法。

随着在图像平面或屏幕上预测注视点(Point of Regard,PoR)研究的成熟,人们对估计 3D 空间中的人类注视越来越感兴趣。通常,3D PoR 被计算为两个眼睛注视向量的交集。然而,这种三角测量方法依赖于眼睛注视向量的准确估计。商用眼动追踪系统(如 Tobii Pro Glasses)基于多个闪光和两个眼睛摄像头来估计视轴，这需要高度控制和校准的结构，可以使用多层感知获得 PoR 的深度。然而，它需要系统捕获双浦肯野图像作为输入，其检测在实践中可能非常具有挑战性。Li 等人提出了一种改进深度预测的方法，该方法采用两层神经网络，输入瞳孔的中心位置、尺寸和左右眼的旋转角度。尽管如此，它可以在预设距离内工作，并且尚未讨论校准体积之外的性能。有一些研究直接从眼睛外观映射 3D PoR，但它们中的大多数都在远程设备上工作，并且需要大量的训练数据来构建回归模型以实现良好的估计。

对于头戴式移动设备（Head-Mounted Device，HMD）的精确注视估计，校准一直是一项重大挑战。由于基于标注的校准方法很麻烦，有时对于移动设备可能不切实际，因此提出了自动校准技术作为凝视研究的关键课题。一些研究采用人类的主动交互动作，如鼠标操作或受试者视野中的手势来确定他们的视觉位置。此外，观看者的注视模式被视为实现系统自动校准的重要线索。然而，这种方法通常依赖于特定的活动或环境，其灵活性是有限的。通过角膜图像和自然特征跟踪，通过将瞳孔中心直接映射到显示器来近似 3D PoR。然而，在实践中捕捉角膜上的场景反射可能非常困难，尤其是当瞳孔旋转到极端位置时。Wang 和 Ji 提出了一种不需要显式个人校准的 3D 视线估计方法，但该方法基于许多约束条件实现，这限制了其应用范围。由于人们在生物学上倾向于观察场景中的显著区域，因此显著区域与人类注意力之间存在密切相关性。事实上，实验已经证明了视觉显著性和 PoR 之间的相互关系。Sugano 等人利用显著性图来校准他们的眼动追踪系统，但它是为远程系统设计的。论文针对 HMD 提出了一种基于显著性的自动校准方法，尽管如此，它需要用户特定的眼睛参数作为先验知识。

（3）基于外观的方法。

与基于眼球模型的方法不同，基于外观的方法通过对输入的人脸或眼睛图像进行计算非几何图像特征，最终以获取视线的方向。基于外观的方法主要是将视线估计问题转换为学习从图像直接到最终视线方向的一个映射函数，所以说可以利用各种深度学习的方法来对模型进行求解。

基于外观的方法面临着许多挑战，如头部运动和主体差异，尤其是在不受约束的环境中，这些因素对眼睛外观有很大影响，并使眼睛外观复杂化。由于拟合能力较弱，传统的基于外观的方法无法优雅地处理这些挑战。

卷积神经网络（CNN）已被用于许多计算机视觉任务中，并表现出出色的性能。Zhang 等人提出了第一个基于 CNN 的注视估计方法来从眼睛图像中回归注视方向，他们使用 CNN 从灰度单眼图像中提取特征，并将这些特征与估计的头部姿势连接起来。与大多数深度学习任务一样，网络结构越深，感受野越大，可以提取的信息量越多。其性能超过了大多数传统的基于外观的方法。在这项研究之后，出现了越来越多的基于 CNN 的注视估计方法的改进和扩展。人脸图像和视频被用作 CNN 的输入以进行注视估计，这些输入提供了比单独使用眼睛图像更有价值的信息。Zhang 等人提出了一些方法来处理在不受约束的环境中的挑战。Zhang 等人进一步扩展了他们之前的工作，并提出了一个 GazeNet，它是一个从 16 层 VGG 网络继承的 13 层卷积层神经网络。Zhang 等人证明了 GazeNet 优于之前提出的基于 LeNet 的方法。Chen 等人使用扩张卷积来提取高级眼睛特征，这有效地增加了卷积滤波器的感受野大小，而不会降低空间分辨率。

早期基于深度学习的方法从单眼图像中估计凝视。最近的研究发现，连接两只眼睛的特征有助于提高视线估计的准确性。Fischer 等人使用两个 VGG16 网络从两只眼睛图像中提取个体特征，并将两只眼睛的特征连接起来进行回归。Cheng 等人构建了四个 CNN 流，用于从两只眼睛图像中提取特征。两个 CNN 流用于从左/右眼图像中提取单个特征，另外两个 CNN 流用于提取两只眼睛图像的联合特征。他们声称两只眼睛是不对称的。因此，他们提出了一个不对称的回归和评估网络来从两只眼睛中提取不同的特征。然而，之前的研究只是简单地将左/右眼特征连接起来形成新的特征向量，最近的研究提出了使用注意力机制来融合两只眼睛的特征。Cheng 等人认为，由于其的特定任务，两只眼睛的特征的权重是由人脸图像确定的，因此他们在人脸特征的指导下分配权重。Bao 等人提出了一种自我注意机制来融合两只眼睛的特征，他们连接两只眼睛的特征图，并使用卷积层生成特征图的权重。

3）头部姿态估计国内外研究现状

头部姿态估计任务是从二维数字图像中推断出三维空间下学生的头部朝向，包含三个方向角：偏航角 Yaw、滚转角 Roll 和俯仰角 Pitch。头部姿态偏转角为分析学生的注意力、动机和意图提供了强有力的线索。现有的头部姿态估计方法主要分为三类：基于关键点的方法、基于辅助信息的方法和基于深度学习的方法。

基于关键点的方法要先检测面部关键点，然后使用平均头部模型解决二维到三维映射问题，从而回归相应的头部姿态角。早期，Sun 等人提出了一种级联卷积网络来生成面部关键点检测器，该方法可以避免遮挡、较大的姿态变化和极端光照导致的关键点标注困难的问题。接着，闵秋莎等人利用 Hough 圆检测方法定位眼睛和鼻子，将眼睛、鼻子定位结果与正脸头部姿态中的眼睛、鼻子进行对比，从而对不同的头部姿态进行粗估计。之后，EVG-GCN 先检测面部关键点，选择一部分关键点构建关键点连接图，再利用图卷积网络对图类型和头部姿态角之间的复杂非线性关系进行建模。这类方法的检测精度在一定程度上取决于关键点检测的准确度，同时，检测关键点也会产生额外的时间和空间成本。

基于辅助信息的方法需要利用时序信息、深度图像或 3D 点云等数据。陈国军等人提出了基于深度图像来估计头部姿态角。深度图像提供了 2D 图像中所缺少的空间信息，但是深度图像的获取需要特定的摄像机，其价格昂贵，不便于推广。Xu 等人提出了一种基于深度神经网络和 3D 点云的头部姿态估计方法，该方法利用采样的 3D 点云和图卷积神经网络作为输入。Gu 等人提出了递归神经网络来联合估计和跟踪视频中的面部特征。视频序列可以提供额外的信息来帮助姿态估计，但学习时间信息通常是通过递归结构实现的，计算成本很高。

基于深度学习的方法是指利用神经网络对大量头部姿态数据进行学习，以得到一个自动预测模型。本研究团队提出了一种新的各向异性角度分布学习（AADL）网络，其用于头部姿态估计任务。基于 AADL 的卷积神经网络以端到端的方式提取头部姿势图像的特征。实验结果表明，首先所提出的基于 AADL 的标签具有多个优点，如对头部姿势图像丢失的鲁棒性，对运动模糊的不敏感性等。接着，本团队提出了一种稳健的三分支模型 MFDNet，用于从 RGB 图像中估计头部姿态。MFDNet 由三元组模块和矩阵费雪分布模块组成。通过对不同的位姿对和相同的位姿对三种输入设计三元组模块，可以有效地限制身份、遮挡和光照变化的干扰。齐永峰等人提出了一种基于 ResNet101 和三个欧拉角所对应的分支所组成的多损耗网络，其从图像中预测头部姿态欧拉角。Valle 等人提出了基于深度学习的多任务头部姿态估计，该模型利用头部姿态估计、面部对齐和关键点可见性之间的强大依赖关系，为这三个任务生成一个最佳的执行模型。Hempel 提出了一个基于卷积神经网络的头部姿态估计方法，通过为真值引入旋转矩阵形式来解决标签不明确的问题，并提出了一种用于直接回归的连续 6D 旋转矩阵表示，通过这种方式，该方法可以学习全旋转外观。Dhingra 将 Transformer 编码器和深度可分离卷积层联合构建了一个轻量级的网络，其从图像中提取特征，从而估计头部姿态偏转角。Transformer 编码器架构可以通过位置嵌入来学习图像中的空间信息，同时通过自注意力机制捕获长距离的依赖关系。

4）人体姿态估计国内外研究现状

人体姿态是学生课堂学习行为的一个重要组成部分。人体作为一个灵活而复杂的非刚性物理实体，具备众多属性，如身体边缘形状、身体骨骼或身体关节的位置、人体运动学特征结构、人体表面纹理等。一个优异且完善的人体模型需要根据特定任务的要求囊括所有满足其要求的人体属性，从而建立恰当的姿态特征描述符。人体姿态估计（Human Pose Estimation，HPE）方法通常可以分为三类：基于人体骨架的模型、基于体量的模型和基于人体边缘轮廓的模型。本书的姿态估计研究针对基于人体骨架的模型（也被称为棒状图或运动学模型），其代表一组关节位置和相应的骨骼方向，遵循人体的骨架结构。因此，HPE 的目标是根据输入的视频或图像，检测其中的人体关节点的位置，并对关节点进行最优连接。相较于传统需要人工设计并提取特征的方法，采用深度学习技术进行人体姿态估计，能够更加充分地得到图像信息，提取更具鲁棒性的特征，故成为人体姿态估计领域的主流研究方向。

由 CNN 构造的 AlexNet 模型在 2012 年的 ImageNet 图像识别比赛中夺得冠军，且碾压第二名（SVM 方法）的分类性能，这使得 CNN 开始受到众多研究者的注意。基于 CNN 的体系结构有助于学习到图像的全局上下文信息，并获取不同接收域的多尺度结合点特征向量。因此，它可以提取出最接近真实的场景信息。2014 年，Toshev 等人提出了 DeepPose 算法，其首次将深度神经网络模型应用到人体姿态估计领域，将 HPE 表述为关节点直接回归问题。该模型首先在初始阶段利用深度神经网络基于全局图像上下文粗略推测出关节点位置，然后分别以每一个关节点坐标为中心，裁剪出一个小邻域子图作为本阶段回归的输入，从而为网络提供细粒度图像信息修正原来的坐标值。之后，Wei 等人提出了卷积姿态机（Convolutional Pose Machines，CPM）——一种基于序列化的网络结构，其以 Pose Machines 算法为基础，通过卷积架构的顺序组合学习图像特征和图像相关空间模型，从而进行结构化姿态坐标预测。2014 年，堆叠沙漏型卷积网络结构（Stacked Hourglass Networks，SHN）被 Newell 等人提出。这种基于编码器和解码器的模型结构相较于 CPM 的顺序卷积结构，卷积核尺寸更小，因此更加简洁、高效。紧接着，Sun 等人提出了一个并行连接的高分辨率网络（High-Resolution Networks，HRNet）来代替大多数现有的串联方案。这种方法避免了从低分辨率恢复到高分辨率的低效过程，而直接并行执行重复的多尺度融合以增强分辨率表示。以上所提及的模型都属于自上而下（top-down）的 HPE 方法，这种方法遵循两个主要步骤：首先通过一个人体检测器检测出图像中的每个人体实例，然后裁剪出单个人体区域对其关节点进行检测。top-down 方法的结果准确性严重依赖于人体检测器的性能，且计算复杂度会随着人体实例数量的增多而增长。为了克服 top-down 方法所具有的缺陷，DeepCut 模型首次采用自下而上（bottom-up）的方法解决 HPE 任务，其基本思路：先检测出图像中所有可能的人体关节点，然后采用一种聚类算法将属于同一人体实例的关节点组合起来得到最终的每个人的关节点预测结果。DeepCut 和之后进一步改进的 DeeperCut 方法应用整数线性规划来解决关节之间的关联问题。之后，其他一些结合贪婪编码的方法被提出，这使得预测时间大大减少，如部位亲合场、部位关联场概念的提出和关联嵌入模型。bottom-up 方法的缺陷在于其需要的后处理分组操作是一种试探性策略，在设计时需要人为考虑许多技巧，这导致 bottom-up 方法虽然比 top-down 方法时间上更快，但性能更糟糕。

不论是 top-down 方法，还是 bottom-up 方法，它们都经过两个不连续的步骤对一幅图像进行人体姿态估计，同时需要一些后处理操作，如感兴趣区域裁剪、非极大抑制和关节点分组等，因此属于两阶段（two-stage）。最近，单阶段（single-stage）方法受到了广泛的关注，它致力于消除众多后处理，克服上述两种方法的缺陷，以端到端的方式得到人体姿态估计的预测结果。SPM 提出了一种结构化的姿态表示，来统一人体实例和身体关节的位置信息。由于回归结果较弱，CenterNet 提出了将回归的关键点位置与关键点特征图中检测到的最近的关键点进行匹配。Point-set anchors 采用类似于可变形的卷积对预定义的姿态锚点进行细化，缓解了特征不对称问题。FCPose 和 InsPose 利用动态实例感知卷积来解决多人姿态估计问题，实现了比其他单阶段方法更好的精度/效率权衡。Xue 等人观察到现有的中心偏移方法都面临着定位不准确的挑战，从而导致无法正确预测人体关节点，因此提出了 LOGO-CAP 模型来学习人体姿态的局部—全局上下文适应。该方法首先在一个小的局部窗口中从局部关键点扩展图学习关键点引力图（KAMs），随后将其作为关键点聚焦的全局特征图上的动态卷积核，用于上下文适应。当前单阶段方法的性能次于 top-down 方法，因此仍有很大进展空间值得探索。

近年来，兴起于自然语言处理领域的 Transformer 在计算机视觉领域也得到了广泛的发展，其作用与 CNN 相当，两者各有优势：CNN 中的卷积运算通过聚合来自小邻域中的每个像素，可以很好地减少局部冗余，避免不必要的计算，但有限的感受野使其难以捕获全局依赖；Transformer 的注意力机制则能很好地克服卷积所具有的缺陷，即能够方便地捕获远距离依赖，但注意力机制可能会造成高冗余的注意力计算，且编码浅层特征时效率较低。目前，越来越多的 HPE 方法是综合利用卷积与注意力机制对模型进行设计的，借助各自优点设计出性能、效率更优的模型。PRTR 方法和 PETR 方法同时利用了 Transformer 中的 encoder、decoder 两个模块解析出人体关节点坐标，PRTR 方法呈现出的是两阶段的结构，而 PETR 方法为单阶段结构。TokenPose 和 TransPose 首先仅利用 encoder 部分提取特征，然后经过不同的处理即可得到预测结果，两者的不同之处主要在于 token 的构造：TokenPose 的 token 只有特征图块，所以需要使用一个预测头处理得到结果；TransPose 除了特征图块的 token 构造，还加入了随机初始化的关键点 token，这样预测结果直接保存在了关键点 token 中，因此只输出关键点 token 解析得到关键点坐标。考虑到 CNN 与 Transformer 所具有的各自互补的优势，构造两者结合的高性能人体姿态模型是目前主流的一种发展趋势。

1.4 视觉感知原理

1.4.1 计算机视觉驱动的行为感知基础

对于一个视觉感官无缺陷的生物来说，从外界获取的信息（如物体的色泽、明暗、大小、动静等）约有 83%来自视觉。因此，人工智能技术的发展需要解决的一个科学问题：怎样使机器像拥有人类的眼睛一样学会视觉感知？计算机视觉技术为解决这一问题应运而生——通过对采集的图像或视频进行处理，代替人眼对目标进行识别、跟踪或测量等。目前，计算机视觉技术取得了很大进展，具有许多重要的实际应用。例如，在教育领域，随着教育信息化的贯彻落实，计算机视觉不断被引入以提升教学效果；在自动驾驶方面致力于开发出车辆的自主导航系统，实现像人那样能识别和理解任何环境，避免发生碰撞；在医疗领域，通过计算机视觉技术对 X 射线图像、超声图像等类型的图像进行分析，检测肿瘤、动脉粥样硬化或其他恶性变化。

基于深度学习的计算机视觉借助神经网络模型从大量数据中学习有用信息，从而具备感知能力。计算机视觉系统的具体结构形式和模型实现方法在很大程度上依赖于特定应用方向，但有些功能几乎是每个视觉系统都需要具备的，如图像获取、图像预处理、特征提取等步骤。首先，数据是模型学习的参照，没有数据，就无法训练出一个具有感知能力的计算机视觉系统（实际是对网络模型的训练）。

图像数据可以由摄像机直接采集，也可以由爬虫技术进行收集。在使用具体的计算机视觉方法对图像提取某种特定的信息前，往往需要一些预处理操作使图像满足一定的要求以便于后续的处理，如调整尺度空间使图像结构适合局部应用，提高对比度以保证实现相关信息能够被检测到，平滑去噪来滤除感知器引入的设备噪声；有时还需要对图像进行检测分割以裁切出最有价值的部分。然后，即可利用所设计的网络模型从图像中提取各种复杂特征，如边缘提取、斑点检测和纹理形状。最后，根据任务的不同，计算机视觉系统将反馈出不同的高级语义信息，实现对图像内容的理解。

目前，计算机视觉系统在许多方面都得到了发展，下面将进行一些简单的介绍。图像分类、图像分割和显著性目标检测是当前视觉领域的三大视觉任务。图像分类是将图像划分为单个类别，通常对应于图像中最突出的物体。然而，一幅图像通常包含不仅一个物体，此时如果使用图像分类模型为图像分配一个单一标签则使结果不够精确。对于这样的情况，应执行目标检测模型，它可以定位并识别一幅图像中的多个物体。图像分割是对图像的像素级描述，它赋予每个像素实际意义，适用于理解要求较高的场景。除此之外，还有许多其他计算机视觉任务。图像标注的研究目的是根据给定的一幅图像产生对其的一段文字描述。与此对应的将文字转换成图像的任务被称为图像生成。行为识别任务是指在给定的视频帧内进行动作分类。人体姿态估计作为一项回归任务，其目标是预测得到人体的骨骼点坐标。表情识别任务对输入的人脸图像预测得到其表情类别。超分辨率指的是将低分辨率图像恢复为高分辨率图像的过程，基于深度学习的超分辨率通过提取特征建立高低分辨率图像之间的映射关系进行图像重建。显著性目标检测是将一幅图像中最接近于人眼关注的范围突出或者比较重要的目标区域标注出来以便后续利用，它与分割等任务联系紧密。行人重识别用来判断图像或者视频序列中是否存在特定行人，主要解决跨摄像头、跨场景下行人的识别与检索。总的来说，计算机视觉任务的应用在不断扩展，头部姿态、手势姿态、人脸识别、指纹识别、人群计数、三维视觉重建等任务都得到了很大的发展，在此不再一一列举。

1.4.2 课堂学习行为的理解与认知

在智能教育领域，计算机视觉主要应用在学习情境感知、学习行为分析和学生情绪识别等方面。充分发挥计算机视觉在学习过程感知和建模中的核心作用，可以实现对学习过程的有效还原和学习规律的科学解释。为达到这一目的，学生表情识别、姿态估计（包括手部姿态、头部姿态、身体姿态）、视线估计等视觉任务已逐渐应用在教育领域。

在真实的课堂场景下，学生的面部表情是最直接的情感表露方式，能够间接地反映学生当前的学习状态；与此同时，认真听讲与走神的学生的身体姿态也有较大差别，因此可以据此分析学生的专注程度。此外，当教师在讲课时，是否正对向黑板的头部姿态可间接反映学生的学习兴趣。因此，通过对学生表情、姿态等外显行为数据的分析，可精准识别学生的情绪状态，以此进一步分析学生的学习兴趣、学习投入度、学习风格等特征，从而为学生提供个性化的学习支持服务。利用计算机视觉技术，教师能够更加高效地了解学生学习情况，及时改进教学策略、因材施教。

1.4.3 课堂学习行为的智能评测

对学生的课堂学习行为感知除了通过教师观察，还结合利用计算机视觉技术得到的各方面信息，可以更全面、高效地反映学生的课堂学习状态，通过将分析结果可视化地展现在教师面前，教师就能够更有针对性地对学生进行帮助，使学生及时掌握自己所学到的知识；与此同时，教师通过对学生掌握程度的了解，可及时调整教学方案，逐渐完善自己的授课方式，并帮助学生制订合适的学习计划。教育信息化不仅对教师和学生有利，还可以通过将多阶段的学生学习效果反馈给学生的家长，使家长更加积极地参与到教育中，以家校联合的方式帮助学生取得进步，让教育更加完善。

此外，计算机视觉技术在教育领域的应用将有利于教学评价改革向过程性评价的转变。传统的课堂教学评价方法为教师人工观察记录，且通常仅依靠最后的考试结果进行评判，这种方法不仅分散了教师授课的注意力，而且评价结果往往不准确且不全面。得益于计算机数据处理速率和监控设备清晰度的提升，教师能够准确、高效地采用计算机技术对学生课堂学习的监控视频进行分析，对这种过程性记录的分析能够更加全面地获取学生学习情况，并对学生进行评价，使教师摆脱一些机械烦琐的工作，更加专注于教书育人。因此，在课堂场景下的跟踪评价将有利于学生学习规律的挖掘，持续促进教学相长。

1.5 总体研究框架

本书针对学生课堂学习行为的视觉感知与分析，拟解决以下三个关键问题：学生表情、姿态等图像数据集建立；学生表情、姿态等自动识别方法；学生多模态课堂数据融合计算。本书研究内容的逻辑关系图如图 1-3 所示。

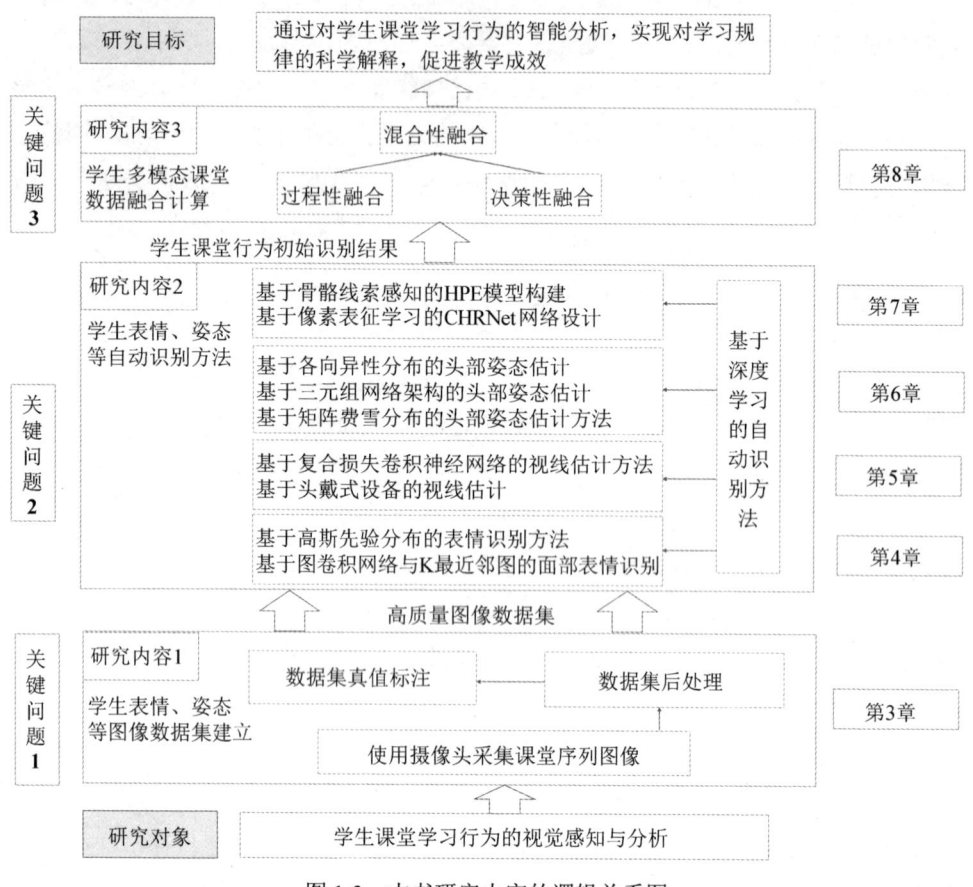

图 1-3 本书研究内容的逻辑关系图

首先，本团队通过对试验场景的科学布置采集得到学生课堂学习的序列图像，针对不同的视觉任务，需要进一步对采集到的图像进行去噪、裁剪、旋转等后处理，再通过人为标注或自动标注技术对处理好的数据图像进行真值标注。然后，使用基于深度学习的自动识别技术，预测结果将不断地向真值标注逼近，最终得到一个较为准确的预测结果。本书涉及的自动识别技术包括学生表情识别、视线估计、头部姿态估计、人体姿态估计。在表情识别方面，提出基于高斯先验分布的表情识别方法和基于图卷积网络与 K 最近邻图的面部表情识别。在视线估计方面，本书涉及基于头戴式设备和基于复合损失卷积神经网络的两种视线估计方法。在头部姿态估计方面，有基于各向异性分布的头部姿态估计、基于三元组网络架构的头部姿态估计和基于矩阵费雪分布的头部姿态估计。在人体姿态估计方面，提出基于骨骼线索感知的 HPE 模型构建和基于像素表征学习的 CHRNet 网络设计。最后，为了综合利用各视觉任务的过程性结果和结论性结果来获得学生学习状态的准确分析，本书介绍了三种多模态融合方法：过程性融合、决策性融合和混合性融合。以上通过对学生课堂学习行为的智能分析，实现对学习规律的科学解释，促进教学成效。

参考文献

[1] 新华社.中共中央关于制定国民经济和社会发展第十四个五年规划和二〇三五年远景目标的建议[S]. 2020-11.

[2] 刘和海，戴濛濛."互联网+"时代个性化学习实践路径：从"因材施教"走向"可因材施教"[J].中国电化教育，2019（07）:46-53.

[3] 陈玲，刘静，余胜泉.个性化在线教育公共服务推进过程中的关键问题思考——对北京市中学教师开放型在线辅导计划的实践反思[J].中国电化教育，2019（11）:80-90.

[4] 黄荣怀，周伟，杜静，等.面向智能教育的三个基本计算问题[J].开放教育研究，2019，25（05）:11-22.

[5] 中华人民共和国教育部.《教育信息化 2.0 行动计划》[S]. 2018-04.

[6] 中共中央、国务院.《中国教育现代化 2035》[S].2019-02.

[7] 浙江省教育厅.《浙江省教育领域数字化改革工作方案》[S].2021-03.

[8] 中华人民共和国教育部.关于加强网络学习空间建设与应用的指导意见[S].2019-01.

[9] 教育部等六部门.关于推进教育新型基础设施建设构建高质量教育支撑体系的指导意见[S].2021-07.

[10] 中共中央办公厅、国务院办公厅.关于进一步减轻义务教育阶段学生作业负担和校外培训负担的意见[S].2021-07.

[11] 教育部办公厅.关于成立校外教育培训监管司的通知[S].2021-06.

[12] 教育部办公厅.关于印发《国家智慧教育公共服务平台接入管理规范（试行）》的通知[S].2022-07.

[13] 中共中央、国务院.《深化新时代教育评价改革总体方案》[S].2020-10.

[14] 欧盟.《数字教育行动计划（2021—2027 年）》[EB/OL].2020-09.

[15] 欧盟.《教育培训数字化转型的关键点》[EB/OL].2022-07.

[16] 美国高等教育信息化协会.《2022 地平线报告：教与学版》[S].2022-04.

[17] 王敏.英国《教育技术战略：释放技术在教育中的潜力》探析[J].世界教育信息，2019，32（17）:21-27.

[18] 英国政府.《国家网络安全战略：2022—2030 年》[S].2021-12.

[19] 韩国教育部.《2022 年教育信息化实施计划》[S].2022-02.

[20] STANLEY D. Measuring attention using Microsoft Kinect[D]. UK:University of Birmingham, 2013.

[21] ASHWIN T S, JOSE J, RAGHU G, et al. An e-learning system with multifacial emotion recognition using supervised machine learning[C]. 2015 IEEE seventh international conference on technology for education (T4E). IEEE, 2015: 23-26.

[22] CHEN J, LUO N, LIU Y Y, et al. A hybrid intelligence-aided approach to affect-sensitive e-learning[J]. Computing, 2016, 98（1）: 215-233.

[23] 杨金朋，薛耀锋，李佳璇，等.基于人脸表情识别的在线学习情感计算研究[J].中国教育技术装备，2017，18（35）：35-43.

[24] WANG L Y. Attention decrease detection based on video analysis in e-learning[M]. Transactions on Edutainment XIV. Springer, Berlin, Heidelberg, 2018: 166-179.

[25] 贾鹏宇，张朝晖，赵小燕，等.基于人工智能视频处理的课堂学生状态分析[J].现代教育技术，2019，29（12）:82-88.

[26] 魏艳涛，秦道影，胡佳敏，等.基于深度学习的学生课堂行为识别[J].现代教育技术，2019，29（07）:87-91.

[27] REVADEKAR A, OAK S, GADEKAR A, et al. Gauging attention of students in an e-learning environment[C]. 2020 IEEE 4th Conference on Information & Communication Technology (CICT). IEEE, 2020: 1-6.

[28] 王泽杰，沈超敏，赵春，等.融合人体姿态估计和目标检测的学生课堂行为识别[J].华东师范大学学报（自然科学版），2022（02）:55-66.

[29] 陈藩，施一萍，胡佳玲，等.基于卷积神经网络的学生课堂疲劳检测算法[J].传感器与微系统，2022，41（06）:153-156.

[30] STANLEY D. Measuring attention using Microsoft Kinect[D]. UK:Rochester Institute of Technology, 2013.

[31] ASHWIN T S, JOSE J, RAGHU G, et al. An e-learning system with multifacial emotion recognition using supervised machine learning[C]. 2015 IEEE seventh international conference on technology for education (T4E). IEEE, 2015: 23-26.

[32] CHEN J, LUO N, LIU Y, et al. A hybrid intelligence-aided approach to affect-sensitive e-learning[J]. Computing，2016, 98（1）: 215-233.

[33] 杨金朋，薛耀锋，李佳璇，等.基于人脸表情识别的在线学习情感计算研究[J].中国教育技术装备，2017（18）:35-36+43.

[34] WANG L. Attention decrease detection based on video analysis in e-learning[M]. Transactions on Edutainment XIV. Springer，Berlin，Heidelberg，2018: 166-179.

[35] 贾鹏宇，张朝晖，赵小燕，等.基于人工智能视频处理的课堂学生状态分析[J].现代教育技术，2019，29（12）:82-88.

[36] 魏艳涛，秦道影，胡佳敏，等.基于深度学习的学生课堂行为识别[J].现代教育技术，2019，29（07）:87-91.

[37] REVADEKAR A, OAK S, GADEKAR A, et al. Gauging attention of students in an e-learning environment[C]. 2020 IEEE 4th Conference on Information & Communication Technology (CICT). IEEE, 2020: 1-6.

[38] 王泽杰，沈超敏，赵春，等.融合人体姿态估计和目标检测的学生课堂行为识别[J].华东师范大学学报（自然科学版），2022（02）:55-66.

[39] 陈藩，施一萍，胡佳玲，等.基于卷积神经网络的学生课堂疲劳检测算法[J].传感器与微系统，2022，41（06）:153-156.

[40] MOLLAHOSSEINI A，CHAN D，MAHOOR M H. Going Deeper in Facial Expression Recognition using Deep NeuralNetworks[C]. 2016 IEEE Winter Conference on Applications of Computer Vision (WACV). IEEE, 2016:1-10.

[41] 王晓峰，王昆，刘轩，等. 自适应重加权池化深度多任务学习的表情识别[J].计算机工程与设计，2022，43（04）:1111-1120.

[42] WANG K, PENG X, YANG J, et al. Suppressing uncertainties for large-scale facial expression recognition[C]. Proceedings of the IEEE/CVF Conference on Computer

Vision and Pattern Recognition. 2020: 6897-6906.

[43] LI H T, SUI M Z, ZHAO F, et al. MVT: Mask vision transformer for facial expression recognition in the wild[D]. Hefei: University of Science and Technology of China. arXiv:2106.04520, 2022.

[44] CHEN S, WANG J, CHEN Y, et al. Label distribution learning on auxiliary label space graphs for facial expression recognition[C]. Proceedings of the IEEE/CVF Conference on Computer Vision and Pattern Recognition. 2020: 13984-13993.

[45] FENG D, REN F. Dynamic facial expression recognition based on two-stream-cnn with lbp-top[C]. 2018 5th IEEE International Conference on Cloud Computing and Intelligence Systems (CCIS). IEEE, 2018: 355-359.

[46] LIU D, ZHANG H, Zhou P. Video-based facial expression recognition using graph convolutional networks[C]. 2020 25th International Conference on Pattern Recognition (ICPR). IEEE, 2021: 607-614.

[47] ZHAO Z, LIU Q. Former-DFER: Dynamic Facial Expression Recognition Transformer[C]. Proceedings of the 29th ACM International Conference on Multimedia. 2021: 1553-1561.

[48] XUE F, TAN Z, ZHU Y, et al. Coarse-to-fine cascaded networks with smooth predicting for video facial expression recognition[C]. Proceedings of the IEEE/CVF Conference on Computer Vision and Pattern Recognition. 2022: 2412-2418.

[49] XIA X, YANG L, WEI X, et al. A multi-scale multi-attention network for dynamic facial expression recognition[J]. Multimedia Systems, 2022, 28（2）: 479-493.

[50] YU M, LIN Y, TANG X, et al. An easy iris center detection method for eye gaze tracking system[J]. Journal of Eye Movement Research, 2015, 8（3）.

[51] KANG J J, EIZENMAN M, GUESTRIN E D, et al. Investigation of the cross-ratios method for point-of-gaze estimation[J]. IEEE Transactions on Biomedical Engineering, 2008, 55（9）: 2293-2302.

[52] CHENG H, LIU Y, FU W, et al. Gazing point dependent eye gaze estimation[J]. Pattern Recognition, 2017, 71: 36-44.

[53] LI S, ZHANG X, WEBB J D. 3-D-gaze-based robotic grasping through mimicking human visuomotor function for people with motion impairments[J]. IEEE Transactions on Biomedical Engineering, 2017, 64（12）: 2824-2835.

[54] ALNAJAR F, GEVERS T, VALENT R, et al. Calibration-free gaze estimation using human gaze patterns[C]. Proceedings of the IEEE international conference on computer vision. 2013: 137-144.

[55] LANDER C, GEHRING S, LOCHTEFELD M, et al. Eyemirror: Mobile calibration-free gaze approximation using corneal imaging[C]. Proceedings of the 16th International Conference on Mobile and Ubiquitous Multimedia. 2017: 279-291.

[56] WANG K, QIANG J. 3D gaze estimation without explicit personal calibration. Pattern Recognition[J], 2018, 79: 216-227.

[57] SUGANO Y, MATSUSHITA Y, SATO Y. Appearance-based gaze estimation using visual saliency[J]. IEEE transactions on pattern analysis and machine intelligence, 2012，35（2）：329-341.

[58] PERRA D, GUPTA R K, FRAHM J M. Adaptive eye-camera calibration for head-worn devices[C]. 2015 IEEE Conference on Computer Vision and Pattern Recognition (CVPR), 2015:4146-4155.

[59] ZHANG X, SUGANO Y, FRITZ M, et al. Appearance-based gaze estimation in the wild[C]. 2015 IEEE Conference on Computer Vision and Pattern Recognition (CVPR), 2015:4511-4520.

[60] ZHANG X, SUGANO Y, FRITZ M, et al. Mpiigaze: Real-world dataset and deep appearance-based gaze estimation[J]. IEEE transactions on pattern analysis and machine intelligence, 2017, 41（1）：162-175.

[61] CHEN Z, SHI B E. Appearance-based gaze estimation using dilated-convolutions[C]. Asian Conference on Computer Vision. Springer, Cham, 2018: 309-324.

[62] FISCHER T, JIN CHANG H, DEMIRIS Y. Rt-gene: Real-time eye gaze estimation in natural environments[C]. Proceedings of the European conference on computer vision (ECCV), 2018: 334-352.

[63] CHENG Y, LU F, ZHANG X. Appearance-based gaze estimation via evaluation-guided asymmetric regression[C]. Proceedings of the European Conference on Computer Vision (ECCV), 2018: 100-115.

[64] CHENG Y, HUANG S, WANG F, et al. A coarse-to-fine adaptive network for

appearance-based gaze estimation[C]. Proceedings of the AAAI Conference on Artificial Intelligence, 2020, 34（07）: 10623-10630.

[65] BAO Y, CHENG Y, LIU Y, et al. Adaptive feature fusion network for gaze tracking in mobile tablets[C]. 2020 25th International Conference on Pattern Recognition (ICPR). IEEE, 2021: 9936-9943.

[66] SUN Y, WANG X, TANG X. Deep convolutional network cascade for facial point detection[C]. Proceedings of the IEEE conference on computer vision and pattern recognition, 2013: 3476-3483.

[67] 闵秋莎,刘能,陈雅婷,等.基于面部特征点定位的头部姿态估计[J].计算机工程，2018，44（06）:263-269.

[68] XIN M, MO S, LIN Y. EVA-GCN: Head pose estimation based on graph convolutional networks[C]. Proceedings of the IEEE/CVF Conference on Computer Vision and Pattern Recognition. 2021: 1462-1471.

[69] 陈国军,杨静,程琰,等.基于RGBD的实时头部姿态估计[J].图学学报，2019，40（04）:681-688.

[70] XU Y, JUNG C, CHANG Y. Head pose estimation using deep neural networks and 3D point clouds[J]. Pattern Recognition, 2022, 121: 108-210.

[71] MASSIMILIANO P, ANGELO C. Head pose estimation in the wild using convolutional neural networks and adaptive gradient methods[J]. Pattern Recognition, 2017, 71: 132-143.

[72] LIU H, NIE H, ZHANG Z, et al. Anisotropic angle distribution learning for head pose estimation and attention understanding in human-computer interaction[J]. Neurocomputing, 2021, 433: 310-322.

[73] LIU H, FANG S, ZHANG Z, et al. MFDNet: Collaborative poses perception and matrix Fisher distribution for head pose estimation[J]. IEEE Transactions on Multimedia, 2021, 24: 2449-2460.

[74] 齐永锋，马中玉.基于深度残差网络的多损失头部姿态估计[J].计算机工程，2020，46（12）:247-253.

[75] RPBERTO V, JOSE M B, LUIS B. Multi-task head pose estimation in-the-wild[J]. IEEE Transactions on Pattern Analysis and Machine Intelligence, 2020, 43（8）: 2874-2881.

[76] NAINA D. LwPosr: Lightweight Efficient Fine Grained Head Pose Estimation[C]. Proceedings of the IEEE/CVF Winter Conference on Applications of Computer Vision. 2022: 1495-1505.

[77] KRIZHEVSKY A, SUTSKEVER I, HINTON G E. Imagenet classification with deep convolutional neural networks[J]. Communications of the ACM, 2017, 60.6: 84-90.

[78] TOSHEV A, SZEGEDY C. Deeppose: Human pose estimation via deep neural networks[C]. In: Proceedings of the IEEE conference on computer vision and pattern recognition, 2014: 1653-1660.

[79] WEI S E, RAMAKRISHNA V, KANADE T, et al. Convolutional pose machines[C]. Proceedings of the IEEE conference on Computer Vision and Pattern Recognition, 2016: 4724-4732.

[80] NEWELL A, YANG K Y, DENG J. Stacked hourglass networks for human pose estimation[C]. European conference on computer vision. Springer, Cham, 2016: 483-499.

[81] CHEN Y L, WANG Z H, PENG Y X, et al. Cascaded pyramid network for multi-person pose estimation[C]. Proceedings of the IEEE conference on computer vision and pattern recognition, 2018: 7103-7112.

[82] PISHCHULIN L, INSAFUTDINOV E, TANG S Y, et al. Deepcut：Joint subset partition and labeling for multi person pose estimation[C]. Proceedings of the IEEE Conference on Computer Vision and Pattern Recognition, 2016: 4929-4937.

[83] CAO Z, HIDALGO G, SIMON T, et al. OpenPose: Realtime multi- person 2D pose estimation using part affinity fields[J]. Proceedings of the IEEE Transactions on Pattern Analysis and Machine Intelligence, 2021: 172-186.

[84] KREISS S, BERTONI L, ALAHI A. OpenPifPaf: Composite Fields for Semantic Keypoint Detection and Spatio-Temporal Association[C]. Proceedings of the IEEE Transactions on Intelligent Transportation Systems, 2021.

[85] NEWELL A, HUANG Z A, DENG J. Associative embedding: End-to-end learning for joint detection and grouping[J]. Advances in Neural Information Processing Systems, volume 30. Curran Associates, Inc., 2017（30）:2278-2288.

[86] NIE X C, FENG J S, ZHANG J F, et al. Single-stage multi-person pose

machines[C]. Proceedings of the IEEE/CVF International Conference on Computer Vision, 2019: 6951-6960.

[87] ZHOU X Y, WANG D Q, KRAHENBUHL P. Objects as points[C]. arXiv preprint, 2019.

[88] MAO W A, TIAN Z, WANG X L. Fcpose: Fully convolutional multi-person pose estimation with dynamic instance-aware convolutions[C]. Proceedings of the IEEE/CVF Conference on Computer Vision and Pattern Recognition, 2021: 9034-9043.

[89] SHI D H, WEI X, YU X D, et al. Inspose: Instance-aware networks for single-stage multi-person pose estimation[C]. In Proceedings of the 29th ACM International Conference on Multimedia, 2021: 3079-3087.

[90] XUE N, WU T F, XIA G S, et al. Learning Local-Global Contextual Adaptation for Multi-Person Pose Estimation[C]. Proceedings of the IEEE Conference on Computer Vision and Pattern Recognition, 2022: 13065-13074.

[91] VASWANI A, SHAZEER N, PARMAR N, et al. Attention is all you need[C]. Proceedings of the 31st International Conference on Neural Information Processing Systems, 2017: 6000-6010.

[92] LI K, WANG S J, ZHANG X, et al. Pose recognition with cascade transformers[C]. Proceedings of the IEEE/CVF Conference on Computer Vision and Pattern Recognition, 2021: 1944-1953.

[93] SHI D H, WEI X, LI L Q, et al. End-to-End Multi-Person Pose Estimation with Transformers[C]. Proceedings of the IEEE Conference on Computer Vision and Pattern Recognition, 2022: 11069-11078.

[94] LI Y J, ZHANG S K, WANG Z C, et al. Tokenpose: Learning keypoint tokens for human pose estimation[C]. Proceedings of the IEEE/CVF International Conference on Computer Vision, 2021: 11313-11322.

[95] YANG S, QUAN Z B, NIE M, et al. Transpose: Keypoint localization via transformer[C]. Proceedings of the IEEE/CVF International Conference on Computer Vision, 2021: 11802-11812.

[96] 王一岩,郑永和.多模态数据融合：破解智能教育关键问题的核心驱动力[J].现代远程教育研究，2022，34（02）:93-102.

第 2 章

学生兴趣建模理论模型

本章的主要研究内容是对智慧学习环境和学习兴趣的概念界定与分类，在兴趣研究方面总结了兴趣的概念界定与分类，为构建在课堂教学环境下的学生兴趣模型奠定理论基础。在模型构建方面梳理了兴趣信息的获取方式与表示方法，为本研究构建学生兴趣模型提供理论支持。在对学生兴趣建模后，对学生兴趣模型量化指标进行分析并介绍相关的量化分析技术。

▶ 2.1 兴趣概念的界定与分类

2.1.1 兴趣的概念界定

兴趣与许多心理现象联系紧密，但不能简单地等同于某一项心理现象，因此，兴趣的含义十分丰富，是一个非常复杂的概念。兴趣作为一种心理现象，它的复杂性使我们很难明确地进行概念界定。兴趣在心理学领域的研究历史久远，可以追溯到赫尔巴特对其的研究，他认为兴趣就是主动性的。Krapp 等人认为兴趣既是一种心理状态又是个体的一种倾向，包含认知成分和情感成分。杜威认为兴趣是多种多样的，他认为兴趣一词有三种意义：兴趣是活动发展的全部状态；兴趣是可预见的和希望得到的客观结果；兴趣是个人的情感倾向，感兴趣就是保持警觉、关心和注意。对于兴趣的概念，研究者们从不同的角度出发进行界定，如 Bergin 定义了个体兴趣的概念，Renninger 定义了情境兴趣的概念等。心理学领域对于兴趣的内涵有不同的描述，但是在兴趣是由于个体与其环境的互动而产生的一种心理现象这一点上达成了共识。

本节主要研究学生的课堂学习兴趣，因此对学习兴趣的定义进行了梳理。学习兴趣是指学生在学习活动中所产生的对于学习情境因素感兴趣的心理状态，在本书中也可以简称为"学生的学习兴趣"。学生的学习兴趣离不开特定的客体对象，在教学活动中，学生的学习兴趣所指向的客体对象可以是学习活动本身、学习内容、教师或者学习结果。其中，学生对学习活动的兴趣，可细分为对特定学习方式或学习风格的兴趣和对整个学习活动的兴趣。

2.1.2 不同角度的分类

康德在他的研究著作中提到认知、意志和情感三种能力分别对应着三种兴趣，他在书中将理性兴趣又分为思辨的兴趣、实践的兴趣和美的兴趣，其中思辨的兴趣是对自然领域的关注情况，这种状态对应着人的认知方面的能力；实践的兴趣是对实践领域或人类自己的领域的关注情况，这种状态对应着人的实践能力和意志行为能力；美的兴趣则是对以上二者之间联系的关注情况，这种状态对应着人的情感体验。康德的研究描述的是较为抽象的，是从人的心理领域出发的兴趣状态，并进行分类的。相比而言，赫尔巴特从心理学上讲的兴趣是由认识的心理状态和情感体验的心理状态两部分组成的。其中，认识的心理状态又包含对自己和自然界发生的现象的认识，即经验的兴趣；对事物进行思考的思辨的兴趣；对现象进行艺术评价的审美的兴趣。而情感体验的心理状态包含两层含义，一是通过与周围人的接触而产生的兴趣；二是与较多的社会上的人接触而产生的兴趣。

此外，Schank将兴趣分为"从上到下"和"从下到上"。Kintsch将情境兴趣分为情感性兴趣和认知性兴趣。后来的研究者们又将兴趣分为个体兴趣和情境兴趣。综合来看，心理学界较为流行的兴趣分类如图2-1所示。

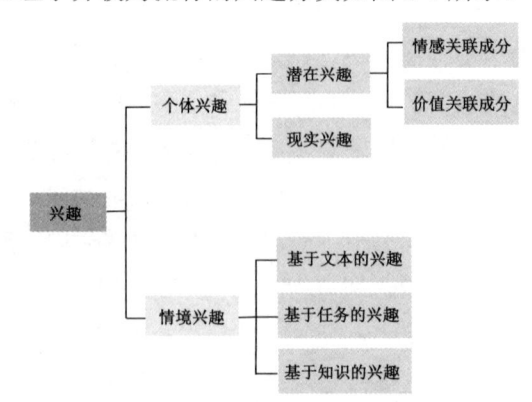

图 2-1 心理学界较为流行的兴趣分类

2.2 兴趣的获取方式与表示方法

2.2.1 兴趣的获取方式

兴趣产生于活动的主体对象与客体对象之间的互动过程，这里的客体对象可以是一个实在的物体、一种观念、一个人或者一种活动等。学生的学习经历数据是构建学生兴趣模型的重要依据，所以需要从海量的数据信息中挖掘出能够真正反映学生兴趣的信息。学生兴趣信息的获取方式有两种，即显式获取方式和隐式获取方式。

（1）显式获取方式。

显式获取方式是指通过量表、调查问卷、访谈等测量工具，由学生自主选择和参与而获取的学生兴趣信息。例如，学生在登录系统学习某一学科内容前，在选择页面中勾选出自己的兴趣项，或者学生在调查问卷上勾选的兴趣项等。通过显式获取方式得到的学生兴趣信息相对比较准确，但同时存在兴趣项设置不够全面，学生选择过于主观或者随意等局限性。

（2）隐式获取方式。

隐式获取方式相对来说不需要学生的主动参与，研究人员通过收集学生的历史学习记录来挖掘学生在学习过程中的兴趣行为。例如，根据学生在学习内容时所出现的收藏、阅读时长、打开次数等学习行为，来推断学生对这一学习内容的感兴趣程度，进而构建学生的学习兴趣模型。隐式获取方式在一定程度上克服了显式获取方式的局限性，能够较好地获取学生对于学习内容的兴趣信息，并据此为其提供个性化的资源推荐和服务。

2.2.2 兴趣的表示方法

兴趣的表示方法是指以什么样的方式来描述学生的学习偏好，并抽取相应的学习特征。兴趣的表示方法决定了兴趣模型构建的多样化。通过对相关文献的浏览，本书归纳了兴趣模型表示方法，如图2-2所示。其中，兴趣模型的表示方法主要有基于向量空间模型的表示方法、基于本体的构建方法和基于主题的表示方法等，本节仅仅对其中几种较为典型的表示方法进行描述。

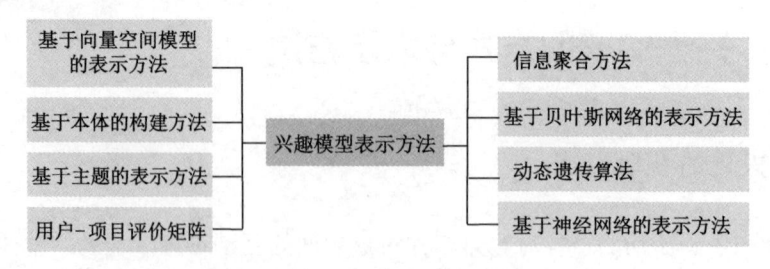

图 2-2　兴趣模型表示方法

（1）基于向量空间模型的表示方法。

基于文本的兴趣是运用向量来表示学生的兴趣项和文本的特征项的一种建模方法。学生兴趣模型采用多个向量来表示学生的兴趣，并且每一个兴趣向量都代表着学生不同的兴趣项。例如：

$$student=\{a_1,a_2,a_3,\cdots,a_i\}=\{(b_1,w_1),(b_2,w_2),(b_3,w_3),\cdots,(b_i,w_i)\} \quad (2\text{-}1)$$

式中，a_i 代表一个学生的兴趣节点，b_i 代表学生的第 i 个兴趣项，w_i 代表第 i 个兴趣项的权重。

（2）基于本体的构建方法。

通过领域知识本体构建课程的标准知识分类树，将学生的兴趣点映射到知识分类树上，形成学生的兴趣树。

（3）基于主题的表示方法。

基于主题的表示方法采用学生感兴趣的主题来表示学生兴趣模型，学生在初次学习时自主选择感兴趣的主题，构成学生的兴趣项。这种方法的应用领域比较广泛，如学生在注册喜马拉雅初始用户时，被要求勾选感兴趣的主题项，假设某学生选择了化妆品、书籍，则采用主题表示法，即{化妆品，书籍}。

2.3　学生兴趣模型

2.3.1　学生兴趣模型的概念框架

1）课堂兴趣外显行为的分析

（1）课堂注意力。

注意力具有一定的指向性和集中性，是一种主体的心理活动。认知心理学认为，注意力是人类对刺激行为的内部调控机制。注意力是衡量主体对客体的注意程度的指标，是人类对外界刺激的关注程度和能力。心理学认为注意力有四个主要的特征，即广度、稳定性、分配和转移。本节认为课堂注意力是学生在课堂学习过程中，对教学主体（教师和学生）、学习内容、信息化设备和学习环境的注意程度。Hidi 等人认为无意注意是影响学习的一个重要中介变量。也有心理学研究表明，注意力是学习的前提，学习内容的重要性能提高学生的有意注意，而学习内容的趣味性则能提高学生的无意注意。反过来讲，学生会对感兴趣的内容产生无意注意。因此，本书将课堂注意力作为学生兴趣测量的一个维度。

（2）课堂参与度。

关于课堂参与度的概念，Skinner 和 Belmont 认为学生参与度是指学生在学习活动中表现出的持续性参与行为，并且伴随着积极的情感体验。Marks 和 Newman 认为学生投入度包括心理投入和生理投入，具体来说是指学生在学习过程中的注意力、兴趣、努力程度、情感参与等心理投入和生理投入。郭美娜认为在混合式教学中，学生参与度是指学生参与课堂教学及在线学习的程度。Entwistle 认为兴趣与时间和精力的投入呈高度正相关。作者认为学生的课堂参与度是指学生在学习中表现出的一种积极的情感状态。学生在对学习活动或者学习内容等感兴趣的时候，会投入大量的时间和精力参与到活动中，这种兴趣是不能被轻易打断的。智慧学习环境中的参与度是指学生与教学主体（教师与学生）、资源、环境的交互程度。因此，本书将课堂参与度作为量化学生学习兴趣的一个维度。

（3）学习情感体验。

学习情感是指学生在学习过程中所体现出来的一种情绪体验。面部表情在很大程度上可以表征我们内心的情感体验，如高兴、惊讶、厌烦、困惑、疲劳、专注、自信。已有研究表明，人类在情感传递的过程中，语言占 7%，语气占 38%，面部表情占 55%，由此可见，采用面部表情来表征学生的学习情感是必要的。例如，可以通过学生在课堂学习环境中的表情稳定性和表情变化特点来分析学生的学习情感体验。例如，当学生在某个教学环节中保持微笑时间较长时，可以认定其在这一环节中有很愉快的学习体验，或者学生在这一环节中体会到了成就感和自信。当学生在课堂学习的某一时段表情较为困惑或厌烦时，可以认为学生在这一时段感到疲劳或者厌烦。虽然表情可以表征学生的学习情感体验，但是并不能完全依靠表情来判断学生是否对学习活动感兴趣。因此，本书把学生在学习过程中的学习情感作为量化学生学习兴趣的另一个维度。

2）学生兴趣模型的概念框架

兴趣是一种力求探究某种事物或从事某种活动的心理倾向，通常被描述为个体与环境的某一方面的一种互动关系。杜威强调兴趣与积极的情绪有关，兴趣能够产生一种愉快的体验，他认为兴趣是个人的情感倾向，感兴趣就是保持警觉、关心、注意。当学生对某项学习活动或者学习对象感兴趣的时候，就会有意识地参与到活动当中，集中精力去学习和研究。此外，愉快的情感体验是兴趣维持的保证。由此可见，学生如果对某一学习活动很感兴趣，则会主动将注意力放在学习活动上，主动参与到课堂学习活动中，并保持高度的愉快感。根据对课堂兴趣外显行为的分析，结合智慧教室环境特点和本节的研究目的，构建了学生兴趣模型的概念模型框架，如图2-3所示。

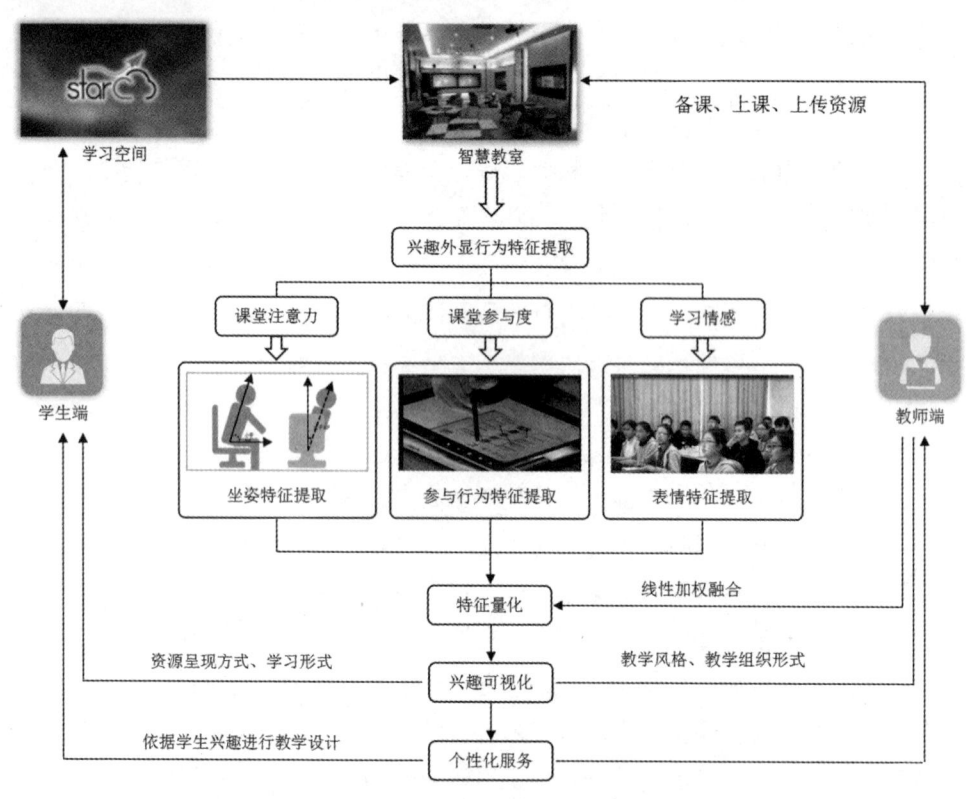

图 2-3　学生兴趣模型的概念模型框架

学生兴趣模型包含4个模块，分别为数据采集模块、兴趣量化模块、显示模块和个性化服务模块。针对智慧教室中的云端一体化环境，师生可以访问线上、线下学习资源和教学资源，以及学生端和教师端互动数据资源的传递和访问等。数据采集模块主要对学习过程中的学生行为信息和教师行为信息的记录，按照一定的数据采集规范进行数据采集和分析等。数据采集和分析后对整个学习活动过程中的学习痕迹信息的记录和存储，包含信息化工具的记录信息、教学系统的记录信息、教学互动的行为信息等。兴趣量化模块通过学生兴趣分析引擎，对采集的兴趣外显行为数据进行量化分析，得出学生的兴趣度。显示模块是指将兴趣量化结果呈现在学生端和教师端的学习空间上。个性化服务模块一方面是指依据兴趣量化结果为教师提供教学设计的决策依据，另一方面是指为学生提供自我兴趣评价的服务。

其中，兴趣量化模块主要包含三个维度，即课堂注意力、课堂参与度、学习情感。本节采用坐姿特征来映射学生的课堂注意力，采用参与行为特点来表征学生的兴趣倾向和动机，采用表情特征来推测学生在学习过程中的情感体验。

2.3.2 学生兴趣模型的表示方法

1）空间向量模型法

用户兴趣建模较为常用的表示方法是基于向量空间模型的表示方法，通过浏览相关文献发现，这种方法大多应用于基于文本的兴趣模型构建。分析各种方法的使用特性，结合智慧教室的学生学习行为特点，本研究选择空间向量来表示学生的兴趣特征信息，每个向量代表一个兴趣量化维度，包含兴趣量化指标及其对应的权重值，如一个 n 维特征向量的学生兴趣模型可表示为

$$S = \{v_1, v_2, \cdots, v_i\} = \{(l_1, w_1), (l_2, w_2), \cdots, (l_i, w_i)\}, 1 \leqslant i \leqslant n \quad (2\text{-}2)$$

式中，S 表示学生的兴趣，v_i 表示学生的一个兴趣量化维度，由兴趣量化指标 l_i 及其对应权重 w_i 组成。

本节从兴趣外显行为的三个维度，即课堂注意力（attention）、课堂参与度（engagement）、学习情感（emotion）来构建向量空间模型，以时间（time）向量为变量来表征学生的课堂学习兴趣，该模型可表示为

$$S_t = \{G_t, B_t, E_t\} = \{(G_t, w_1), (B_t, w_2), (E_t, w_3)\} \quad (2\text{-}3)$$

式中，S_t 表示学生在 t 时刻的课堂学习兴趣，G_t 表示学生在 t 时刻的课堂注意力水平得分，B_t 表示学生在 t 时刻的课堂参与度，E_t 表示学生在 t 时刻的学习情感得分。

2）K 均值聚类法

K 均值聚类法的原理是，将一组数据集按照距离相近的规则分为几类子数据集。具体操作步骤：首先设置聚类数量，然后计算对象之间的距离，把数据集中

的对象都分配给距离它最近的聚类中心,成为一类。当数据集中的所有数据对象都被分配出去时,每个聚类中心会根据聚类好的子类当中的现有数据对象进行重新计算,不断重复这个过程,直至满足终止条件。K 均值聚类法的原理图如图 2-4 所示,左图代表一个数据集,每个点代表一个数据对象,右图中几个特殊形状的点(五角星、心形、三角形、五边形)代表聚类中心,通过聚类可形成类似于右图所圈出的四类数据对象。

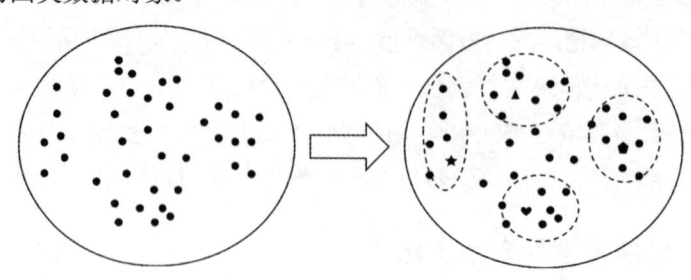

图 2-4 K 均值聚类法的原理图

K 均值聚类法的具体步骤如下。

第一步是对于给定的编码器 C,关于聚类均值 $\{\hat{\mu}_j\}_{j=i}^{K}$,最小化总聚类方差,即完成下面的最小化:

$$\min_{\{\hat{\mu}_j\}_{j=i}^{K}} \sum_{j=i}^{K} \sum_{C(i)=j} \|x(i) - \hat{\mu}_j\|^2 \tag{2-4}$$

第二步是最小化编码器,即完成下面的最小化:

$$C(i) = \arg\min_{1 \leq j \leq K} \|x(i) - \hat{\mu}_j\|^2 \tag{2-5}$$

根据三维空间向量模型,以时间为变量,从课堂兴趣外显行为的三个维度的兴趣信息来构建学生兴趣的空间向量集合,选择一个初始聚类中心,并多次随机初始化中心点,选择运行结果最好的一个向量作为学生在一堂课上的学习兴趣水平。

2.4 学生兴趣模型量化指标分析

2.4.1 课堂注意力量化指标

注意力是描述人对某一对象的关注程度,是一种主观的心理状态。针对课堂

第 2 章 学生兴趣建模理论模型

注意力水平的测量有助于帮助教师和研究人员掌握学生的课堂注意力情况,从而推断学生的兴趣项。联系探究的问题,即如何实现学生的课堂注意力的观测和量化。注意力本身是一个比较抽象的概念,代表学生的某种内心状态,所以无法对其进行直接量化。在已有的研究中,通过图形辨别测验、选四圈测验、视觉追踪测验、加减法测验、镶嵌图形测验、划消测验法、眼动追踪技术等方法来间接分析学生的注意力水平,总的来说,这些方法都需要学生的主动参与。如何在维持自然课堂状态的情况下量化学生的注意力,是需要关注的一个关键问题。

在前人研究的基础上发现,人的心理状态和外在行为存在一定的联系,如 Stepper 和 Strack 在研究身体姿势对情绪影响时发现,实验中被要求笔直正坐的被试者相较斜坐的被试者在接受任务反馈后表达了更强烈的成就感。Carney 等人研究发现,端正的身体姿势能够激发个体的自信,并促使其行为发生改变。Riskind 等人则认为驼背的姿势会引起沮丧的情绪体验。因此,只要找到注意力的外显行为,就能间接获取学生的注意力,并计算注意力水平。关于注意力的外显行为方面的研究,袁丽丽等人曾经就坐姿与注意力的表征关系进行了实验研究,研究结果表明学生在前倾与正坐时注意力水平相对集中,且与其他坐姿下的注意力水平有显著差异;学生在左右倾斜时注意力水平相对中等,且与其他坐姿下注意力水平有显著差异;学生在后仰、跷二郎腿时注意力水平相对不集中,且与其他坐姿下注意力水平有显著差异。因此,本节选择采用课堂教学过程中易于观察和采集的坐姿类型,来表征和量化学生的课堂注意力水平,注意力的量化流程如图 2-5 所示。

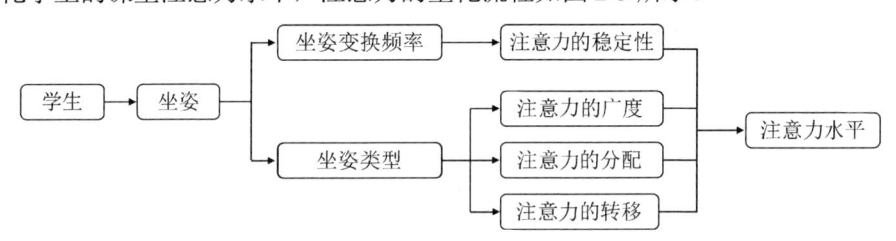

图 2-5 注意力的量化流程

对于课堂注意力的测量,从注意力的品质特性出发,其中坐姿变换频率映射了学生注意力的稳定性,其他坐姿类型分别对应学生注意力的广度、注意力的分配和注意力的转移。通过收集学生的坐姿类型,先转换为相应的注意力品质,再进行注意力水平的量化。

(1) 注意力的广度。

注意力的广度是指被注意对象的范围,也就是说在某一时间段内,被注意对象的多少。注意力的广度测量图如图 2-6 所示，在固定时间或者单位时间内观察整个图形的时候，能够注意到的小图形的数量，即注意力的广度。

（2）注意力的稳定性。

注意力的稳定性是指人在一定时间段内持续关注某一对象而不改变的状态。注意力的稳定性测量图如图 2-7 所示，在观察这个图形的时候，时而觉得内圈是向内凹陷的，时而又觉得它是向外突出的。

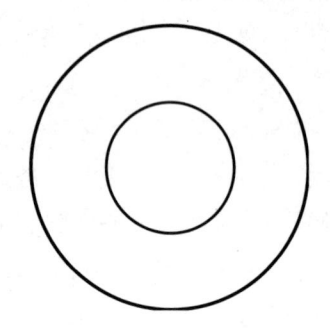

图 2-6　注意力的广度测量图　　　图 2-7　注意力的稳定性测量图

（3）注意力的分配。

注意力的分配是指人在某一时间段内同时关注多个对象，但是对每个对象的关注程度不一样。

（4）注意力的转移。

注意力的转移是指人在某一时间段内，从关注对象 A 转移到关注对象 B 的一种状态。

2.4.2　课堂参与度量化指标

课堂教学活动是一种集体活动，要完成以活动促进发展的教学任务，必须使课堂教学活动转变为学生个人参与的主体活动。在课堂中，积极主动地参与到学习活动中，有助于培养学生的探索精神和竞争精神；有助于促进师生的良好互动，教师全面了解学生的学习情况，以及教师的课堂教学，从而使得教师改变课堂教学中的不足，提高教学效率和教学质量。考虑到本节的研究问题，选择在课堂学习过程中与学生兴趣相对应的课堂互动参与行为来量化学生的课堂参与度。

在智慧教室环境中，学生的互动包含四个维度，即师生互动、生生互动、学生与资源互动、学生与环境互动，智慧教室中的课堂参与度分析模型如图 2-8 所示。其中师生互动体现在问答方面，多是语言类互动，可以通过统计课堂教学过程的问答频次来量化学生的师生互动参与度；生生互动是指学生之间在进行小组合作学习和自主学习过程中，一起探讨与合作某项任务所形成的互动行为，多体现为语言互动和行为互动，可以通过统计课堂教学过程中的学生小组协作频次等来量化学生的生生互动参与度；学生与资源互动，是指学生在学习过程中，对线上或者线下的学习资源的浏览、点击、下载、关闭等行为，可以通过收集此类行为来量化学生的资源互动参与度；学生与环境互动是指在课堂学习过程中，学生对智慧教室中的学科工具的使用行为，可以通过收集学生使用学科工具的种类、频次、时长等数据来量化学生的环境互动参与度。

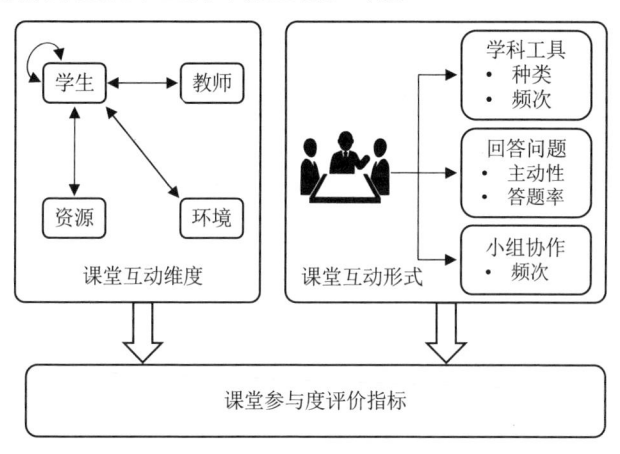

图 2-8 智慧教室中的课堂参与度分析模型

其中，学科工具通常是指教师在教学过程中所用的辅助教学的工具。学科工具经历了四代发展，分别为图画式学科工具、模型式学科工具、交互式学科工具和虚拟式学科工具，如图 2-9 所示。其中，图画式学科工具主要包含通用学科工具和专用学科工具两种类型；模型式学科工具主要是指借助实体模型进行教学，主要包含普通学科工具、特殊学科工具和幼儿学科工具三种类型；交互式学科工具注重学习过程的交互，此阶段典型的学科工具是

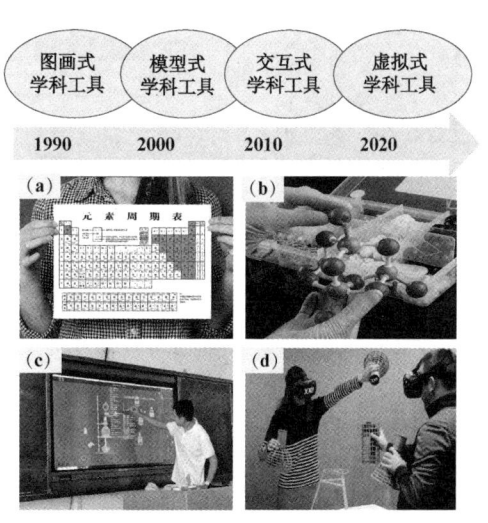

图 2-9 学科工具的四个发展阶段

交互式电子白板；虚拟式学科工具是指利用计算机技术、虚拟现实技术等来辅助学习的虚拟化电子产品，该阶段具有代表性的学科工具就是虚拟仿真实验室。

2.4.3 学习情感的量化指标

情感是认知主体结构中的一个不可或缺的重要因素，学习活动中合理的情感交互能引起学生积极的情感体验，激发学生的学习主动性，转化为学生内部的学习动机和认知的共鸣，从而提高学习效率。因此，在课堂学习过程中应当关注学生的情感状态，发挥学生的主动性，实现以学生为中心的课堂学习活动。

学生在智慧教室环境中面部表情识别流程图如图2-10所示。首先，通过智慧教室中的摄像头采集学生课堂学习过程中的表情系列，对提取出的图像进行自然姿态学生人体区域检测与识别，获取人脸表情图像；然后，将提取到的人脸表情图像进行预处理，对各帧图像的眉、眼、嘴部特征进行面部运动单元编码，获取面部的局部特征图像；最后，先把局部特征图像与面部运动单元编码系统建立一一对应关系，再与表情识别规则库进行匹配，得到学生的面部表情类型，即高兴、惊讶、厌烦、困惑、疲劳、专注、自信。此外，在获取数据的过程中，如果遇到表情识别规则库中没有的特殊情况，则可将该表情进行人工分析，并将其扩展到表情识别规则库中，以方便后续使用。

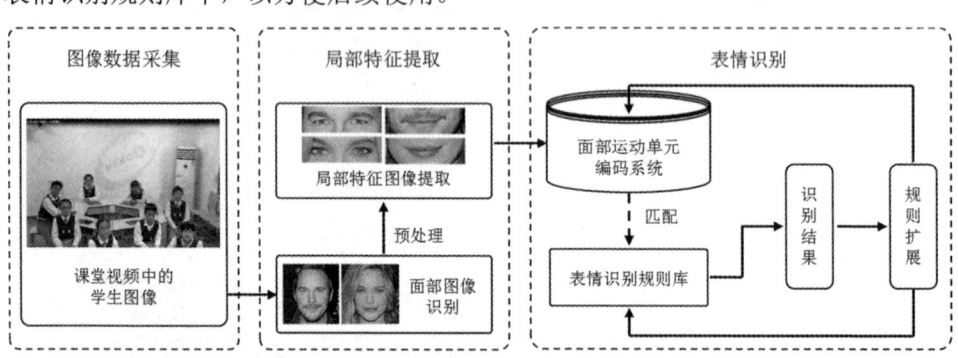

图2-10 学生在智慧教室环境中面部表情识别流程图

已有研究中通过获取面部特征点来识别表情类型，本书为获取方便和快捷，选择面部运动单元编码系统来量化学生的表情类型，面部运动单元编码系统如图2-11所示。将学生的面部表情分为三个部分，即用眉、眼和嘴部特征作为表情量化指标。对每种局部特征进行编码，共分为26种，分别表示为AU1～AU26，且对每种编码特征进行外显变化的描述，以便研究人员进行对比和使用。

AU	特征	外显变化	AU	特征	外显变化
AU1		抬起内眉梢	AU14		收紧嘴角
AU2		抬起外眉梢，眉毛成拱形	AU15		嘴角向下（撇嘴）
AU3		眉毛降低并靠拢（皱眉）	AU16		下唇向下
AU4		提升上眼睑	AU17		下唇向上
AU5		脸颊提升和眼轮匝肌外圈收紧	AU18		撅嘴
AU6	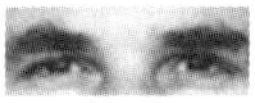	眼睑拉紧	AU19		嘴角拉伸
AU7		闭眼	AU20		双唇向外翻
AU8		眨眼	AU21		收紧嘴唇
AU9		皱鼻	AU22		嘴唇相互按压
AU10		提升上嘴唇	AU23		嘴唇分开
AU11		人中部位的皮肤向上	AU24		下颌下移
AU12		嘴角倾斜向上	AU25	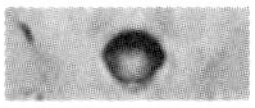	嘴唇绷紧张开
AU13		急剧的嘴唇拉动	AU26		吸唇

图 2-11 面部运动单元编码系统

2.5 学生兴趣模型量化分析技术

学生兴趣的量化分析是模型应用的研究基础。在 2.4 节的兴趣模型量化指标分析的基础上，本节从注意力水平分析技术、课堂参与度分析技术、学习情感量化技术和学生兴趣量化技术四个方面展开研究，提出智慧教室课堂教学环境中的学生兴趣量化分析技术。

2.5.1 兴趣量化指标的采集方法

（1）坐姿特征提取。

为获取学生在智慧教室环境中的坐姿特征，本节拟采用视频编辑软件Premiere对课堂录制视频进行预处理，将视频按照规则转换为一系列图像。视频采集以5s为间隔，提取一次教学视频图像，并以数字序号依次命名并存储。智慧教室中的坐姿特征提取方法如图2-12所示。

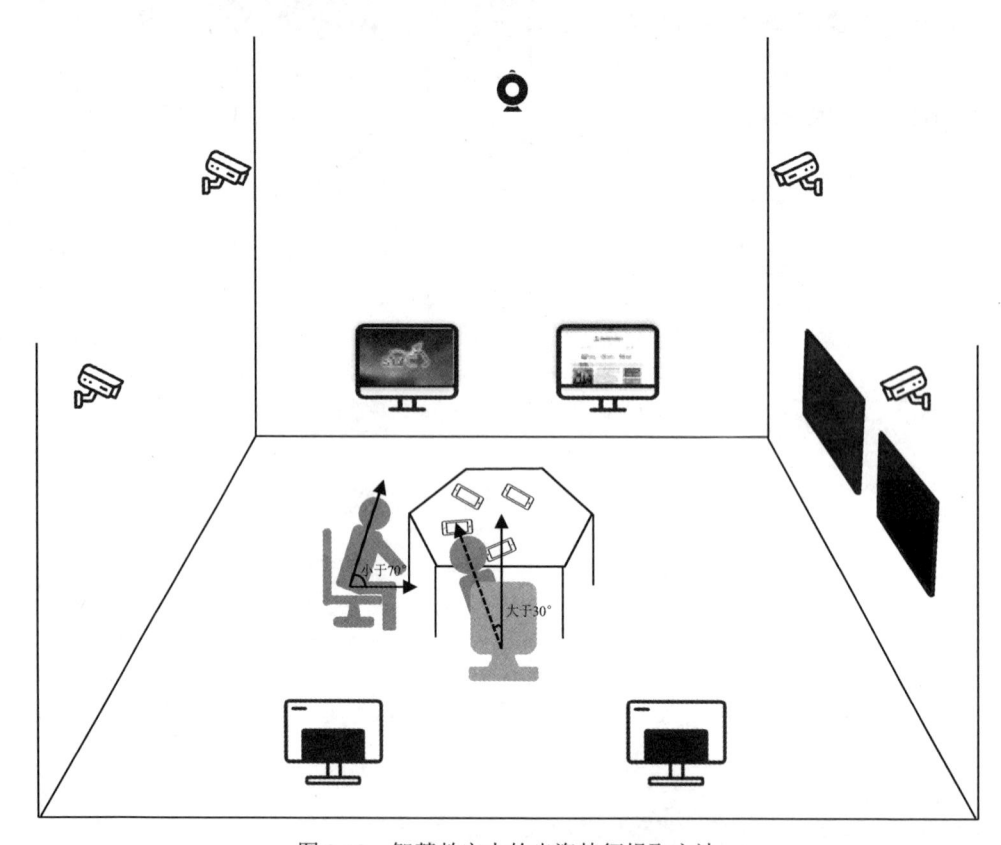

图2-12 智慧教室中的坐姿特征提取方法

其中，以智慧教室的摄像头为数据采集工具，收集教室不同方位的学生的坐姿图像，并对图像进行预处理。首先，在所采集的视频图像中，找到能够从后面和侧面观察到的学生的坐姿图像；其次，在图像上标注二维坐标系，以学生的腰部为原点，以学生的身体正面或者侧面水平方向为横轴，以垂直于地面的方向为纵轴；再次，标注学生的身体轴线位置，从原点出发，向学生的身体躯干方向画直线；最后，测量学生坐姿夹角，当从后面观测时，测量学生身体轴线与纵轴的夹角，当从侧面观测时，测量学生身体轴线与横轴的夹角。

首先，以30s为单位时间，对学生的坐姿行为特征进行采集并记录，形成坐姿-注意力水平映射记录表，如表2-1所示。然后，当一种坐姿出现时，根据坐姿-注意力水平映射规则，在对应的注意力水平单元格内记录1，作为注意力水平出现的频次。最后，统计在单位时间内，每种注意力水平出现的频次。

表2-1 坐姿-注意力水平映射记录表

时间	注意力				
	MC	RC	RU	U	MU
1～30s	1				
30～60s		1			
60～90s		1			
90～120s				1	
120～150s					1
150～180s				1	
总计					

注：MC代表注意力最集中；RC代表注意力较集中；RU代表注意力较不集中；U代表注意力涣散；MU代表注意力最不集中。

（2）参与行为提取。

在2.4节中，已经描述了课堂参与度的量化指标，在此基础上，本节设计了如表2-2所示的课堂参与行为观察量表，来记录智慧教室环境中的课堂参与行为。考虑到课堂学习环境中学生与资源的互动方式不好捕捉，所以该量表没有涉及这一维度。该量表包含课堂参与的三个维度，即师生互动、生生互动、学生与环境互动。每个维度又分别包含具体的量化指标，其中，师生互动维度包含主动回答、被动回答两个方面的四个量化指标，生生互动维度包含小组协作量化指标，学生与环境互动维度包含专业学科工具和通用学科工具两个量化指标。研究人员可根据该量表采集学生课堂参与行为，并计算相应指标的频次、时长和权重，以及三个维度的权重。

表 2-2　课堂参与行为观察量表

维度	指标				
	参与行为方式		参与行为属性			
			频次	w1	时长	w2
师生互动	主动回答	个人回答				
		群体回答				
	被动回答	个人回答				
		群体回答				
	总计					
生生互动	小组协作					
	总计					
学生与环境互动	专业学科工具					
	通用学科工具					
	总计					
总计						

上述课堂参与行为观察量表是针对整堂课程的数据采集，通过该量表的记录和计算，可以了解整堂课的学生参与概况。在本节中，为了和兴趣外显行为的另外两个维度进行向量融合，在采集每个维度的数据时要选择相同时间间隔，以保证三个维度的时序一致性。为此，学生参与行为数据的采集仍以 30s 为单位时间来记录学生的参与行为。参与行为特征提取记录表如表 2-3 所示。在单位时间内记录学生的课堂参与行为，并作为这一时刻的课堂参与度向量值。

表 2-3　参与行为特征提取记录表

时间	指标						
	师生互动				生生互动	学生与环境互动	
	主动回答		被动回答				
	个人回答	群体回答	个人回答	群体回答	小组协作	通用学科工具	专业学科工具
1～30s							
30～60s							
60～90s							
90～120s							
…							

（3）表情特征提取。

为了分析学生在智慧教室环境中的学习情感，本节采用视频编辑软件对录制好的智慧教室环境中的课堂教学视频进行特征编码，并依据面部运动单元编码系统进行人脸表情识别。智慧教室中的面部表情特征提取方法如图 2-13 所示。

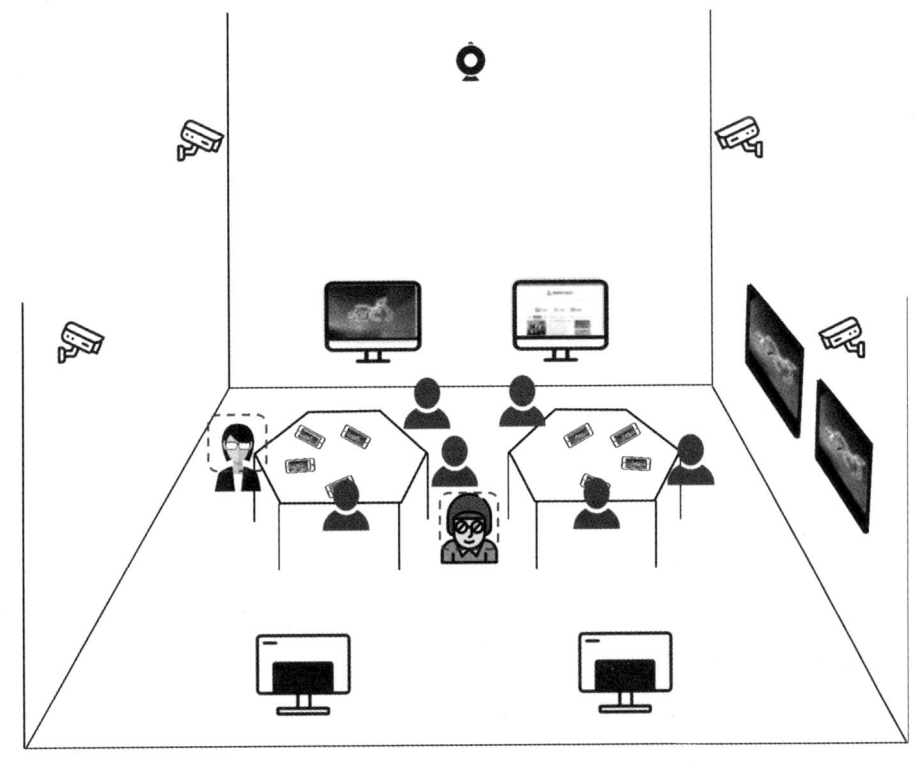

图 2-13　智慧教室中的面部表情特征提取方法

其中，以智慧教室的摄像头为数据采集工具，收集教室不同方位的学生图像，并对收集的图像进行预处理。首先，在所采集的视频图像中，找到能够观察到学生面部表情的人体图像；然后，从人体图像上截取同样大小的面部表情图像，以学生的鼻子为分割点，分别截取学生的眉、眼局部特征图像和嘴部特征图像；最后，将学生的面部特征图像与面部运动单元编码系统建立一一对应关系。

为保持与以上两个兴趣外显行为维度的时序一致性，在采集学生的表情特征图像时，仍以 30s 为单位时间。具体地，面部表情特征提取记录表如表 2-4 所示。将所提取图像中的学生表情进行识别和统计，记录到表格中。

表 2-4　面部表情特征提取记录表

时间	表情	
	感兴趣	不关注
1～30s		

续表

时间	表情	
	感兴趣	不关注
30~60s		
60~90s		
90~120s		
120~150s		
150~180s		
总计		

2.5.2 单维度的兴趣指标量化技术

本节的内容是对所提出的学生兴趣模型构建方法的实例验证，选择智慧教室中的课堂实录视频进行数据采集、处理和聚类分析。通过计算本节课的学生课堂学习兴趣，验证该模型的有效性和实用性。

（1）注意力水平计算。

本节制定了学生的坐姿-注意力水平映射规则库，如表2-5所示。在坐姿-注意力水平映射规则库中，共分为8种坐姿类型，分别对应5种注意力水平，即注意力最集中，得分为10分；注意力较集中，得分为8分；注意力比较不集中，得分为6分；注意力较涣散，得分为4分；注意力最不集中，得分为2分。根据采集的坐姿夹角与规则库中的坐姿示意图夹角进行对比，匹配坐姿类型，从而获得相应的注意力水平。

在此基础上，学生的课堂注意力水平得分计算如下：

$$G = \sum_{i=1}^{n} s_i w_i \qquad (2\text{-}6)$$

式中，G代表在单位时间内（2.5.1节已经提到以30s为单位时间）的学生课堂注意力水平得分，n代表在单位时间内的坐姿特征图像的总体数量，s_i代表学生的第i个坐姿对应的注意力水平得分，w_i代表学生的第i个坐姿的权重。

权重的计算方法如下：

$$w_i = \frac{N}{N_A} \qquad (2\text{-}7)$$

式中，N代表在规定的单位时间内某种坐姿类型出现的频次，N_A代表在规定的单位时间内所出现的坐姿总数。例如，在单位时间内获取了50幅学生坐姿图像（获取所有学生出现的坐姿图像），通过将这50幅坐姿图像与坐姿-注意力水平映射规则库进行对比之后发现,共存在 5 种坐姿类型。其中,注意力最集中的坐姿类型有 20 种,注意力最集中的坐姿的权重为 0.4。

表 2-5　坐姿-注意力水平映射规则库

坐姿名称	坐姿描述	坐姿示意图	注意力水平	注意力得分
正坐&前倾	以身体面向为正方向,学生身体与坐面夹角不超过110°		注意力最集中	10 分
前倾左倚	在前倾状态下左倚		注意力较集中	8 分
前倾右倚	在前倾状态下右倚		注意力较集中	8 分
左倾&右倾	以正坐时身体躯干为正方向,躯干向左或右偏离正坐时躯干位置大于 30°		注意力比较不集中	6 分
后仰	以身体面向方向为正方向,学生身体与坐面夹角大于110°		注意力较涣散	4 分
转身	以身体躯干为轴,躯干向左或右转动幅度超过30°		注意力最不集中	2 分

· 49 ·

（2）课堂参与度计算。

在课堂学习过程中，学生的参与行为有四个维度、多种行为，结合之前所设置的课堂参与行为量化指标和 2.5.1 节制定的课堂参与行为观察量表，将学生的课堂参与行为采集好之后，按照线性加权的方法来计算课堂参与度，具体的计算方法如下：

$$\Pi = \sum_{i=1}^{n} x_i w_i \qquad (2\text{-}8)$$

式中，Π 为学生的课堂参与度，n 为学生参与行为的维度个数，x_i 为第 i 个指标对应的参与度得分，w_i 为第 i 个指标的权重。

在本节中，学生参与行为有两个层面，一个是维度分类，另一个是单个维度的指标分类，因此要进行两次线性加权求和，得出最终的学生课堂参与度得分。具体的计算方法如下：

$$B = \sum_{i=1}^{n} \left(\sum_{j=1}^{m} x_{ij} w_{ij} \right) w_i \qquad (2\text{-}9)$$

式中，B 为最终的学生课堂参与度，n 为学生课堂参与行为的维度个数，在本节中 n 为 4，m 为第 i 个维度下的指标总数，x_{ij} 为学生在第 i 个维度中的第 j 个指标的课堂参与度得分，w_{ij} 为学生课堂参与行为的第 i 个维度中的第 j 个指标的权重。

本节中的 B 代表的是学生整体的课堂参与度得分，共分为三个维度。其中，师生互动维度又分为主动回答和被动回答两个方面，每个方面又包含个人回答问题和群体回答问题两个指标；学生与环境互动的维度包含学科工具使用的两个指标，每个指标的权重等于使用的学科工具种类数与学科工具使用的总数的比值；生生互动维度统计学生之间互动的频次即可，权重为 1。本节规定，个人主动回答为 4 分，群体主动回答为 3 分，个人被动回答为 2 分，群体被动回答为 1 分，小组协作为 4 分，使用专业学科工具为 4 分，使用通用学科工具为 2 分。其中，共包含两层指标权重的计算，第一层权重是指师生互动、生生互动、学生与资源互动中的每个维度内部指标的权重，计算如下：

$$w_1 = \frac{n_{ij}}{N} \qquad (2\text{-}10)$$

式中，w_1 为每个维度内部指标的权重，n_{ij} 为第 j 个维度的第 i 个指标出现的频次，N 为第 j 个维度的总频次。

第二层权重是指师生互动、生生互动、学生与资源互动三个维度的权重 w_2，计算如下：

$$w_2 = \frac{T_j}{T_A} \quad (2\text{-}11)$$

式中，w_2 为三个维度的权重，T_j 为第 j 个维度的互动总时长，T_A 为课堂互动参与的总时长。

（3）感兴趣表情识别。

在设计的面部运动单元编码系统的基础上，本节设计了面部表情识别规则库，如表 2-6 所示。将面部特征编码进行组合，形成 7 种表情类型，即高兴、惊讶、厌烦、困惑、疲劳、专注、自信。

表 2-6　面部表情识别规则库

表情类型	AU/AU 组合
高兴	（AU_5,AU_{12}）/（AU_5,AU_{26}）
惊讶	（AU_4,AU_{24}）/（AU_4,AU_{25}）
厌烦	（AU_9,AU_{10}）/AU_{15}/AU_{16}/AU_{17}/AU_{19}/AU_{23}
困惑	（AU_3,AU_{10}）/（AU_3,AU_{17}）/（AU_4,AU_{10}）/（AU_4,AU_{17}）
疲劳	（AU_6,AU_{25}）/（AU_7,AU_{25}）
专注	（AU_4,AU_{14}）/（AU_4,AU_{22}）
自信	（AU_6,AU_{14}）/（AU_6,AU_{26}）

表 2-6 中，（AU_5，AU_{12}）和（AU_5，AU_{26}）代表的表情类型为"高兴"；（AU_4，AU_{14}）和（AU_4，AU_{22}）代表的表情类型为"专注"；（AU_6，AU_{14}）和（AU_6，AU_{26}）代表的表情类型为"自信"等，以此类推。在此基础上，将 7 种表情进行二次分类，其中高兴、专注、自信这三类表情代表学生对学习活动感兴趣，而惊讶、厌烦、困惑、疲劳这四类表情代表学生对学习活动不关注。

智慧教室中的面部表情识别流程图如图 2-14 所示。首先，依据 2.5.1 节所描述的表情特征提取方法，来获取智慧教室中的学生面部表情特征，并与面部运动单元编码系统建立一一对应关系，形成面部特征编码对（AU_i, AU_j），其中 AU_i 表示学生的眉、眼特征编码，AU_j 表示学生的嘴部特征编码；然后，把面部特征编码对与面部表情识别规则库进行对比，获取学生的面部表情类型；最后，根据表情分类规则识别出学生的表情类型，即感兴趣和不关注。感兴趣时的学习情感得分为 2 分，不关注时的学习情感得分为 1 分。

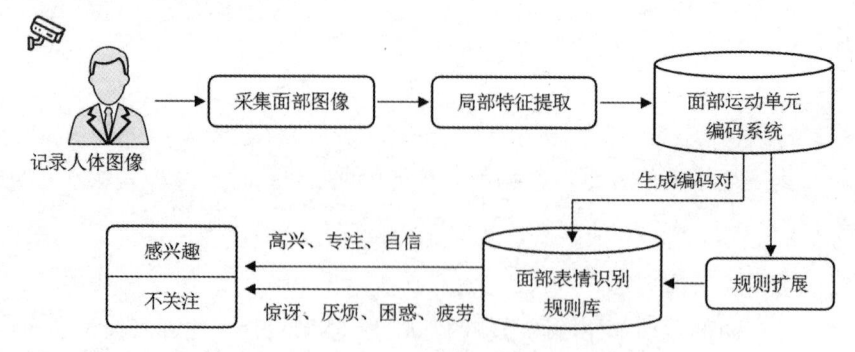

图 2-14 智慧教室中的面部表情识别流程图

学习情感的量化方法，计算如下：

$$E = \sum_{i=1}^{n} l_i w_i \qquad (2\text{-}12)$$

式中，E 为在单位时间内的学生学习情感得分，n 为在单位时间内的面部表情图像的总体数量，l_i 为学生的第 i 个表情特征得分，w_i 为学生的第 i 个表情的权重。

权重的计算方法如下：

$$w_i = \frac{n}{N} \qquad (2\text{-}13)$$

式中，n 代表在规定的单位时间内某种表情类型出现的频次，N 代表在规定的单位时间内所出现的表情图像总数。

参考文献

[1] 约翰·杜威. 民主主义与教育[M]. 王承绪, 译.北京：人民教育出版社，2001.

[2] KRAPP A. Interest, motivation and learning: An educational-psychological perspective[J]. European journal of psychology of education, 1999, 14（1）：23-40.

[3] SCHANK R C. Interestingness: Controlling Inferences[J]. Artificial Intelligence, 1979, 12（3）:273-297.

[4] KINTSCH W. Learning from text, levels of comprehension, or: Why anyone would read a story anyway[J]. Poetics, 1980, 9（1）:87-98.

[5] 邓志鸿，唐世渭，张铭. Ontology 研究综述[J]. 北京大学学报（自然科学版），2002，38（5）：730-738.

[6] 林霜梅，汪更生，陈弃秋. 个性化推荐系统中的用户建模及特征选择[J].计算机工程，2007，17（33）:196-198，230.

[7] 彭聃龄，张必隐. 认知心理学[M]. 浙江：浙江教育出版社，2004.

[8] 侯东风. 长春市中小学生注意品质特点的研究[D].长春：东北师范大学，2006.

[9] 钱莉，金科，章苏静. 教育游戏中学习者注意力资源开发策略[J]. 远程教育杂志，2010，28（6）：93-97.

[10] 何善亮. 注意力曲线的内涵及其教学意蕴[J]. 教育科学研究，2017: 44-48.

[11] HIDI S. A reexamination of the role of attention in lcarning from text[J]. Education Psychology Review. 1995（7）:323-350.

[12] SKINNER E A, BELMONT M J. Motivation in the classroom: Reciprocal effects of teacher behavior and student engagement across the school year[J]. Journal of Educational Psychology，1993，85（4）:571-581.

[13] 孙茜. 高中生物教学中提高学生参与度的实践研究[D]. 山东：山东师范大学，2014.

[14] 郭美娜. 经管类专业学生课堂教学参与度提升研究[J].企业改革与管理,2014（14）:138-139.

[15] ENTWISTLE N. Motivational factors in students' approaches to learning[J]. Perspectives on Individual Differences，1988:21-51.

[16] DARWIN C. The Expression of the Emotions in Animals and Man[M]. London, UK:John Murray，1872.

[17] STEPPER S，STRACK F. Proprioceptive determinants of emotional and nonemotional feelings[J]. Journal of Personality & Social Psychology，1993，64（2）: 211-220.

[18] CARNEY D R，CUDDY A J C，YAP A J. powering posing brief nonverbal displays affect neuroendocrine levels and risk tolerance[J]. Psychological Science，2010，21（10）: 1363-1368.

[19] RISKIND J H，GOTAY C C. Physical posture: Could it have regulatory or feedback effects on motivation and emotion?[J]. Motivation & Emotion，1982，6（3）: 273-298.

[20] 袁丽丽. 学龄期儿童智能坐垫设计与开发[D].上海：华东师范大学，2017.

[21] 司琪.小学生注意力品质现状调查与提升训练[D].重庆：重庆师范大学，2016.

[22] 刘春荣.足球活动对 4-5 岁幼儿注意力稳定性影响的实验研究[D].四川：四川师范大学，2018.

第二部分

关键技术

第 3 章

课堂学习行为数据集构建

▶ 3.1 头部姿态的数据集

随着教育信息技术的发展,传统课堂场景引入了多屏多点触控智能教学系统。智慧课堂场景示意图如图 3-1 所示,与传统课堂教学相比,由多屏液晶平板电视组成的教学系统取代了传统的黑板教学,教师走到哪都可以直接通过触控屏幕来完成授课,并以不同范围走动的教学方式吸引学生的注意力,同时活跃教学氛围。利用现代化信息技术,学生可以进行自主学习、协作学习及小组内成员讨论等个性化学习模式,教师授课端与学生个人学习端相互连接,辅助教师了解学生的认知水平和把控每个学生的学习进度。在此环境下学生的注意力情况可以及时反映其课堂学习行为的专注度,而头部姿态估计在人机交互环节中可以辅助教师完成每个学生的注意力检测,及时反馈相应的指导信息,提升教学质量。

图 3-1 智慧课堂场景示意图

目前,已有大量的研究学者从事头部姿态估计的科研工作,然而却很难实现落地应用。通过分析发现，其研究热点大多集中于对算法的探索改进，其研究使用的头部姿态数据库与在实际应用场景下所产生的数据差异甚大，因此难以获得适合该场景下较为健壮性的模型。大部分研究都基于常用的数据集，如Pointing'04数据集、300W-LP数据集及AFLW2000数据集等。在此智慧课堂教学场景下，当基于这些数据集进行研究时，存在以下几种问题：Pointing'04数据集是基于实验室采集的数据集，尽管采集场景与课堂教学场景相符，但由于它收集的样本量过少（Pointing'04数据集是每间隔30°作为一个类别），因此远远满足不了智慧课堂下多视角转动的应用场景的需求。300W-LP数据集是基于互联网搜集的野外数据库，一方面其数据标签是通过算法计算得到的，存在万向锁和标签误差问题，另一方面，野外环境与室内课堂场景相差较大（背景杂乱、光照变化等），数据分布情况也极度不匹配。除了上述两点，几乎所有数据集都是基于自然场景（可见光）的，这将会面临光照变化导致难以获得健壮性模型的问题，不符合落地应用的要求。为解决上述问题，本节自主设计头部姿态采集场景，利用红外成像设备采集红外图像，针对教学场景设计了间隔15°和间隔5°非均匀头部姿态数据集，并简称为IRHP数据集。

3.1.1 采集场景设计与布置

面向智慧课堂这一教育教学场景，常态化课堂教学方式将伴随多视角转动，学生的头部姿态将随着教师的走动而不停变化。一方面，当从一侧教学屏幕移动到另一侧教学屏幕时，如图3-1右图所示，教师从教学点A处移动到教学点B处，学生的视线变化较为巨大，此时伴随的必然是头部的大幅度旋转；另一方面，当教师选择某处教学屏幕进行细节性专业知识讲解时，学生的注意焦点将在此处多个屏幕活动，如教师在教学点A处的四个屏幕进行知识讲解，此时学生的头部旋转浮动较小。为满足这一课堂教学场景需求，设计了非均匀的头部姿态数据采集场景，主要针对头部旋转较大和头部旋转浮动较小这两个需求。

（1）间隔15°头部姿态数据采集。

为建立适用的头部姿态数据集，在实验室中选择一个两米高的宽敞实验室作为数据采集场景。整个头部姿态数据集采集系统包含一个红外摄像机、标记点、一个固定位置的升降椅、一张纯色的背景白幕和一台联网的笔记本电脑。间隔15°头部姿态现场采集布置图如图3-2所示，其中图3-2（a）和图3-2（b）是拍摄场景的二维展示，图3-2（c）和图3-2（d）是拍摄场景的三维立体呈现，箭头所指向的点表示姿态位置标记点。

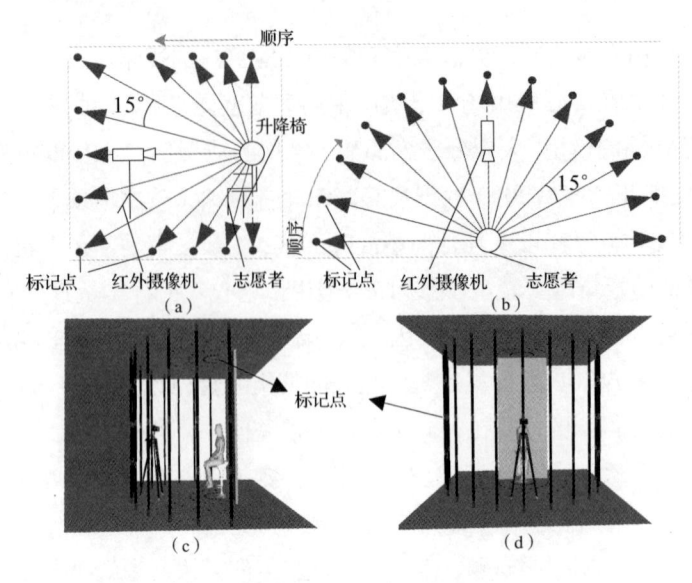

图 3-2 间隔15°头部姿态现场采集布置图

一般来说，人的主要注视区域包含极度左视、轻微向左看、正视前方、极度右视、轻微向右看、极度向上看、轻微抬头、极度向下看和轻微低头等。这些区域都具有不连续的特性，因此可以使用离散的头部姿态进行表示。大量实验表明，间隔15°进行头部姿态表示可以满足人们日常生活中的需求表达。因此，在本数据采集场景中，Yaw 角（水平方向角度）将被设置成 15°作为一个类别，以一种半圆的形式呈现，如图 3-2 所示。在每一个 Yaw 角方向，需要对 Pitch 角（垂直方向角度）进行设置。与 Yaw 角一样，Pitch 角的范围为（-90°, +90°），间隔设置为 15°。具体地，以 15°为间隔安装一个木杆作为 Yaw 角方向。同时，木杆连接天花板和地面，以便对 Pitch 角进行标记。在对 Pitch 角进行标记时，同样以 15°为间隔在每个木杆、天花板和地面上进行标记。在 Yaw 角为-90°和+90°的木杆上，只在 Pitch 角为 0°的位置上进行标记，这是因为头部旋转必须满足人的身体结构限制，当处于极端姿态时，正常人的头部是无法完成该动作的。因此，最终会产生 145 类头部姿态标记位置。为解决每个参与数据采集的志愿者身高不同的问题，选择一个升降椅安置在半圆的中心，以确保他们的眼睛与 Pitch 角为 0°的那一标记点处在同一个水平线上。然后，一张纯色的背景白幕放置在志愿者背后作为背景。这一做法的目的是，获取"干净"的头部姿态人脸图像，为后续算法过滤掉背景，提高模型的性能。最后，在整个图像采集场景中，所有标记点都是通过严格的数据几何工具计算得出，以及通过精确的计量工具进行标记的。

当标记场景完成之后，我们选择型号为 DS-IPC-S12A-IWT（波段为 850nm，分辨率为 1920 像素×1080 像素）的红外摄像机作为采集工具，用以记录所有采集过程中的头部姿态图像。该设备中的 ICR 红外滤波片可以用来切换白天和黑夜两种模式，为缓解现实生活中光照变化对头部姿态估计任务带来的影响，本次数据采集将只用黑夜模式，即只采集红外图像数据。将该设备安装在离地面 1m 高、距离志愿者正前方 0.75m 远的位置。

（2）间隔 5°头部姿态数据采集。

为满足智慧课堂头部旋转浮动较小的需求，进行了间隔为 5°的头部姿态数据采集工作，如图 3-3 所示。采集设备和工具同间隔 15°数据采集相同，场景设计类似。图 3-3 中只展示了间隔 5°拍摄的二维效果图。

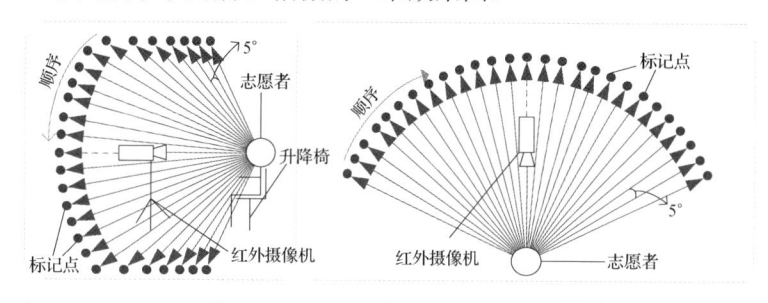

图 3-3 间隔 5°采集系统示意图

除了角度间隔设置更加细粒度，还有与间隔 15°数据采集场景的不同之处。首先，无论是 Yaw 角还是 Pitch 角，范围不是（-90°，+90°），而是选择（-65°，+65°），这是因为当学生的注意力集中在某一侧教学屏幕时，-65°到+65°的头部姿态旋转范围已经满足该场景下的需求。其次，Yaw 角以一种扇形的方式进行设置，志愿者依然处于扇形的中心，符合正常头部旋转的实际情况。最后，因为所选择的 Yaw 角和 Pitch 角都符合正常人的身体结构，所有 Yaw 角方向上的木杆都进行了间隔 5°的 Pitch 角标记，最终会有 729 种（27×27）被标记的头部姿态位置。

3.1.2 方案规划与数据采集

在完成数据采集场景设计和布置之后，本节将详细介绍数据采集的具体方案及步骤。由于两种数据采集方案大致类似，因此将统一阐述数据采集方案。当出现不同地方时，会分别介绍两种方案的具体细节部分。

1）参与数据采集的志愿者

总共有 40 名志愿者报名参与到本次头部姿态采集实验中，包含 24 名男生和

16名女生。所有志愿者的颈椎都是正常的，并且可以完成所有的指定动作。每名志愿者都被告知该实验所采集的数据将只用于科学研究，而不是任何其他商业目的。同时，若同意参与该项实验，则在完成数据采集工作后会获得一定的报酬作为补偿。志愿者将被要求坐在升降椅上，重点是通过旋转其头部来注视每一个标记点，而非转动他们的眼球去看。这一做法的目的是获得准确的头部姿态标签构造。然而，有一个值得注意的问题是，当在完成极端头部姿势时，人们大多习惯转动眼球去注视指定的标记点。例如，当需要志愿者完成注视 Yaw 角为 75°、Pitch 角为 75°这一标记点时，大多数都会不自主地转动眼球去凝视该位置，这将会由于该种姿态错误标签而产生无效的数据集。因此，除被拍摄对象外，若干名志愿者将被选择去协助其完成指定的头部转动要求，以减少人为因素而导致的数据误差。

2）佩戴眼镜

面部遮挡在进行实验时会严重掩盖掉一些重要的面部特征信息，如眼镜、头发等，这一直是头部姿态估计任务的挑战。为缓解此类问题，在数据采集时要求志愿者采集两组数据，一组是佩戴眼镜进行数据采集，另一组是不佩戴眼镜进行数据采集。眼镜的选择可以由协助志愿者进行分配或者志愿者自行佩戴。这不仅能提高算法模型的健壮性，而且更加符合日常教学场景。

3）采集步骤

当所有前序工作完成之后，每名志愿者的两组数据采集工作步骤详情如下。

步骤一：在开始采集之前，将给每名志愿者详细介绍数据采集的流程，包含这份科研工作的价值意义，以及如何去旋转他们的头部。

步骤二：志愿者坐定升降椅，保持腰背挺直姿势，目视正前方（视线处于 Yaw 角为 0°的方向）。协助志愿者将调节升降椅高度，以保证其眼睛与 Pitch 角为 0°位置处于同一条水平线上。

步骤三：将录制设备安置在 Yaw 角为 0°的木杆与志愿者之间，并保证三者在同一条直线上。除此之外，还需要调节设备的高度，使设备、志愿者眼睛、标记点（Yaw 角为 0°，Pitch 角为 0°）三者在同一条水平线上。这样，当志愿者头部没有任何转动的时候，保证设备拍摄到的是头部姿态参数（Yaw,Pitch）=（0°,0°）。

步骤四：要求志愿者有序地完成每个姿态动作，便于后续图像数据的标签标定，确保每幅图像对应的标签都是正确的。换句话说，在基于间隔 15°数据采集中，由于 Yaw 角为-90°和+90°，Pitch 角只有 0°。因此，志愿者先按序完成这两种动作。在剩下的所有标记姿态中，先转动头部到（Yaw,Pitch）=（-75°,+90°）处，进行拍摄录制，然后每隔 15°进行低头操作，即保持 Yaw 角方向不变，只在 Pitch 角方向上以 15°间隔进行逐次递减。当该 Yaw 角方向上的动作都完成之后，再重复回到（Yaw,Pitch）=（-60°,+90°）处，反复如此直到采集到所有姿态数据为止。在基于间隔 5°数据采集中，除没有单独完成两种动作外，其他采集过程与前者类似，先将头部转动到（Yaw,Pitch）=（-65°,+65°）处，然后每隔 5°进行低头操作，如此反复进行数据采集。与此同时，所有采集图像数据文件在笔记本电脑中都将以 No.-Yaw-Pitch 格式进行重新命名。其中，No.表示志愿者的编号，Yaw 和 Pitch 分别对应于该幅图像的头部姿态真实标签。

3.1.3 数据后处理及数据集设计

为满足智慧课堂多视角场景下获取学生学习行为中的注意力情况，将建立一个适合该应用场景的非均匀头部姿态数据集。考虑到所采集的原始数据中包含设备水印、实验室中桌椅、工作人员等与头部姿态无关的信息，需要对原始图像进行剪辑处理。本节将详细阐述所提数据集的处理过程和设计方案。

为针对后续能够训练出适合教育教学场景的较为健壮性的模型，需要获取专门的头部姿态数据集。因此，本节将所记录原始图像中不同头部姿态的人脸剪切出来。由于剪切出来的人脸图像长宽比例没有统一，为了方便训练模型，对所有剪辑后的头部姿态图像尺度进行归一化处理。因此，需要对该图像进行缩放处理。常见图像超分辨率算法有最近邻插值法、双线性插值法、双线性内插值法、基于局部像素的重采样、基于 4 像素×4 像素领域的立方插值法和基于 8 像素×8 像素领域的 Lanczos 插值法等。本节选择双线性内插值法进行数据尺度归一化操作，下面将结合本数据集详细阐述图像归一化操作。

双线性内插值法是一种较好的图像缩放算法，充分利用源图像中虚拟点四周的四个真实存在的像素值来共同决定目标图中的一个像素值。尽管计算量比最近邻插值法大，但此方法缩放效果较好，缩放后图像质量较高，不会出现像素值不连续的情况。双线性内插值法原理如下。

对于一个目标像素点，假设其通过反向变换得到的浮点坐标为$(i+u, j+v)$，其中 i 和 j 均为浮点坐标的整数部分，u 和 v 为浮点坐标范围在[0,1)的小数部分。因此，该目标像素点的值 $f(i+u,j+v)$ 可由源图像坐标为 (i,j)、$(i+1,j)$、$(i,j+1)$、$(i+1,j+1)$所对应的周围四个像素的值决定，即

$$f(i+u,j+v)=(1-u)(1-v)f(i,j)+(1-u)vf(i,j+1)+u(1-v)f(i+1,j)+uvf(i+1,j+1) \quad (3-1)$$

式中，$f(i,j)$表示源图像(i,j)处的像素值。

假设剪辑之后的源图像尺寸大小为 $m×n$，m 和 n 分别表示该图像的高度和宽度，图像的缩放因子为 t（$t>0$），则目标图像的大小为 $S_{new}=(t×m)×(t×n)$。对于目标图像中的某个像素点 $P(x,y)$，可通过式（3-1）推导出对应的源图像坐标位置 $P'(x_1,y_1)$。很容易理解，x_1 和 y_1 的值可能都不是整数值，因此在源图像中并不存在这样的点。于是需要先找出其相邻四个点的像素值 f_1、f_2、f_3 和 f_4，然后使用式（3-1）计算 $P'(x_1,y_1)$ 处的像素值，最后通过缩放因子计算 $P(x,y)$ 处的像素值。本节将所有图像数据尺度归一化为 224×224。因此，算法步骤详述如下。

（1）通过目标图像尺度大小计算缩放因子，并创建新图像。

（2）由新图像的某个像素(x,y)映射到原始图像(x',y')处。

（3）对 x' 和 y' 取整得到(xx,yy)，并得到(xx,yy)、$(xx+1,yy)$、$(xx,yy+1)$和$(xx+1,yy+1)$的值。

（4）利用双线性插值法得到像素点(x,y)的值，并写回新图像。

（5）重复步骤（2）直到新图像的所有像素写完为止。

对于基于间隔 15°的数据集，总共包含 11600 幅图像和 145 类头部姿态。在基于间隔 5°的数据集中，总共包含 58320 幅图像和 729 种头部姿态。若干角度戴眼镜对比示意图如图 3-4 所示。

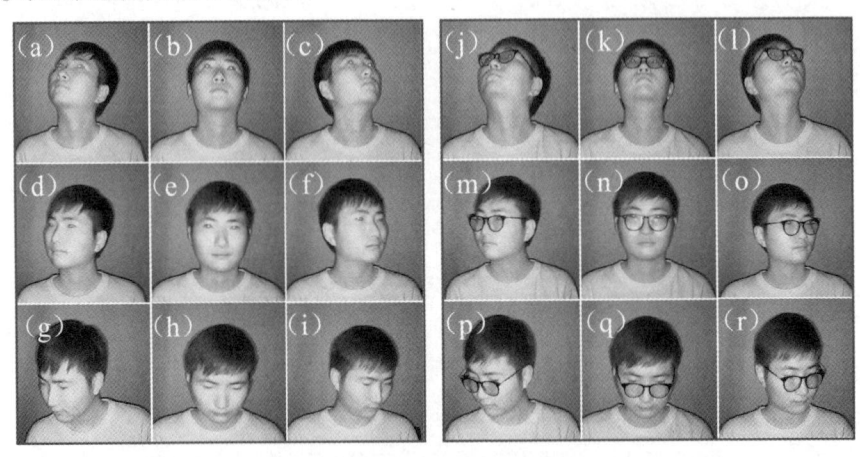

图 3-4　若干角度戴眼镜对比示意图

本节将两种数据集根据其采集特色进行统一合并命名为 IRHP 数据集。为后续更加公平地进行实验对比，IRHP 数据集都将以 0.7∶0.2∶0.1 划分为训练集、验证集和测试集。考虑到测试人员不会出现在训练集中这一实际情况，数据集划分按照志愿者划分原则，这同样避免了数据泄露的问题。

3.2 人体姿态的数据集

为了建立课堂环境下学生姿态的红外图像数据集，研究团队在实验室环境下构建了合适的摄像场景。整个学生学习姿态记录系统包含一台红外摄像机和一台无线连接的笔记本电脑。红外摄像机的波长为850nm，属于近红外成像。实验对象被要求完成10类在课堂上常见的姿势，如喝水、玩手机、坐下、站起来、举手等。所记录的姿态图像分辨率为1080像素×1920像素。在课堂学习过程中，学生的学习行为被记录为红外视频。共有40名学生（其中女生18名，男生22名）作为志愿者参与实验，所有学生颈椎正常。他们可以在课堂上完成所有指定的学习姿势。根据采集到的红外视频提取出1500幅课堂行为的红外图像，包括单人图像和多人图像。与可见光充足的自然图像相比，红外图像严重缺乏颜色及纹理信息，边缘部分缺少锐化，分辨率与对比度相对更低。同时，其灰度分布与目标反射特性具有一种非线性关系，使得卷积神经网络在对这种底层图像特征进行特征提取和建模时遇到了较大阻碍。然而，红外图像在夜视、安防、监控、野生动物保护等领域有着广泛的应用。红外场景中的姿态估计技术也是迫切需要发展的。图3-5（a）、图3-5（c）、图3-5（d）、图3-5（e）为捕获的原始红外成像，图3-5（b）、图3-5（f）、图3-5（g）、图3-5（h）显示了进行人体关键点检测后的结果。

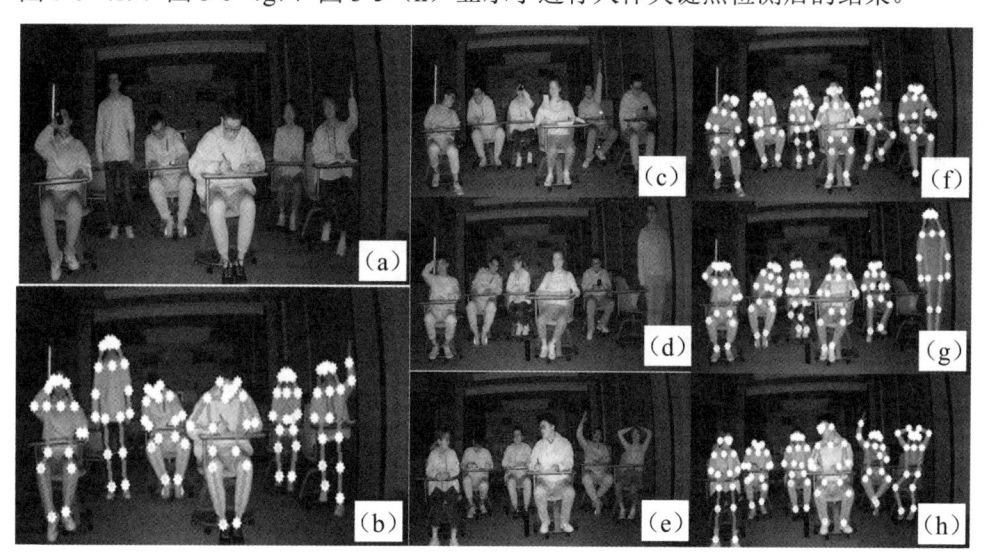

图3-5 课堂环境下红外图像采集及其实验结果

3.3 已有的数据集

3.3.1 面部表情图像数据集

一个优秀的表情数据集对于表情识别系统的作用是至关重要的，由于本节研究的重点不是表情数据集的建立和设计，因此仅简单介绍一下目前常用的几种人脸表情数据集。

JAFFE（Japanese Female Facial Expression）表情数据集由十位不同日本女性的 213 幅图像构成，对于每一位参与采集图像的年轻女性而言，采集者要求她们做出恼怒、厌烦、畏惧、开心、难过、惊讶和中性共 7 种情绪状态，并且挑选拍摄作品中的 3～4 幅图像作为资源整理入数据集，JAFFE 表情数据集中的部分数据如图 3-6 所示。该数据集是由迈克尔·莱昂斯（Michael Lyons）、鸠山由纪夫（Miyuki Kamachi）和吉博阿（Jiro Gyoba）共同设计和采集的，这些照片是在日本九州大学心理学系拍摄的。JAFFE 表情数据集中的图像都是由摄像机从绑着头发的人脸正面拍摄得到的，所有整理入数据集的成品都是经过一定程度预处理的，其目的是消除五官定位位置和图像大小对研究者的影响。照明均为正面光源，但照明强度不同。由于该表情数据集是开放式的，且表情的校准是非常标准的，因此在目前大多数的表情分类识别文章中，它都被用于所建立的神经网络模型的训练和测试中。

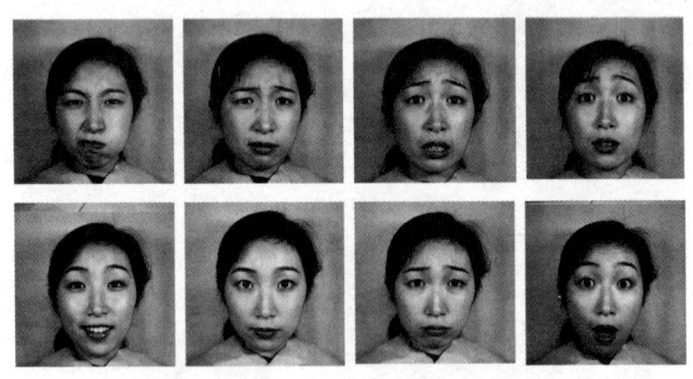

图 3-6 JAFFE 表情数据集中的部分数据

Cohn Kanade 表情数据集目前已问世两个版本，而 CK+（Extended Cohn-Kanade）表情数据集是第一个版本的升级版，且两个版本均可以供科研工作者免费使用。采集者一共招募了 123 名 18～30 岁的志愿者，这些志愿者中女性人数超过 60%，非洲裔美国人不到 20%，而亚裔或拉美裔就仅仅只有 3%。相比于 JAFFE 表情数据集，CK+表情数据集的规模更大，CK+表情数据集中的部分数据如图 3-7 所示。

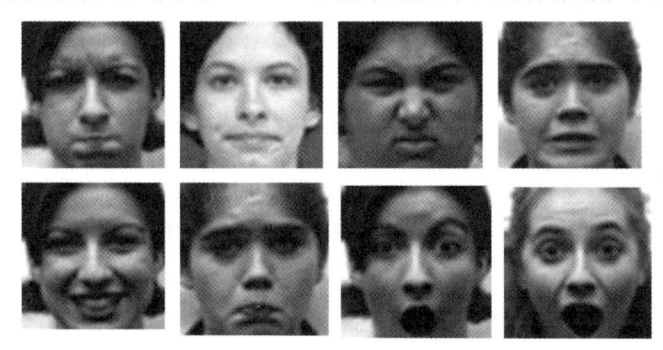

图 3-7　CK+表情数据集中的部分数据

AffectNet 表情数据集是一个反映现实生活中自然状态下人脸表情的数据集，采集者通过收集和注释面部图像，从而建立了一个新的自然状态下人脸表情数据集。AffectNet 表情数据集数量超过 100 万，并且它所包含的表情图像均是从互联网上收集得到的，在 100 万幅图像中，约有一半（大约 44 万幅）被进行了 7 种（恼怒、厌烦、畏惧、难过、开心、惊讶和中性）面部表情类别标签的手工标定。迄今为止，AffectNet 是世界上最大的面部表情数据集，该数据集通过免费申请即可获得，AffectNet 表情数据集中的部分数据如图 3-8 所示。

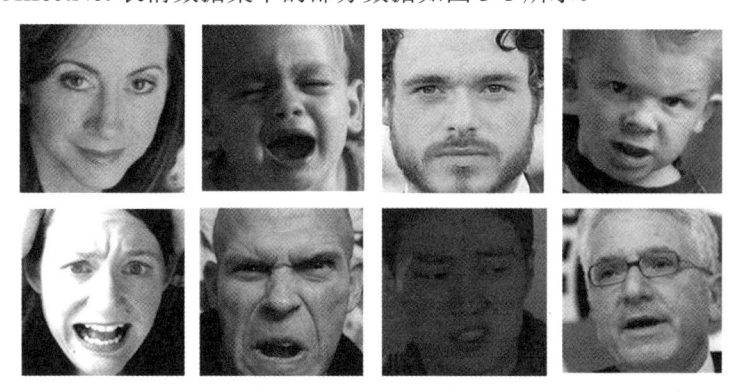

图 3-8　AffectNet 表情数据集中的部分数据

RAF-DB（Real-world Affective Faces Database）与 AffectNet 表情数据集一样，也是一个自然状态下的人脸表情数据集，RAF-DB 约为 3 万幅图像，也是由采集者从互联网上收集得到的，每幅图像大约有 40 个独立的标签对其进行注释，并且该数据集中的人脸表情图像在年龄、性别、种族、头部姿势、光照条件等方面都不尽相同，符合现实生活中表情图像的特点。同 AffectNet 表情数据集一样，它也包含 7 种不同表情类别的图像，RAF-DB 中的部分数据如图 3-9 所示。虽然目前也有不少高校和研究所的研究成果中使用自己采集的表情数据，但是它们共有的问题是表情数据集的建立并不健全，它们大多是在研究其他识别问题时为了更全面地分析问题而掺入了些许表情样本图像，相比于成熟的表情数据集而言，这些表情数据集的表情类别和采集条件都不够标准。

图 3-9　RAF-DB 中的部分数据

3.3.2　视线估计数据集的介绍

MPIIGaze：视线估计中最流行的数据集，MPIIGaze 数据集样本展示如图 3-10 所示。MPIIGaze 数据集收集了 15 名志愿者在日常生活中产生的 21 万幅图像，对头部姿势没有限制。图像具有不同的照明条件和头部姿势。MPIIGaze 数据集提供 2D 和 3D 视线标注。它还提供了一个标准的评估集。评估集包含 15 名志愿者，每名志愿者有 0.3 万幅图像。这些图像由来自 15 个对象的 0.15 万幅左眼图像和 0.15 万幅右眼图像组成。该数据集与在线学习有一定的相关性，因此可以用于课堂学习视线估计网络模型的训练。

图 3-10　MPIIGaze 数据集样本展示

EyeDiap：由来自 16 名参与者的 94 个视频片段组成的数据集，EyeDiap 数据集样本展示如图 3-11 所示。与 MPIIGaze 数据集不同，EyeDiap 数据集是在实验室环境中收集的。它具有三个视觉目标场景：连续移动目标、离散移动目标和浮动球。对于每个场景，总共记录了六个会话，其中包含两个头部运动：静态头部姿势和自由头部运动。该数据集的缺点是缺乏光照变化。

图 3-11　EyeDiap 数据集样本展示

Gaze360：一个用于无约束 3D 视线估计的大规模视线估计数据集，Gaze360 数据集样本展示如图 3-12 所示。Gaze360 数据集的独特之处在于它结合了众多凝视姿势、头部姿势、3D 凝视注释、各种室内和室外位置，以及年龄、性别、种族等各种对象。该数据集包含 238 名参与者的 172000 幅图像，每幅图像的分辨率为 3382 像素×4096 像素。数据集已在 5 个室内（53 名参与者）和 2 个室外（185 名参与者）位置收集。该数据集由 58%的女性和 42%的男性参与者组成。该数据集可以使视线估计达到眼睛能见度的极限，在某些情况下对应于±140°的视线偏航。

图 3-12　Gaze360 数据集样本展示

3.3.3　头部姿态数据集的介绍

1）300W_LP 数据集

300W_LP 数据集是对 300W 数据集通过形变翻转得到的大姿态数据集，它具有超过 12 万幅图像，包含 3837 名志愿者，每幅图像具有 68 个关键点标签和 3 个头部姿态角度标签。300W_LP 数据集样本展示如图 3-13 所示。

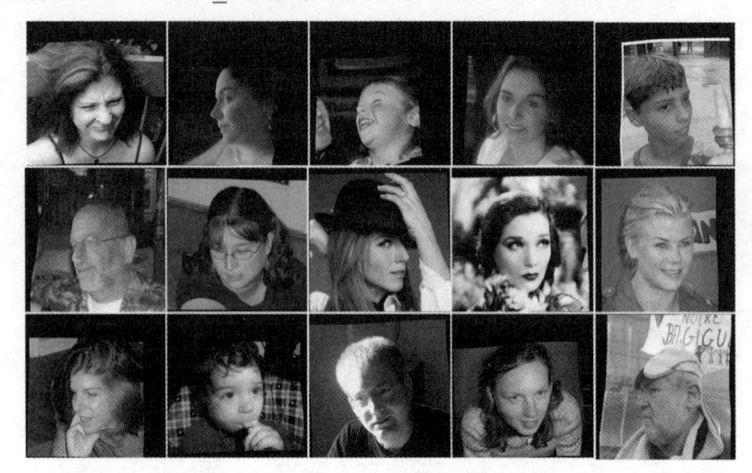

图 3-13　300W_LP 数据集样本展示

2）AFLW2000 数据集

AFLW2000 数据集来自 AFLW 数据集中的前 2000 幅图像，常作为评估集使用，可用于 3D 面部对齐、人脸关键点检测、头部姿态估计等任务。AFLW2000 数据集样本展示如图 3-14 所示。

图 3-14　AFLW2000 数据集样本展示

3）BIWI 数据集

BIWI 数据集利用 KinectV2 深度摄像机进行拍摄得到，它包含了 20 名志愿者，采集了 24 个视频共 15000 幅图像，其中包含了各个方向的头部旋转过程。

BIWI 数据集样本展示如图 3-15 所示，可以看到，该数据集的环境相比于 300W_LP 数据集和 AFLW2000 数据集的野外环境不同，它在实验环境下拍摄得到，具有更精准的头部姿态标签。

图 3-15　BIWI 数据集样本展示

3.3.4　人体姿态数据集的介绍

在人体姿态估计领域，最为广泛使用的两个公共数据集包括 Microsoft Common Objects in Context（MSCOCO）数据集和 Max Planck Institute for Informatics（MPII）数据集。MSCOCO 数据集与 MPII 数据集输出格式对比如表 3-1 所示。

MSCOCO：该数据集是由 Microsoft 收集制作的。该数据集被广泛用于众多任务，如关键点定位及对象检测、图像实例分割和语义文本描述等。人体姿态估计任务采用了其中的关键点检测数据集。在 MSCOCO 2017 数据集中，训练集包含将近 12 万幅图像，测试集包含 5000 幅图像。每个人体实例有 17 个关键点，包括鼻子、眼睛等。关于训练和验证的注释（在 15 万个人体实例上有超过 170 万个标注的关键点）是公开的。

MPII：该数据集大约包含 25000 幅图像，总共 40000 个人体实例，每个人体实例有 15 个关键点。其中，训练图像数量与测试图像数量之比为 4∶1。MPII 数据集中的图像是从 YouTube 视频中提取得到的，可用于单人和多人姿态估计。

表 3-1　MSCOCO 数据集与 MPII 数据集输出格式对比

MSCOCO 数据集输出格式		MPII 数据集输出格式	
序号	关键点位置	序号	关键点位置
0	鼻	0	头
1	颈	1	颈
2	右肩	2	右肩
3	右肘	3	右肘
4	右腕	4	右腕
5	左肩	5	左肩
6	左肘	6	左肘
7	左腕	7	左腕
8	右髋	8	右髋
9	右膝	9	右膝
10	右踝	10	右踝
11	左髋	11	左髋
12	左膝	12	左膝
13	左踝	13	左踝
14	右眼	14	胸腔
15	左眼	15	背景
16	右耳		
17	左耳		
18	背景		

3.4　参考鼠标轨迹数据的面部表情图像标注

考虑到基于日志和交互数据的学习投入测评方法在测评情感和认知投入维度时存在的局限性，选用摄像头和鼠标作为主要的传感设备对学生在线学习过程中的面部表情和阅读过程中的鼠标轨迹进行记录，并以此分析学生的情感和认知投入情况。一方面，学习管理系统中的学习内容页面主要以图文混排的方式来呈现教学内容，这种学习方式较具有代表性，是当前在线教育中较常见的学习方式；另一方面，摄像头和鼠标数据的获取不具有侵入性，不会对学生的学习过程造成干扰和影响，能够采集到学生自然状态下的学习数据。本节主要包括两个阶段：数据收集阶段和数据标注阶段。

在数据收集阶段，学生通过在线学习管理系统进行在线学习，并记录学生的日志数据，以及同步记录学生在学习过程中的面部表情数据和鼠标轨迹数据。其中，面部表情数据主要通过摄像头获取，鼠标轨迹数据主要通过每一时刻鼠标光标在内容页面停留的位置来获取。学习结束后还要获取学生的测验成绩和填写的远程学习投入量表（Student Engagement in Distance Education，SEDE）。

在数据标注阶段，主要采用人工标注的方式，标注员对投入状态进行判断并且在标注过程中需要参考人脸表情数据和鼠标轨迹数据。与只参考人脸表情数据的标注方式相比，参考两种数据的方式能够取得更高的标注准确性。经过数据标注后得到多模态数据集，然后将数据集划分出训练集和测试集，经过预处理后输入融合模型中进行训练。

3.4.1 摄像头和鼠标轨迹数据的采集与处理

在本节中以参加学校 2018 年上学期网络公共选修课《知识管理方法和实践》的一个班作为研究对象，该班级中总共有 47 名同学，其中男生 19 名，女生 28 名，整体平均年龄为 24.47±0.87 岁，最大年龄为 26 岁，最小年龄为 23 岁。他们是来自不同学院的研一和研二的学生，其中学生来源组成：生命科学学院 10.6%，计算机学院 21.3%，经管学院 17%，教育学院 51.1%。学习方式以在线学习为主，以教师线上答疑的方式为辅，整个学习过程使用的在线学习系统与先前的研究一样，除了学习，学生还可以在系统中发布博客、留言等。学习内容主要以文字、图像、动态图的方式呈现，以纵向滚动的方式进行翻页。学习结束后通过在线检测试题进行学习测试，参与的学生在学校实验中心机房进行学习，实验室为所有学生提供相同规格型号的桌面电脑和摄像头。摄像头均采用了 Webcam 网络摄像头，该款摄像头静态图像的分辨率达到了 1080P，动态图像分辨率达到了 720P，能够满足图像处理的需求。在学习过程中要求学生尽量保证独立学习，不可以互相讨论、左顾右盼或离开座位，因为互相交互的过程中所产生的交互动作（如交头接耳、讨论交流等）会影响面部表情的采集，进而给学习投入的判定带来困难。另外，所有参与实验的学生都被告知在进行学习的过程中会记录面部表情数据和鼠标轨迹数据，考虑到需要采集学生的正脸表情数据，摄像头布置的位置位于显示器屏幕上沿的中部，实验中的学生学习场景图如图 3-16 所示。

课堂学习行为的视觉感知与分析

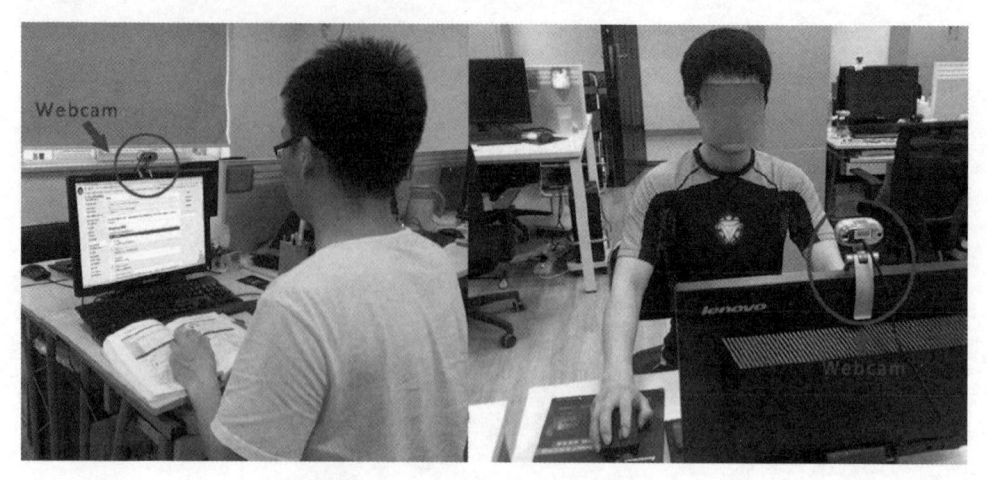

图 3-16　实验中的学生学习场景图

1）鼠标轨迹数据的获取

目前，利用鼠标数据进行用户情感检测的相关研究主要集中于通过鼠标点击流、鼠标移动速度和击键速度来判断用户的情绪状态，或借助这些鼠标数据来提高情绪判别的准确性。除此之外，也有研究者对鼠标轨迹数据展开了研究，认为鼠标轨迹数据不仅可以用于推断用户的意图，还可以用于判断用户在进行页面阅读时的视线焦点和活动状态。考虑到在线学习过程中自主阅读是学生的主要学习方式，学生通过操作鼠标与学习内容、在线学习管理系统进行交互，因此本节主要对学生的鼠标轨迹数据进行收集。利用学生的鼠标轨迹数据可以分析出学生在学习页面中各个位置的停留情况，也能够对学习内容各个部分的认知投入有一个近似的估计。例如，可以通过学生在学习页面各个位置的停留时长发现学生对内容的哪一部分耗费太多时间，即发现学生是否遇到了理解障碍，也可以通过学生快速滚动学习页面的行为推断学生可能处于快速浏览阶段，也就预示着学生没有投入足够的认知资源进行内容的学习和理解。

本节所使用的在线学习管理系统并没有收集记录用户鼠标轨迹的相关功能模块，因此，对在线学习管理系统进行了二次开发，增加了鼠标轨迹数据采集功能，可实时采集学生浏览学习页面时其鼠标的轨迹信息。该功能模块的大致工作原理：每隔 100ms 进行一次鼠标位置信息的记录；鼠标位置信息主要包含了鼠标光标在整个文档页面中的绝对位置和时间戳，时间戳用于和人脸表情数据进行同步；鼠标光标在整个文档页面中的绝对位置的计算方法是首先获取学习页面的 document.body.scrollTop 属性、鼠标光标的 event.clientY 属性和 event.clientX 属性。这些属性值属于网页中的文档对象模型（Document Object Model，DOM），DOM

是用于处理可扩展标记语言的标准编程接口,可以通过 JavaScript 进行处理。其中,document.body.scrollTop 属性表示的是当前屏幕顶端和学习页面顶端的距离,event 的 clientY 和 clientX 两个属性值表示的是鼠标光标在屏幕中到屏幕顶端和屏幕左端的距离,然后通过求 document.body.scrollTop 和 event.clientY 的和可以算出鼠标光标位于整个学习页面 Y 轴的位置,X 轴的位置可以通过 event.clientX 属性值直接确定。

2)摄像头数据的获取与处理

在实验过程中,摄像头以视频格式记录学生在学习过程中的面部表情数据,学习系统会同步记录学生的鼠标轨迹数据,这两类数据之间利用时间戳保持同步。为保证摄像头能够获取学生学习时的正脸表情数据,摄像头位置需要安置于显示屏的正上方。这种摄像头的布置方法对于学生来说稍显"突兀",也使得学生在实验开始阶段不太适应这种"被监视"的学习方式,因此在摄像头面前表现得不太自然,学习过程中较常出现无意识地看摄像头的情况,但随着学生对摄像头的适应,他们的学习表现才逐渐稳定下来。

目前,在表情识别的研究中所识别的表情主要指 6 种基本表情:高兴、悲伤、恐惧、愤怒、厌恶和惊讶。这些表情基本涵盖了在日常生活中的绝大部分表情,因此表情识别任务主要针对一般情境,但是在学习情境下的表情与之有较大差别。相关研究发现,以自主学习为特点的在线学习过程中学生的面部表情主要以中立表情为主,其他流露出的表情较少且主要分布在无聊、困惑、满足等表情中。另外,在线学习过程中的表情是依赖情境的,表情背后的含义会发生变化,如在一般情境下,满意往往表现为微笑,而在学习情境下,满意可能表现为中立表情;在一般情境下的皱眉可能表达愤怒的情感,而在学习情境下可能表现为沮丧的情感。考虑到在线学习过程中表情分布与在日常生活中的差异,在线学习过程中的表情识别不能直接套用基于 6 种基本表情的识别,而应该有针对性地构建专用的表情识别数据集来开展识别任务,因此对表情数据集的标注工作就显得尤为重要。

3.4.2 标注方法的选择与数据标准的一致性检验

1)标注方法的选择

在学习情境下的面部表情与在一般情境下的面部表情存在着较大差异,因此本节在进行数据标注的时候选用人工标注方法进行,期望借用人类的专业知识经验对在学习过程中的表情进行判断和标注。数据标注工作一般由多个标注员完成,他们先浏览图像，然后凭借自身的认知经验为图像标注上所属的类别信息。但是，在学习过程中的表情判断较为特殊，对标注员的素质和经验有较高要求。因而从华中师范大学教育学院招募了8名教育心理学专业的大三及大四的本科生来进行表情数据的标注工作。考虑到在学习情境下的学生表情分布与其背后含义的变化，本节在标注数据时将鼠标轨迹数据作为辅助数据以方便标注员进行标注。为了验证该方法的有效性，开展了一个小范围的对比试验：从8名标注员中随机选出6名组成2个标注组对随机选出的学生数据进行标注，其中对照组仅使用表情数据进行标注，实验组不仅使用表情数据还使用鼠标轨迹数据作为辅助。在标注过程中将学生在线学习的投入程度分为3个等级，标注员通过观察法再结合专业知识对学生的学习投入水平分配1~3的值，其中1代表不投入，2代表一般性投入，3代表非常投入。实验组和对照组所标注的对象是10名学生的图像数据，这10名学生是从47名学生中随机选择出来的，其平均年龄为24.6±0.92岁，最大年龄为26岁，最小年龄为23岁，在年龄分布上与47名学生的分布相近。实验的过程分为两个阶段：第一阶段是实验组和对照组的标注员对10名学生的图像数据进行标注；第二阶段是这10名学生对自己的学习数据进行自我标注；最终将实验组和对照组的标注结果与学生自己标注的结果进行比较以确定该标注方法是否有效。

对于标注方法的选择，尝试了以下两种标注方法。

方法一：将学习视频文件分割为小的视频剪辑片段，标注员观看剪辑片段后对学生的学习投入水平进行打分。

方法二：先以2s的时间间隔从视频文件中提取图像，然后对图像进行判断并给定一个学习投入水平值。

在实践过程中，我们发现方法一在执行标注方面存在着诸多困难。首先，标注员观看剪辑片段所给出的投入水平值会受观看时间点附近的学生表现的影响，换句话说这个投入水平值是一个相对值，该值无法在整个学习期间与其他时刻的投入水平值进行准确比较。其次，当剪辑片段中同时包含高度参与和不参与的表情时，投入水平值该如何分配是一个棘手的问题。因此，我们选用方法二进行标注，其优势在于：第一，单张图像便于进行识别和标注，处理上也相对容易；第二，在统一的评判标准下，图像中学生的投入水平容易确定且不容易发生模棱两可的情况。对此，本节参照Whitehill等人的研究拟定了一个指导性的学习投入度评判标准。标注员根据标准分别从图像中学生的头部姿态、视线位置、表情状态和鼠标轨迹对图像进行投入水平的评判。三种投入水平的参考标准如下：

"非常投入"主要表现为学生头部处于正位或前倾,视线点位置落在屏幕区域内,以专注、满足、愉悦等积极的表情为主,并且主要呈现出聚精会神的状态,鼠标在整个学习页面中位置变化的幅度较小。

"一般性投入"主要表现为学生头部基本处于正位或存在轻微偏斜,视线点位置在屏幕区域内,以自然表情为主,精力集中的程度较"非常投入"的状态要轻,鼠标位置变化的幅度较大。

"不投入"主要表现为头部姿态不正,没有正脸面对镜头,视线不在屏幕上,表情方面主要以漫不经心、无聊、沮丧等消极情绪为主,鼠标移动的方式以漫无目地浏览、频繁而剧烈地上下来回滚动为主。

该标准对于标注员来说并不是硬性的,在实际标注过程中,很多情况下依然需要标注员借助自身经验进行灵活判断。因此,图像标注的准确性仍然受标注员自身专业素质、图像分辨率等因素的影响,不同标注员针对同一图像的标注结果可能有不一致的情况发生。为了消除因专业素质差异带来的标注质量差别,本节拟将鼠标轨迹数据作为参考数据引入标注的过程中,以期提高图像标注的准确性。不同学习投入水平的图示样例如图 3-17 所示。

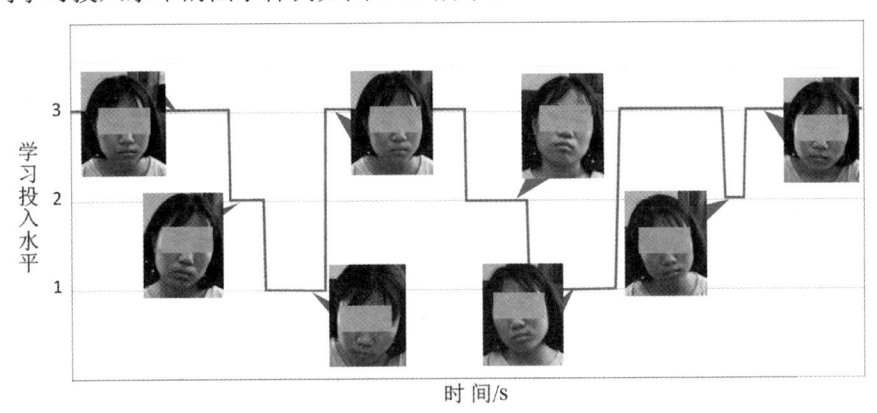

图 3-17　不同学习投入水平的图示样例

实验组在观察图像的过程中需要参考学生对应时刻的鼠标移动情况,综合分析之后再进行打分。具体的参考方法是标注员观察图像对应时间点的鼠标移动路径的可视化图,并根据鼠标移动路径来估计某时刻学生的学习投入水平。

鼠标在学习页面 Y 轴位置的典型运动轨迹图如图 3-18 所示,大体上可以分为"顺序浏览"型、"中途中断"型、"随意浏览"型三种类型。可以看到,"顺序浏览"型的光标移动特点是整个光标在页面中是从上到下以均衡的速度移动的,体现了学生在阅读时是依照从头到尾的顺序依次阅读的，并且保持了很好的阅读节奏，如图 3-18 中的学生 1 和学生 3；"中途中断"型是指在进行页面学习的开始阶段光标的移动都类似于"顺序浏览"型，但是到学习的中后段光标移动明显加快甚至直接滚动到页面底部完成阅读，而且在阅读时间上也较短，如图 3-18 中的学生 2；"随意浏览"型是指光标在短时间内快速改变，反映出学生并未在学习内容的认知上投入足够的时间，而是快速浏览完整个页面内容，如图 3-18 中的学生 4。"中途中断"型和"随意浏览"型学生的阅读行为，以及投入的阅读时间明显低于"顺序浏览"型，根据景观模型（the landscape model）、眼脑假说和用户投入模型可知"中途中断"型和"随意浏览"型学生在认知投入水平上是低于"顺序浏览"型学生的。

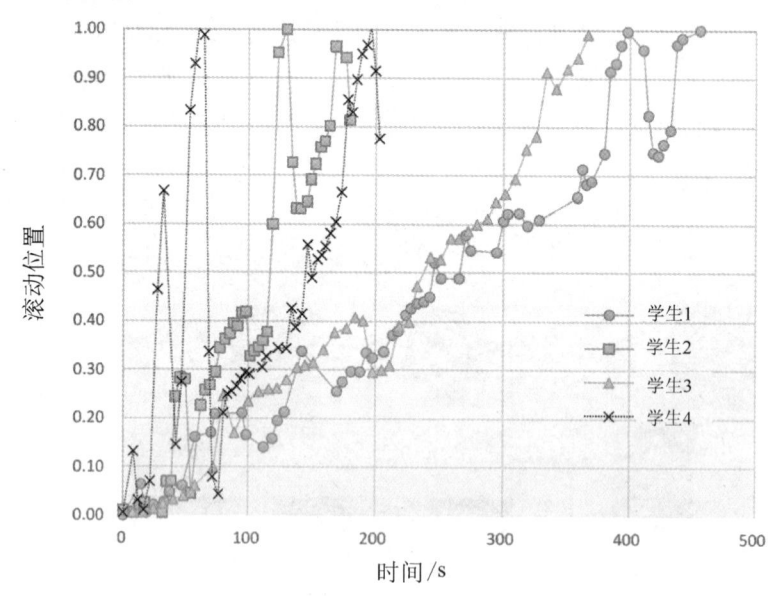

图 3-18　鼠标在学习页面 Y 轴位置的典型运动轨迹图

2）数据标准的一致性检验

实验组和对照组所使用的标注方法是否能够真实地反映学生学习投入水平，针对这个问题，从两个方面进行分析：一方面是对比两组标注结果的内部一致性，通过内部一致性来诊断标注结果的可靠性；另一方面是将两组的标注结果与学生自我标注结果进行相关性分析。采用 Cohen's Kappa 来衡量标注结果的内部一致性，该方法通常被用于诊断两个医生对同一个病人所给出的诊断结果是否一致，其 Kappa 值取 1 代表诊断完全一致，0 代表诊断完全不一致，通常取值为 0.6～1 表明一致性较好，取值为 0～0.4 表明一致性很差。因此，对于图像标注任务来说，高度的一致性也就代表着标注结果的准确性和可信度都较高,通过对比两种方法所取得的标注结果的内部一致性也就可以比较出哪种方法更为有效。两种标注方法的 Kappa 一致性检验如表 3-2 所示。从结果中可以发现,实验组中三名标注员彼此之间标注结果的一致性在整体上要比对照组的高。

表 3-2　两种标注方法的 Kappa 一致性检验

		C_{AB}	C_{AC}	C_{BC}
学生 1	G_{M1}	0.9	1	1
	G_{M2}	1	1	1
学生 2	G_{M1}	0.56	0.70	0.32
	G_{M2}	0.80	1	0.80
学生 3	G_{M1}	0.56	0.35	0.45
	G_{M2}	1	0.60	0.70
学生 4	G_{M1}	1	0.80	1
	G_{M2}	1	1	1
学生 5	G_{M1}	0.53	0.70	0.60
	G_{M2}	0.80	0.80	0.65

注:G_{M1} 代表对照组,G_{M2} 代表实验组;C_{AB}、C_{AC}、C_{BC} 分别代表每组(实验组或对照组)中 A 号标注员与 B 号标注员、A 号标注员与 C 号标注员、B 号标注员与 C 号标注员之间的 Kappa 一致性取值

例如,在针对学生 2 和学生 3 的标注结果的对比中,实验组的标注结果明显要比对照组的标注结果有更高的内部一致性。可以看出,采用鼠标轨迹数据确实有助于标注结果准确性的提高。为了进一步了解实验组中多人标注结果的一致性,选用 Kendall 系数肯德尔和谐性系数来进行检验。Kendall 系数与 Kappa 系数类似,用于检验 3 个或以上变量间的一致性。Kendall 系数的取值范围为[0,1],其计算公式为

$$W = \frac{12\sum_{i=1}^{n}\left(R_i - \overline{R}\right)^2}{m^2\left(n^3 - n\right)} \tag{3-2}$$

式中,m 为标注员的数量,n 为学生的数量(等级数),R_i 为第 i 个学生的 k 个等级之和,$\overline{R}$ 为所有 n 个学生的 k 个等级之和的均值。通过 SPSS 计算出所有标注员的 Kendall 系数,如表 3-3 所示。

表 3-3　实验组标注结果的 Kendall 系数

n	肯德尔和谐性系数	χ^2	自由度	近似 P 值
3	0.813	21.951	9	0.01

通过计算其相应的 χ^2 值并查表得出其置信度在 $P<0.01$ 上是显著的，可以认为实验组采用的方法得到的标注结果是一致的。

为研究两种标注方法所得到的标注结果和学生实际学习中的真实投入状态的接近程度，本研究团队先让 10 名学生对自己学习过程的图像数据进行自我标注，再将其与两种标注方法所得到的标注结果进行相似度对比，结果越接近就说明该方法所标注的学生状态越接近真实的投入状态。所采用的相似度计算公式为

$$\text{sim}(L,S) = \frac{1}{3N}\sum_{i=1}^{N}\sum_{j=1}^{3}\left|\frac{(L_{ji}-1)-(S_i-1)}{5-1}\right|, i=1,2,3,\cdots,N; j=1,2,3 \quad (3\text{-}3)$$

式中，N 为需要标注的图像总数，S_i 为学生自己标注的第 i 幅图像的学习投入水平值，L_{ji} 为实验组或者对照组标注的第 i 幅图像的学习投入水平值，$(L_{ji}-1)/(5-1)$ 和 $(S_i-1)/(5-1)$ 则将学习投入水平值映射到[0,1]内。通过计算后发现，对照组和学生组标注结果的相似度为 0.795，实验组和学生组标注结果的相似度为 0.913。这说明利用鼠标轨迹数据来协助标注工作确实能够使标注结果与实际学生的实际投入水平较为接近。也就是说，在没有对标注员进行能力和水平筛选的情况下，标注结果的准确性依赖标注员自身的经验和知识水平，造成标注结果偏差变大。但是如果在标注过程中为标注员提供客观的参考数据则可以缩小这种差别，这也说明鼠标轨迹反映了真实的学习投入情况，并且这些客观信息有助于标注员对学生的学习投入进行准确的判断。

3.5 数据集建立小结

人脸表情识别、头部姿态估计、人体姿态估计、视线估计等视觉任务的发展离不开好的数据集，目前一些视觉任务的数据集较为匮乏，因此建立相应的视觉任务的数据集是十分必要的。本章所介绍的数据集仅仅只是列举的部分，在各视觉的方向研究中还有其他的数据集，如身份重识别、语义分割等。此外，数据集的采集和标注也是十分重要的，人工数据标注需要人工获取数据集、人工标注、人工检查和人工校验等方面的工作协同。本章以参考鼠标轨迹数据的面部表情图像标注为例介绍了一种人工标注的方法。人工标注数据集的烦琐工作往往会因为人与人之间的主观差异导致标注结果的参差不齐，还会耗费大量的人力和物力。

随着深度学习的发展，数据标注逐渐从人工转移到自动标注。自动标注的方法更多的是构建一个良好的基于深度学习的模型来对图像进行内容的识别并标注，这将是未来标注研究领域的一大趋势。

参考文献

[1] MA J Y, CHEN C, LI C, et al. Infrared and visible image fusion via gradient transfer and total variation minimization[J]. Information Fusion, 2016, 31: 100-9.

[2] LYONS M, AKAMATSU S, KAMACHI M, et al. Coding facial expressions with gabor wavelets[C]. Proceedings Third IEEE international conference on automatic face and gesture recognition. IEEE, 1998: 200-205.

[3] LUCEY P, COHN J F, KANADE T, et al. The extended cohn-kanade dataset (ck+): A complete dataset for action unit and emotion-specified expression[C]. 2010 ieee computer society conference on computer vision and pattern recognition-workshops. IEEE, 2010: 94-101.

[4] MOLLAHOSSEINI A, HASANI B, MAHOOR M H. Affectnet: A database for facial expression, valence, and arousal computing in the wild[J]. IEEE Transactions on Affective Computing, 2017, 10（1）: 18-31.

[5] LI S, DENG W, DU J P. Reliable crowdsourcing and deep locality-preserving learning for expression recognition in the wild[C]. Proceedings of the IEEE conference on computer vision and pattern recognition. 2017: 2852-2861.

[6] ZHU X, LEI Z, LIU X, et al. Face alignment across large poses: A 3d solution[C]. Proceedings of the IEEE conference on computer vision and pattern recognition, 2016: 146-155.

[7] GABRIELE F, MATTHIAS D, JUERGEN G, et al. Random forests for real time 3d face analysis[J]. International journal of computer vision, 2013, 101（3）: 437-458.

[8] CHRISTOS S, GEORGIOS T, STEFANOS Z, et al. 300 faces in-the-wild challenge: The first facial landmark localization challenge[C]. Proceedings of the IEEE international conference on computer vision workshops, 2013: 397-403.

[9] MARTIN K, PAUL W, PETER M R, et al. Annotated facial landmarks in the wild: A large-scale, real-world database for facial landmark localization[C]. 2011 IEEE international conference on computer vision workshops (ICCV workshops), 2011: 2144-2151.

[10] LIN T Y, MAIRE M, BELONGIE S, et al. Microsoft COCO: Common Objects in Context[C]. European Conference on Cornputer Vision, Cham, 2014.

[11] ANDRILUKA M, PISHCHULIN L, GEHLER P, et al. 2D Human Pose Estimation: New Benchmark and State of the Art Analysis[C]. IEEE Conference on Computer Vision and Pattern Recognition, 2014.

[12] GUO Q, AGICHTEIN E. Exploring mouse movements for inferring query intent[C]. Proceedings of the 31st annual international ACM SIGIR conference on Research and development in information retrieval. 2008: 707-708.

[13] D'MELLO S. A selective meta-analysis on the relative incidence of discrete affective states during learning with technology[J]. Journal of Educational Psychology, 2013, 105（4）: 1082.

[14] WHITEHILL J, SERPELL Z, LIN Y C, et al. The faces of engagement: Automatic recognition of student engagementfrom facial expressions[J]. IEEE Transactions on Affective Computing, 2014, 5（1）: 86-98.

第4章

面部表情识别方法

4.1 基础

随着深度学习的发展，自然语言处理、计算机视觉等相关领域得到广泛应用并取得了显著的进展。面部表情识别任务得益于深度学习的发展也取得了飞速的进步。本节所构建的表情识别模型基于深度学习技术，具体包括人工神经网络、卷积神经网络、图卷积神经网络、标签分布学习技术，下面将对这些技术的理论基础进行简要介绍。

4.1.1 人工神经网络

人工神经网络（Artificial Neural Network，ANN）是模仿人类神经系统结构模式的一系列模型，在机器学习中最简单的可学习人工神经网络称为感知器。人工神经网络由输入可见单元 $\{v_i\}_{i=1}^{D}$、可训练连接权重 $\{w_i\}_{i=1}^{D}$、偏差 w_0 和输出单元 y 构成，单层神经网络如图 4-1 所示。由于感知器模型只有单层输出单元，不计算输入可见层，因此也称为单层神经网络。给定观测值或数据 $v \in \mathbf{R}^D$，输入单元 y 由输入加权之后经过激活函数 $f(\cdot)$ 获得，计算过程如下：

$$y(v;\theta) = f\left(\sum_{i=1}^{D} v_i w_i + w_0\right) = f\left(\mathbf{w}^\mathrm{T} v + w_0\right) \tag{4-1}$$

式中，$\theta = \{\mathbf{w}, w_0\}$ 表示参数集，$\mathbf{w} = [w_i]_{i=1}^{D} \in \mathbf{R}^D$ 是连接权重向量，w_0 是偏差，引入一个预激活变量 z，它由输入的加权生成，即 $z = \mathbf{w}^\mathrm{T} v + w_0$。激活函数 $f(\cdot)$ 为 Sigmoid 函数，即 $\sigma(z) = 1/\left(1 + \exp^{[-z]}\right)$，通常用于二元分类任务。关于多输出任务，

如多分类或多输出回归,通过添加多个输出单元 $\{y_k\}_{k=1}^{D}$ 来扩展感知器模型,每个输出单元对应一个类,如图 4-1(b)所示,它们各自的连接权重为 $\{W_{ki}\}$, $i=1,\cdots,D$; $k=1,\cdots,K$,则

$$y_k(v;\theta) = f\left(\sum_{i=1}^{D} v_i W_{ki} + w_{k0}\right) + f\left(\boldsymbol{w}_k^{\mathrm{T}} + w_{k0}\right) \tag{4-2}$$

式中, $\theta = \{\boldsymbol{W} \in \mathbf{R}^{K \times D}\}$, W_{ki} 表示 v_i 到 y_k 连接权重。Sigmoid 函数常用于多分类任务,其中输出值可以被理解为概率。

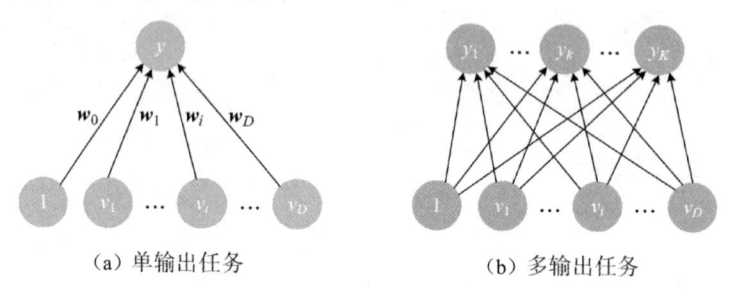

(a)单输出任务　　　　　　　(b)多输出任务

图 4-1　单层神经网络

单层神经网络尽管使用了非线性激活函数,还是存在一定限制的,其主要限制是只能进行分类任务的线性分离,这种限制可以通过在输入层和输出层之间引入隐藏层来规避,如图 4-1 所示,其中为了简化,圆圈表示各个层中单元的矢量化。注意,在图 4-1 中,每层中可以存在多个单元,并且相邻层的单元彼此完全连接,但是在同一层中没有连接。对于两层神经网络即多层感知器,可以将其组成函数写为

$$y_k(v;\theta) = f^{(2)}\left(\sum_{j=1}^{M} W_{kj}^{(2)} f^{(1)}\left(\sum_{i=1}^{D} W_{ji}^{(1)} v_i\right)\right) \tag{4-3}$$

式中,上标表示层索引,M 表示隐藏单元的数量,并且 $\theta = \{\boldsymbol{W}^{(l)} \in \mathbf{R}^{M \times D}, \boldsymbol{W}^{(l)} \in \mathbf{R}^{M \times D}\}$。为了简单起见,省略了偏置项。神经网络可以增加若干(L-1)隐藏层,并定义相应的估计函数为

$$y_k = f^{(L)}\left(\sum_{l} W_{kl}^{(L)} f^{(L-1)}\left(\sum_{m} W_{lm} f^{(L-2)}\left(\cdots f^{(1)}\left(\sum_{i} W_{ji}^{(1)} x_i\right)\right)\right)\right) \tag{4-4}$$

虽然理论上可以对不同的层甚至不同的单元采用不同类型的激活函数,但是常见的做法是在研究中对隐藏层使用相同类型的激活函数。激活函数是非线性函数,否则,该函数将由具有权重矩阵的单层神经网络来表示,该权重矩阵等于隐

藏层的权重矩阵相乘的结果矩阵。按照惯例，激活函数 $f(\cdot)$ 通常用 Sigmoid 函数来定义，即 $\sigma(z)=1/\left(1+\exp^{[-z]}\right)$，或"双曲正切"函数，即 $\tanh(z)=\dfrac{\exp[z]-\exp[-z]}{\exp[z]+\exp[-z]}$，因为它们具有非线性和微分特性。它们的区别在于输出值的范围从实值压缩到 Sigmoid 函数的[0,1]范围和双曲正切函数的[1,1]范围。两层神经网络结构的简化表示如图 4-2 所示。

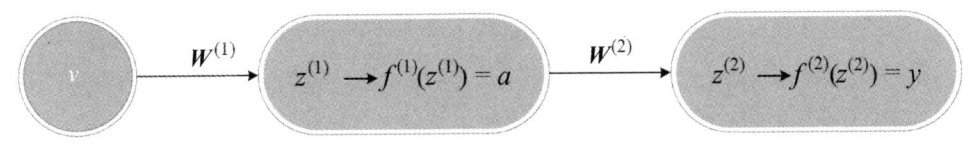

图 4-2 两层神经网络结构的简化表示

就网络学习而言，存在两个基本问题，即网络体系结构学习和网络参数学习。虽然网络体系结构学习仍然是一个悬而未决的问题，但是存在一种有效的网络参数学习算法，前馈神经网络的学习参数问题可以表述为误差函数最小化。给定一个训练数据集 $\{x_n,t_n\}_{n=1}^N$，其中 $x_n \in \mathbf{R}^D$ 表示一个观测值，$t_n \in \{0,1\}^K$ 表示一个具有 K 编码的类指示向量，即对于一个类 k，只有向量 t_n 中的第 k 个元素是 1，其他元素都是 0。对于 K 类分类，通常使用如下定义的交叉熵损失函数：

$$E(\theta)=-\dfrac{1}{2}\sum_{n=1}^{N}\sum_{k=1}^{K}t_{nk}\ln y_{nk} \tag{4-5}$$

式中，t_{nk} 表示目标向量 t_n 的第 k 个元素，y_{nk} 表示对于 x_n 预测向量 y_n 的第 k 个元素。对于某个参数集 θ，来自 L 层神经网络的预测向量 y_n 可以通过式（4-5）获得。

式（4-5）中的误差函数是高度非线性和非凸的。因此，通过最小化式（4-5）得不到参数集 θ 的解。需要采用梯度下降算法，通过迭代的方式更新参数。采用梯度下降算法，需要计算函数在参数集 θ 上的梯度值 $\nabla E(\theta)$。对于前馈神经网络，可以通过误差反向传播来有效地评估梯度。反向传播算法的核心思想是通过链式规则将误差从输出层传播回输入层。在 L 层神经网络中，误差函数 E 相对于第 l 层参数的导数，即 $W^{(l)}$，计算如下：

$$\dfrac{\partial E}{\partial W^{(l)}}=\dfrac{\partial E}{\partial a^{(L)}}\times\dfrac{\partial a^{(L)}}{\partial a^{(L-1)}}\times\cdots\times\dfrac{\partial a^{(l+2)}}{\partial a^{(l+1)}}\times\dfrac{\partial a^{(l+1)}}{\partial a^{(l)}}\times\dfrac{\partial a^{(l)}}{\partial z^{(l)}}\times\dfrac{\partial z^{(l)}}{\partial W^{(l)}} \tag{4-6}$$

式中，$z^{(l)}$ 和 $a^{(l)}$ 分别表示层 l 的预激活向量和激活向量，并且 $a^{(L)}=y$。注意，$\dfrac{\partial E}{\partial a^{(L)}}$

或 $\frac{\partial E}{\partial y}$ 对应于在输出层计算的误差。为了估计误差函数 E 相对于参数 $\boldsymbol{W}^{(l)}$ 的梯度，它利用了从输出层通过 $\frac{\partial \boldsymbol{a}^{(k+1)}}{\partial \boldsymbol{a}^{(k)}}$ 形式的链式传播的误差，$k=l,l+1,\cdots,L-1$，直到 $\frac{\partial \boldsymbol{a}^{(l)}}{\partial \boldsymbol{z}^{(l)}} \times \frac{\partial \boldsymbol{z}^{(l)}}{\partial \boldsymbol{W}^{(l)}}$，$\frac{\partial \boldsymbol{a}^{(k+1)}}{\partial \boldsymbol{a}^{(k)}}$ 也可以用类似的方法计算：

$$\frac{\partial \boldsymbol{a}^{(l+1)}}{\partial \boldsymbol{a}^{(l)}} = \frac{\partial \boldsymbol{a}^{(l+1)}}{\partial \boldsymbol{z}^{(l+1)}} \times \frac{\partial \boldsymbol{z}^{(l+1)}}{\partial \boldsymbol{a}^{(l)}} = f'\left(\boldsymbol{z}^{(l)}\right)\left(\boldsymbol{W}^{(l+1)}\right)^{\mathrm{T}} \tag{4-7}$$

式中，$f'\left(\boldsymbol{z}^{(l)}\right)$ 表示激活函数 $f^{(l)}$ 相对于预激活向量 $\boldsymbol{z}^{(l)}$ 的梯度。

L 层网络中反向传播算法的图形表示如图 4-3 所示，该图为基于等式估计误差函数相对于 L 层神经网络中参数的梯度的图形表示，简要地解释了反向传播算法中的误差传播机制。具体来说，通过从最右边的圆圈节点开始，从尾部（源）到头部（目的地）的箭头传递错误消息 $\delta^{(l)}$，在每个节点上进行计算。当 l 层的圆圈节点从 $l+1$ 层的圆圈节点接收到误差信息 $\delta^{(l+1)}$ 时，它首先更新错误消息 $\delta^{(l)}$：

$$\delta^{(l)} = \frac{\partial \boldsymbol{a}^{(l+1)}}{\partial \boldsymbol{z}^{(l+1)}} \odot \left\{\frac{\partial \boldsymbol{z}^{(l+1)}}{\partial \boldsymbol{a}^{(l)}} \cdot \delta^{(l+1)}\right\} = f'\left(\boldsymbol{z}^{(l)}\right) \odot \left\{\left(\boldsymbol{W}^{(l+1)}\right)^{\mathrm{T}} \cdot \delta^{(l+1)}\right\} \tag{4-8}$$

式中，$\odot$ 表示逐元素乘法。在更新错误信息之后，l 层的圆圈节点将错误信息发送到 $l-1$ 层的圆圈节点，以及直接连接阴影节点用于计算 $\frac{\partial E}{\partial \boldsymbol{W}^{(l)}}$。应该注意的是，一旦从其源节点接收到误差信息，圆圈节点就可以将误差信息发送给相邻节点。

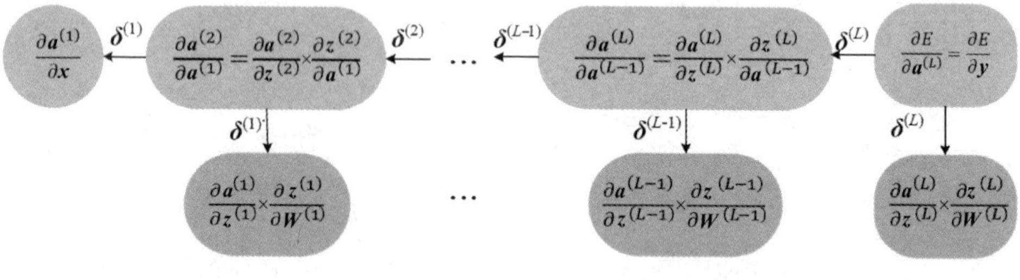

图 4-3 L 层网络中反向传播算法的图形表示

一旦获得了所有层的梯度向量，即图 4-3 中图形底部的节点，参数集 $\boldsymbol{W} = \left[\boldsymbol{W}^{(1)} \cdots \boldsymbol{W}^{(l)} \cdots \boldsymbol{W}^{(L)}\right]$ 就会更新，如下：

$$\boldsymbol{W}^{(\tau+1)} = \boldsymbol{W}^{(\tau)} - \eta \nabla E\left(\boldsymbol{W}^{(\tau)}\right) \tag{4-9}$$

式中，$\nabla E(W) = \overline{\dfrac{\partial E}{\partial W^{(1)}} \cdots \dfrac{\partial E}{\partial W^{(l)}} \cdots \dfrac{\partial E}{\partial W^{(L)}}}$ 通过反向传播获得，η 表示学习率，τ 表示迭代指数。参数反复迭代更新，终止于设定的迭代次数或模型收敛。可以采用两种不同的方法对方程中的参数进行更新，即批量梯度下降算法和随机梯度下降算法。当涉及深度学习等大规模学习时，提倡应用随机梯度下降算法。最常用参数方法为更新小批量梯度下降算法，该算法基于小样本集计算和更新参数，是两者之间的权衡。

4.1.2 卷积神经网络

在传统的多层神经网络中，输入信息始终是向量类型。但是，图像的相邻像素结构或配置格式属于其他信息源。因此，图像向量化容易导致图像中的这些结构和配置信息遭到严重破损。CNN 通常具有池化层（Pooling Layers）、卷积层（Convolutional Layers），以及标准多层神经网络全连接层（Fully Connected Layers，FC 层），该设计能够更好地利用图像的空间和配置信息，实现将 2D 或 3D 图像作为输入，卷积神经网络结构图如图 4-4 所示。与传统的多层神经网络不同，CNN 利用广泛的权重分配来降低模型的自由度。

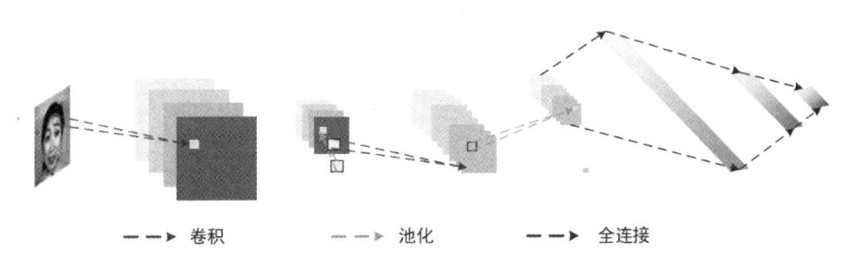

图 4-4 卷积神经网络结构图

1）卷积层和池化层

卷积层的作用是用可学习核 k'_{ij} 检测输入特征图中不同位置的局部特征，即 $l-1$ 层的特征图 i 和 l 层的特征图 j 之间的连接权重。具体而言，卷积层 l 的单元仅基于 $l-1$ 层的特征映射 $A_i^{(l-1)}$ 中单元的空间邻接子集，通过卷积核 $k_{ij}^{(l)}$ 来计算特征映射 $A_j^{(l)}$：

$$A_j^{(l)} = f\left(\sum_{i=1}^{M^{(l-1)}} A_i^{(l-1)} * k_{ij}^{(l)} + b_j^{(l)}\right) \tag{4-10}$$

式中，$M^{(l-1)}$ 表示 $l-1$ 层中的特征数量，$*$ 表示卷积算子，$b_j^{(l)}$ 表示偏差参数，$f(\cdot)$

表示非线性激活函数。由于局部连通性和权重共享，参数规模大幅度降低，从而可以避免过拟合。此外，当输入图像被移动时，特征图中单元的激活也被移动相同的量，卷积神经网络中转换不变性说明如图 4-5 所示。在图中，当输入图像中的像素值向右移动一位时，卷积后的输出也向右移动一位。

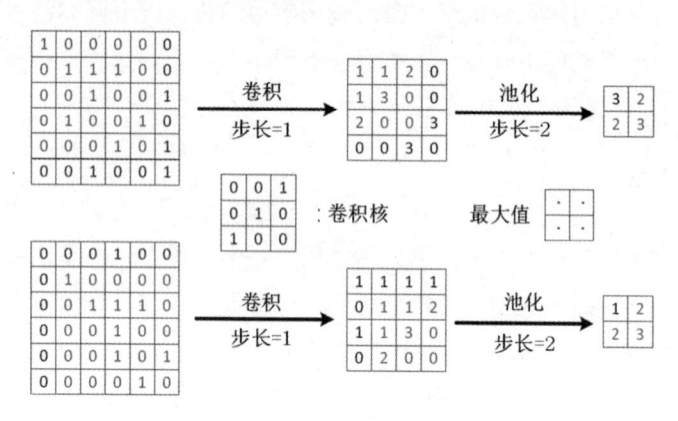

图 4-5 卷积神经网络中转换不变性说明

池化层的作用是逐步缩小特征图的规模，从而减少网络中的相关参数。池化层的另一个作用是在输入的小空间偏移上的平移不变性。在图 4-5 中，最下面的图像是最上面的图像的右移一个像素和下移一个像素的转换版本，它们在卷积和合并操作后的输出是相同的。

假定卷积层后面是池化层，在这种情况下，第 l 层卷积层的特征映射中的单元连接到第 $l+1$ 层池化层中相应特征映射的一个单元。通过对池化层的特征图进行上采样以恢复特征图的规模，需要与在卷积层的预激活 $Z_j^{(l)}$ 处的激活函数的导数相乘。

$$\Delta_j^{(l)} = f'\left(Z_j^{(l)}\right) \odot \mathrm{up}\left(\Delta_j^{(l+1)}\right) \tag{4-11}$$

对于当前图层无论是池化层还是卷积层，后面是卷积层的情况，都需要找出当前图层的特征图中的区域对应于下一个图层的特征图中的一个单元。内核权重乘以输入区域和输出单元之间的连接，得到的正好是卷积内核的权重，其梯度是基于反向传播的链式规则获得的。然而，由于相同的权重存在许多连接共享，因此需要将全部连接权重的梯度进行累加，计算方式如下：

$$\frac{\partial E}{\partial k_{ij}^{(l)}} = \sum_{u,v} \Delta_{j;(u,v)}^{(l)} P_{i;(u,v)}^{(l-1)} \tag{4-12}$$

式中，$P_{i;(u,v)}^{(l-1)}$ 表示 $l-1$ 层的第 i 个特征图中的区域，即 $A_j^{(l-1)}$，在进行卷积时乘以 $k_{ij}^{(l)}$

以计算输出特征图 $A_j^{(l)}$ 中(u,v)处的元素。

2）经典卷积神经网络简介

LeNet 是 LeCun 等人在 1990 年提出的,是 CNN 的开创性工作之一,并在 1998 年得到了改进。然而在他们的研究工作中,手写数字识别的任务是使用 ConvNets 执行的,同时适用于读取邮政编码、数字等任务。此外,当时缺乏具备强计算力的机器,导致研究者中断了对 CNN 模型的使用。

AlexNet 是 Alex、Ilya 和 Geoff 共同设计的,研究人员普遍将该网络结构当成 CNN 在机器视觉领域普及的首创之作。该网络的最大特点是将全部的卷积层进行层层相叠。与 LeNet 相比,AlexNet 这个网络的规模要大得多,也深得多。AlexNet 在 ILSVRC-2012 竞赛中赢得了冠军。

Karen 和 Andrew 在保持所有其他参数不变的情况下,对卷积网络的深度因子进行了彻底的实验分析。这样的做法可能导致网络中存在大量的参数,但他们通过在所有网络层中使用一个大小为 3×3 的卷积滤波器进行卷积操作,这样就有效控制了参数数量。基于这项研究,产生了一种更精确的卷积网络架构,称为 VGGNet,该网络获得了 ILSVRC-2014 竞赛亚军。

ResNet 是由 Kaiming 等人提出的一个残差网络,不同于其他 CNN,残差网络加入了残差连接模块。残差连接对于训练更深的网络特别有用,因为残差网络更容易优化,并且能够获得更高的精度。该网络存在的主要缺点是参数数量庞大导致评估成本非常高。通常采取的解决方案是通过删除第一个完全连接层将参数数量减少到一定程度,因为大多数参数都是由该层生成的,不会对性能产生任何影响。

4.1.3 图卷积神经网络

CNN 在许多计算机视觉和自然语言处理任务中取得了优异的成效。一个关键原因是 CNN 模型可以高度利用某些类型数据的平稳性和组成特性,如图像的网格状性质,卷积层能够利用分层模式提取图像的高级特征,这也体现了 CNN 强大的表征能力。CNN 主要通过学习一组固定大小可训练的局部滤波器,用于扫描图像中每个像素和组合周围的像素。其核心的构成要素涵盖卷积层和池化层,它们可以对欧几里得网格状结构的数据进行操作。然而,图的非欧几里得特性（如不规则的结构）使图上的卷积和滤波并不像图像上那样容易定义。在过去的几十年里,研究人员一直在研究如何对图进行卷积运算,一个主要的研究方向是从谱的角度定义图卷积。因此，图信号处理，如图滤波和图小波，引起了许多研究者的兴趣。Shuman 等人给出了图信号处理的全面概述，包括图的常见操作和分析。简而言之，谱图卷积是基于图傅里叶变换在谱域中定义的，类似于一维信号傅里叶变换。通过这种方式，计算基于频谱的图的卷积通过对两个图信号的乘积进行傅里叶逆变换得到。另外，图卷积也可以以节点邻域的节点表示集合的形式在空间上定义。一般来说，图卷积网络模型是一种神经网络体系结构，它可以利用图形结构，并以卷积的方式聚合来自邻域的节点信息。图卷积网络（Graph Convolution Network，GCN）具有很强的图表示学习表征能力，在很多任务和应用中都取得了优异的性能。

1）图和图信号

无向连通图 $G=\{V,\varepsilon,A\}$ 上的图卷积网络模型，是由一组节点 $V(|V|=n)$、一组边 $\varepsilon(|\varepsilon|=m)$ 和邻接矩阵 A 组成的。如果在节点 i 和节点 j 之间有一条边，则 $A(i,j)$ 表示该边的权重，否则，$A(i,j)=0$。对于未加权的图，一般简单地设置为 $A(i,j)=1$。把 A 的度矩阵表示为对角矩阵 D，其中 $D(i,j)=\sum_{j=1}^{n}A(i,j)$。那么，矩阵 A 的拉普拉斯矩阵可以表示为 $L=D-A$，对应的对称归一化拉普拉斯矩阵为 $\tilde{L}=I-D^{-1/2}AD^{-1/2}$，其中 I 为单位矩阵。节点上定义的图形信号表示为向量 $X\in \mathbf{R}^n$，其中 $x(i)$ 为节点 i 上的信号值。例如，节点属性可以被视为图形信号，将 $X\in \mathbf{R}^{n\times d}$ 表示为属性图的节点属性矩阵，X 的列就是图的 d 信号。

2）图傅里叶变换

众所周知，一维信号 f 的经典傅里叶变换是由 $\hat{f}=\langle f,\mathrm{e}^{2\pi i\xi t}\rangle$ 计算的，其中 ξ 是 $\hat{f}$ 在谱域中的频率，复指数是拉普拉斯算子的特征函数。图拉普拉斯矩阵 L 是定义在图上的拉普拉斯算子。因此，与其对应特征值相关联的 L 的特征向量是特定频率下的复指数的相似体。注意，对称归一化拉普拉斯矩阵 L 和随机游走转移矩阵也可以作为图拉普拉斯算子。将 $\tilde{L}$ 的特征值分解为 $\tilde{L}=U\Lambda U^{\mathrm{T}}$，其中 U 是特征向量 u_l 和 $\Lambda(l,l)$ 对应的特征值。计算图形信号 x 的傅里叶变换为

$$\hat{x}(\lambda_l)=\langle x,u_l\rangle=\sum_{i=1}^{n}x(i)u_l^*(i) \tag{4-13}$$

上述方程在谱域中表示在顶点域中定义的图信号。图傅里叶逆变换可以写成：

$$x(i) = \sum_{l=1}^{n} \hat{x}(\lambda_l) u_l(i) \tag{4-14}$$

3）图滤波器

图滤波器是对图形信号的局部化操作。与时间或频谱域中的经典信号滤波类似，也可以将图形信号定位在其顶点域或频谱域中。

①频率滤波：回想一下，经典信号的频率滤波往往表现为时域内与滤波信号的卷积。然而，由于图形的不规则结构（如不同的节点具有不同数量的邻居节点），顶点域中的图卷积不像时域中的经典信号卷积那样简单。对于经典信号，时域中的卷积相当于两个信号的频谱相乘的傅里叶逆变换。因此，频谱图卷积类似地定义为

$$(x *_\mathcal{G} y)(i) = \sum_{l=1}^{n} \hat{x}(\lambda_l) \hat{y}(\lambda_l) u_l(i) \tag{4-15}$$

式中，$\hat{x}(\lambda_l)\hat{y}(\lambda_l)$ 表示谱域中的滤波。因此，用滤波器 y 对曲线图 $\mathcal{G}$ 上的信号 x 进行频率滤波与式（4-15）完全相同，该等式可以进一步改写为

$$x_{\text{out}} = x *_\mathcal{G} y = \boldsymbol{U} \begin{bmatrix} \hat{y}(\lambda_l) & \cdots & 0 \\ \vdots & & \vdots \\ 0 & \cdots & \hat{y}(\lambda_n) \end{bmatrix} \boldsymbol{U}^{\mathrm{T}} x \tag{4-16}$$

②顶点滤波：信号 x 在顶点域的图滤波一般定义为节点邻域内信号分量的线性组合。从数学上来讲，信号 x 在节点 i 的顶点滤波为

$$x_{\text{out}}(i) = w_{i,i} x(i) + \sum_{j \in N(i,K)} w_{i,j} x(j) \tag{4-17}$$

式中，$N(i,K)$ 表示图中节点 i 的 K-hop 邻域，参数 $\{w_{i,j}\}$ 表示用于组合的权重。可以看出，当使用 K 多项式滤波器时，频率滤波也可以从顶点滤波的角度来解释。

③图卷积网络：Kipf 等人提出图卷积网络在图上进行半监督节点分类。在模型中，简化的卷积层可以表示为

$$\boldsymbol{X}^{p+1} = \sigma\left(\tilde{\boldsymbol{D}}^{-\frac{1}{2}} \tilde{\boldsymbol{A}} \tilde{\boldsymbol{D}}^{-\frac{1}{2}} \boldsymbol{X}^p \boldsymbol{\Theta}^p \right) \tag{4-18}$$

式中，$\boldsymbol{X}^{p+1}$ 表示第 p 层向量 $\boldsymbol{X}^p$ 的特征图输出，$\tilde{\boldsymbol{A}} = \boldsymbol{I} + \boldsymbol{A}$ 等价于在原始图中加入自循环，$\tilde{\boldsymbol{D}}$ 表示 $\tilde{\boldsymbol{A}}$ 的对角矩阵，$\boldsymbol{\Theta}^p$ 表示 $d_{p+1} \times d_p$ 的参数矩阵。

4.1.4 标签分布学习技术

近年来，随着深度学习技术的快速崛起，尤其是 CNN 席卷了各个领域并取得了优异的性能表现。CNN 大获成功的基石之一是目标任务具备可用的大规模数据集。然而，如语义分割、多标签分类、头部姿态估计、面部表情识别和年龄估计等领域却很难拥有大规模和标签明确的图像数据集。如何在有限的样本条件下采用歧义标签并基于深度网络构建模型已经引起了各个领域的关注，成为焦点问题。另外一个引起热议的问题是，收集数据量充足且标签误差很小的数据集难度为何如此巨大。原因可能包含以下几个方面，首先，对一些特定任务标注正确的标签绝非易事。例如，年龄估计任务，标注员很难分辨同一个个体在生日一天前后之间的差异，然而年龄却相差了 1 岁，因此，仅使用一个准确数值描述一个个体的年龄是不严谨的，也具有一定难度。此外，建立一个充足数据图像的年龄估计数据集极具挑战性，面部图像的年龄范围需要覆盖 1~85 岁，不仅如此，每个年龄段都需要具备充足的数据。关于头部姿态估计任务，与年龄估计类似，面临相同的难题，该领域通常的解决办法为，以 10°或 15°的小角度为单位获取头部姿态图像数据。面部表情识别也存在这些问题，不同标注员的情感识别背景不同，对于情感的理解不同，直接对图像进行标注往往带有主观性。然而对引起表情生成的肌肉变化的标注又及其耗费人力和时间成本，并且对专业要求很高。

这些数据集存在一个共同的特征，即标签模糊性，这意味着真实标签之间存在不确定性。现实生活中也常使用标签模糊性的方式，如以"大约 30 岁"之类的形式估计某个人的年龄大小，这说明了描述一个人的年龄不仅需要使用 30 岁，也需要利用 30 岁附近邻域内的信息辅助描述，估计结果因人而异。头部姿态任务也存在类似用法，一个人的头部旋转角度在 30°左右，30°邻近的角度也应当加以利用作为判断头部姿态的依据。在处理语义分割任务时，对不同对象的边界处进行像素标签标注是很困难的，这些像素不容易判断属于哪个对象，即存在模糊性。除此之外，无法确定数据集给定的标签是否是准确的，很大概率会导致模糊性。在多标签分类任务中，某些目标物可以被清楚地观测到，但不易识别。

分类任务的标签主要有两种：单（硬）标签和多标签。单（硬）标签表示使用一个标签对一个图像或像素进行描述，而多标签表示使用多个标签对一个图像或像素进行描述，但它们对于一些具有标签模糊性任务，可能不能很好地描述标签的歧义性。模型如果能够学习到标签的歧义性这些信息，将有效提高模型在处理模糊性任务方面的能力。为了利用标签模糊性，Geng 等人提出了一种新的方法，该方法能够有效处理年龄估计和头部姿态估计问题，称为标签分布学习（Label Distribution Learning，LDL）。图 4-6 所示为单（硬）标签、多标签和标签分布示例。每个样本根据其真实值 y 分配离散的标签分布 d，标签分布可以潜在地描述所有可能标签之间的歧义信息。

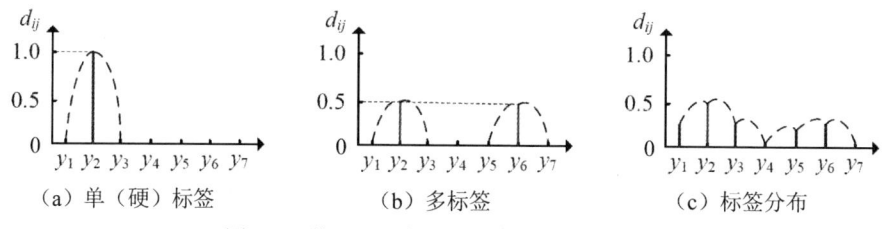

(a) 单（硬）标签　　　　(b) 多标签　　　　(c) 标签分布

图 4-6　单（硬）标签、多标签和标签分布示例

4.2 基于高斯先验分布的表情识别方法

随着深度学习算法的快速发展，面部表情识别成为计算机视觉领域热门的研究之一，大量基于深度学习的表情识别模型也取得了优异的性能。然而，大多数表情识别的模型都是从模型构造深入研究的，表情本身的固有属性往往遭到忽略，充分利用这些性质作为先验信息输入表情识别模型，不仅有助于模型提高表情识别准确率，还能提升模型的泛化能力。因此，本节基于实验室控制环境下表情特性的挖掘，提出了一个轻量化、高健壮性的面部表情识别算法。

本节主要工作如下：首先对实验室环境下的表情图像展开研究与分析，经研究发现不同表情之间存在着一种内在的相似性关系。例如，在感到悲伤时的表情与在生气时的表情最为相似，与在惊讶时的表情最不相似。通过对每种表情相似度的量化研究，发现每种表情与其他表情的相似度经过一定规则的排序后遵循类高斯分布。基于以上的发现，设计了一种基于高斯分布的情感标签分布代替传统的 0、1 硬标签。在获取每种表情的情感标签分布的基础上，构建了以深度卷积神经网络为骨干的实时表情识别模型。此外，将网络模型进行轻量化升级，仅保留最后一层全连接层，批量归一化层加入在每层的卷积层后，混合池化层加入在最后一层卷积层后，再加入 softmax 层。该模型没有采用传统的交叉熵损失函数，而是用更适合衡量两个分布之间距离的 KL 散度，该模型还加入了 L_2 正则化，使模型在功能性和复杂性方面保持均衡。

4.2.1 情感标签分布设计

1）面部表情特征分析

人类的表情不仅由单一的情感构成，还由多种情感组合或者混合而成，不同的表情之间往往存在相同的情感因素，于是表情与表情就存在一定的相似性或者歧义性。如何度量表情之间的相似性是亟待解决的一个关键问题。度量相似程度的方法有很多，如欧氏距离、杰卡德距离、余弦距离等。为了方便计算，选择余弦距离来度量表情与表情之间的相似度。然而，直接计算两幅表情图像的相似度，无法真实反映出表情的特性，因为表情是由于面部局部的肌肉运动形成的，不同表情图像的大部分内容都是相似的，并且背景和头发等无关的因素对结果影响很大。于是，通过神经网络提取出最能代表该表情图像的特征来代替该图像，最后一层全连接层计算得到特征向量往往被视为某类别最具有代表性的特征。将面部图像输入预训练好的神经网络模型，获取图像的特征向量，通过计算两幅表情图像的特征向量之间的相似度来代替对两幅图像进行直接相似度计算。

给定两幅表情图像 X_1 和 X_2，表情特征相似度计算过程的数学表达式可定义为

$$K(X_1, X_2) = \frac{\text{PNN}(X_1) \cdot \text{PNN}(X_2)}{\|\text{PNN}(X_1)\| \cdot \|\text{PNN}(X_2)\|} \tag{4-19}$$

式中，PNN(X)表示预训练网络最后一层全连接的输出，ResNet-50 是本节选用的预训练网络模型。训练所使用数据来自正常光照（Strong）条件下 OULU-CASIA 数据集，对于每个视频序列，选择视频的第一帧（中性脸）和最后三帧（表情脸）。表情与表情之间的相似度使用相似度矩阵的方式进行记录，其表达式可定义为

$$\Lambda(\text{An}) = \left[\frac{\sum_1^m k(X_{\text{An}}, X_{\text{An}})}{m}, \ldots, \frac{\sum_1^m k(X_{\text{An}}, X_{\text{Su}})}{m}\right] \tag{4-20}$$

$$\Lambda(\text{Su}) = \left[\frac{\sum_1^m k(X_{\text{Su}}, X_{\text{An}})}{m}, \ldots, \frac{\sum_1^m k(X_{\text{Su}}, X_{\text{Su}})}{m}\right] \tag{4-21}$$

式中，$X_{\|\cdot\|}$表示带有某种表情标签的人脸图像，m表示带有某种表情标签的人脸图像的总量。表情之间的相似度计算结果如表 4-1 所示。

表 4-1 表情之间的相似度计算结果

	生气	厌恶	害怕	开心	伤心	惊讶	中性
生气	0.9941%	0.8407%	0.8548%	0.7157%	0.9113%	0.7044%	0.8173%
厌恶	0.8407%	0.9911%	0.7884%	0.7313%	0.7877%	0.7068%	0.7431%
害怕	0.8548%	0.7884%	0.9948%	0.7829%	0.8489%	0.7499%	0.7907%
开心	0.7157%	0.7313%	0.7829%	0.9993%	0.7125%	0.7218%	0.7579%
伤心	0.9113%	0.7877%	0.8489%	0.7125%	0.9946%	0.7001%	0.8043%
惊讶	0.7044%	0.7068%	0.7499%	0.7218%	0.7001%	0.9895%	0.7515%
中性	0.8173%	0.7431%	0.7907%	0.7579%	0.8043%	0.7515%	0.9947%

为了更好地反映表情与表情之间的相似度关系，将每种表情与其他表情的相似度进行驼峰排序，排序的规则就是最大值放在中间，依次往两边递减。以生气（An）表情为例，$O(An)$表示对生气（Anger）表情与其他表情的相似度根据大小进行驼峰排序，具体规则如下：

$$\begin{aligned} O(\text{An}) &= \left[r_5(A(\text{An})), r_3(A(\text{An})), r_1(A(\text{An})), r_2(A(\text{An})), r_4(A(\text{An})), r_6(A(\text{An})) \right] \\ &= [\text{Ha}, \text{Di}, \text{Sa}, \text{An}, \text{Fe}, \text{Ne}, \text{Su}] \end{aligned} \quad (4\text{-}22)$$

式中，r_c表示与该表情相似度第 c 大的表情数值，c 为 1~6。生气表情的初始相似度矩阵为[An, Di, Fe, Ha, Sa, Su, Ne]，经过驼峰排序后的相似度矩阵为[Ha, Di, Sa, An, Fe, Ne, Su]。Ha、Di、Sa、An、Fe、Ne、Su 依次为开心、厌恶、伤心、生气、害怕、中性。使用矩阵 U 来存储每种表情与其他不同相似度的表情标签：

$$U = \left[O(X_{\text{An}}), O(X_{\text{Di}}), O(X_{\text{Fe}}), O(X_{\text{Ha}}), O(X_{\text{Sa}}), O(X_{\text{Su}}), O(X_{\text{Ne}}) \right] \quad (4\text{-}23)$$

式中，U 表示生气表情与其他不同相似度的表情标签分布，而相似度的值存储在矩阵 V 中：

$$V = \left[g_{\text{An}}^{U_0}, g_{\text{Di}}^{U_0}, g_{\text{Fe}}^{U_0}, g_{\text{Ha}}^{U_0}, g_{\text{Sa}}^{U_0}, g_{\text{Su}}^{U_0}, g_{\text{Ne}}^{U_0} \right] \quad (4\text{-}24)$$

式中，V 表示生气表情与其他不同表情的相似度的分布。驼峰排序后的各表情相似度分布如图 4-7 所示。从图 4-7 中可以观察得出，每种表情的相似度分布服从高斯分布。

图 4-7 驼峰排序后的各表情相似度分布

2）基于高斯分布表情标签分布设计

根据上述分析，每种表情的相似度分布服从高斯分布，高斯分布适用于表情标签分布构建。其中任意一个表情标签分布的每种表情成分占比为

$$g_{x_i}^{U_{ij}} = \frac{1}{\sqrt{2\pi}\sigma} \exp\left(-\frac{(j-3)^2}{2\sigma^2}\right) \quad (4\text{-}25)$$

于是，可以得到矩阵 V_0，

$$V_0 = \left[g_{An}^{U_0}, g_{Di}^{U_1}, g_{Fe}^{U_2}, g_{Ha}^{U_3}, g_{Sa}^{U_4}, g_{Su}^{U_5}, g_{Ne}^{U_6} \right]^T \quad (4\text{-}26)$$

典型表情及其表情标签分布如图 4-8 所示。

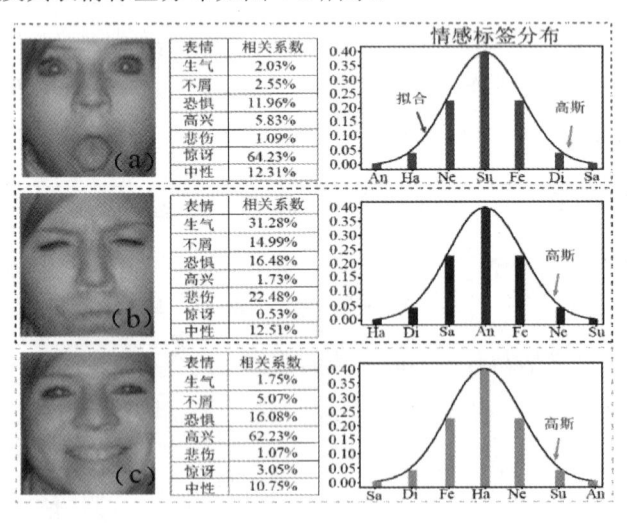

图 4-8 典型表情及其表情标签分布

4.2.2 基于标签分布学习的表情识别模型构建

本节提出的相关情感标签分布学习表情识别模型（CELDL）的框架，如图4-9所示。该模型主要包括深度卷积网络模型改进、情感标签分布学习模块和正则化学习模块，细节将在以下阐述。

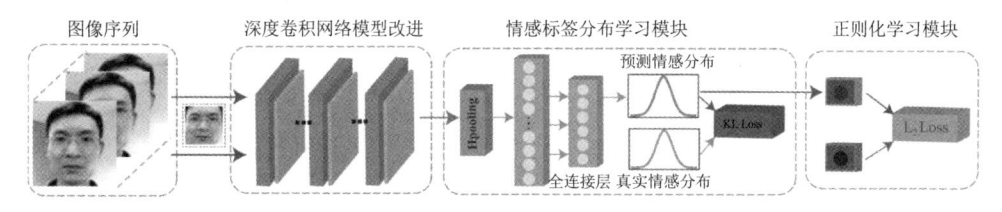

图4-9 CELDL表情识别模型的框架

1）深度卷积网络模型改进

卷积网络结构VGGNet和AlexNet作为本节的骨干网络模型。为了提高效率和性能，有必要对网络结构进行修改。所有的全连接层都被移除了，因为全连接层包含了大约90%的参数。为了在一定程度上加快训练速度，减少模型的训练时间成本，在每个卷积层之后加入一个批量归一化层。然后，在最后一个卷积层之后，加入一层混合池化层。池化是CNN降低输入图像数据维数、保持变换不变以防过拟合问题的一个重要步骤。其中，有两种主要的池化，即最大池化和平均池化。它们的性能取决于要提取的数据和特征，因此采用将这两种池化方法混合的池化方法称为混合池化，以改善特征提取的性能，提高泛化能力。池化过程中以固定的概率，随机选择其中一个作为每个池化区，对于每个池化区赋予最大池化的概率为p，平均池化的概率为$1-p$，规则如下：

$$y_{vw} = p\max(x_{ij}) + (1-p)\text{mean}(x_{ij}) \quad (4-27)$$

式中，max( )表示最大池化操作，mean( )表示平均池化操作，y表示池化区域的输出，i表示池化区域的行索引，j表示池化区域的列索引，v表示池化后特征映射的行索引，w表示池化后特征映射的列索引。图4-10（a）所示为平均池化和最大池化的计算方法，图4-10（b）所示为混合池化的计算方法。此外，在混合池化后添加一层全连接层。

0.8 或 (0.3+0.6+0.8+0.7)/4=0.6

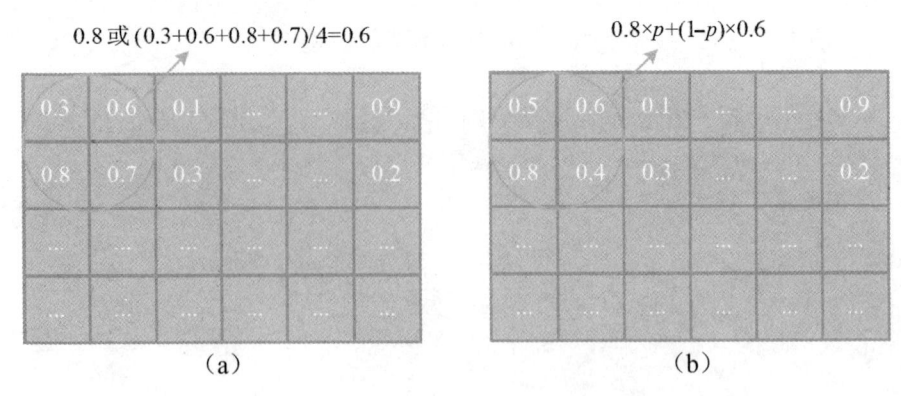

0.8×p+(1−p)×0.6

图 4-10　平均池化和最大池化的计算方法及混合池化的计算方法

2）情感标签分布学习模块

情感标签分布的构造通过一个映射函数将存储表情标签和数值的(U，V)映射到情感标签分布 D，过程如下。给定一个训练集 $E=(X_1,q_1),(X_2,q_2),\cdots,(X_n,q_n)$，其中 $Q_i=\{q_1,q_2,\cdots,q_n\}$ 是到 X_i 的单标签真实值。根据先前描述，构造的情感分布为

$$d_{x_i}^{y_j} = g_{x_i}^{v_j} \tag{4-28}$$

式中，y 和 q_i 表示同一种表情标签，y_j 和 V_{ij} 表示图像 x_i 的其中同一个表情标签的值。以生气（An）表情为例，计算方法如下：

$$d_{x_{\mathrm{An}}}^{y_j} = g_{x_{\mathrm{An}}}^{v_j} \tag{4-29}$$

给定一个样本 X_i，标签分布学习的目标是获得能够生成与样本本身的真实情感分布相类似的分布参数 θ。采用 KL 散度作为损失函数来测量这两个分布的距离：

$$\mathrm{KL}(D_i||\hat{D}_i) = \sum_j D_i^j \ln \frac{D_i^j}{\hat{D}_i^j} = \sum_i \sum_j \left(d_{x_i}^{y_j} \ln \frac{d_{x_i}^{y_j}}{p(y_j|x_i,\theta)} \right) \tag{4-30}$$

式中，$\hat{D}_i$ 表示一张表情图像经过模型训练生成的情感标签分布，D_i 表示先前构造的伪真实情感标签分布，θ 表示模型中的参数。

3）正则化学习模块

正则化技术在某种程度上可以防止模型过拟合，从而提高模型的泛化能力。神经网络中常用的权重惩罚主要有 L_1 正则化和 L_2 正则化（又称为权重衰减），为了方便计算，选用 L_2 正则化，定义如下：

$$L = \frac{1}{2} \left\| D_i - \hat{D}_i \right\|_F^2 \tag{4-31}$$

式中，$\|\|_F^2$ 表示二范式规范。

4）损失函数与模型优化

结合情感标签分布学习模块和正则化学习模块的损失函数，全局的损失函数为

$$L(\theta) = -\sum_i \sum_j d_{x_i}^{y_j} \ln p(y_i|X_i, \theta) + \frac{\lambda}{2}\|D_i - \hat{D}_i\|_F^2$$

$$= -\sum_i \sum_j d_{x_i}^{y_j} \ln p(y_i|X_i, \theta) + \frac{\lambda}{2}\left(\sum_i \sum_j (d_{x_i}^{y_j} - p(y_i|X_i, \theta))^2\right) \quad (4\text{-}32)$$

式中，$p(y_i|X_i, \theta) = \dfrac{\exp(\mathrm{NN}(\theta_j X_i))}{\sum_k \exp(\mathrm{NN}(\theta_k X_i))}$，$\theta$ 表示神经网络模型的参数。

模型优化使用的是小批量梯度下降算法，该算法能够有效地最小化损失函数。参数 θ_j 优化迭代的规则为

$$\theta_j \leftarrow \theta_j - \alpha \frac{\delta L(\theta)}{\delta \theta_j} \quad (4\text{-}33)$$

式中，α 表示小批量梯度下降算法中的学习率。根据链式求导法则能够对 θ 从 L 层到第一层进行迭代计算。对参数 θ_j 求偏导的计算方式如下：

$$\frac{\partial L(\theta_j)}{\partial \theta_j} = -\sum_i \sum_j \left(d_{x_i}^{y_j} \frac{1}{p(y_i|X_i, \theta)} \times \frac{\partial_p(y_i|X_i, \theta)}{\partial \theta_j}\right) + \lambda \sum_i \sum_j \left(d_{x_i}^{y_j} - p(y_j|X_i, \theta)\right) \frac{\partial_p(y_i|X_i, \theta)}{\partial \theta_j}$$

$$(4\text{-}34)$$

$$\frac{\delta_p(y_i|X_i, \theta)}{\delta \theta_j} = p(y_i|X_i, \theta)\left(\tau_{(j=k)} - p(y_i|X_i, \theta)\right) \quad (4\text{-}35)$$

式中，当 $k=j$ 时，$\tau_{(j=k)} = 1$，否则为 0。最后，所提出的 CELDL 表情识别模型优化算法如算法 4.1 所示。

算法 4.1：CELDL 表情识别模型优化算法
输入：培训集 $S=\{X,D\}$
设置：批量大小 b，学习率 α
输出：网络层参数 θ^*
1. 初始化 θ_j
2. $j \leftarrow 0$
3. 重复
4. 根据式（4-34）计算 $\partial L(\theta_j)/\partial \theta_j$

5. 根据式（4-33）更新 θ_j

6. $j \leftarrow j+1$

直至收敛

输出网络层参数 θ^*

4.3 基于图卷积网络与K最近邻图的面部表情识别

4.2 节提出的表情识别模型基于实验室控制环境下的表情图像数据集先验知识的挖掘，该环境下表情图像数据集具有以下特点，图像根据 FACS 摆拍获得、持续时间长、光照条件相对均匀且遮挡情况较少。然而在真实无约束的环境下，表情的生成往往时间相对较短，表情图像的光照条件复杂，存在许多遮挡、大幅度偏移头部姿态等。因此，基于实验室控制环境下的表情图像获取的先验知识无法满足真实无约束环境下的面部表情识别。

本节提出了一个面向表情识别的图神经网络与表示学习方法，旨在抑制真实无约束环境下表情图像的不确定性。表情的模棱两可性、标注员的主观性和低质量的面部图像是导致表情图像不确定性的主要因素。该方法通过研究面部动作单位（AUs）本身和 AUs 与表情之间的潜在联系，以实现情感标签分布构造和表情识别。模型主要包含两个重要步骤，步骤1：首先将样本分为低不确定性组和高不确定性组，针对低不确定性组的样本，通过 GCN 框架对 AUs 进行图表征，随后预测潜在情感标签概率分布，然后将预测潜在情感标签概率分布与数据集给定的情感标签融合，以生成情感标签分布。对于高不确定性组的样本，采用 K 最近邻图的方式构造情感标签分布。主要思想是先利用近似 K 最近邻图在低不确定性组中寻找出 k 个与其相似的样本，然后根据该图像与相邻图像之间的距离对 k 个相似样本的情感标签分布进行融合生成情感标签分布；步骤2：将 CNN 作为主干网络以端到端的方式对构造的情感标签分布进行建模和优化，从而进行表情识别。

4.3.1 面部表情特性的挖掘

面部表情识别存在很多挑战，一方面，早期的面部表情识别算法主要是将原始面部图像直接输入深层网络模型，这种方法不仅影响表情识别的效果，而且未能有效地利用认知神经科学的先验知识作为理论基础。大多数算法使用 FACS 来解决这个问题，这个系统由著名心理学家 Ekman 设计，是一个综合的生物系统。

该系统定义了面部动作单位（AUs），这些单位由一系列原子面肌动作进行描述，图 4-11 所示为面部运动单位的一些例子。面部 AUs 描述面部的局部变化，而面部表情类别描述面部全局表情行为。此外，FACS 可以基于 AUs 的组合编码出不同的面部行为，从而产生广泛的情感类别。在日常生活中，当人类产生表情时，面部的局部肌肉会发生各种变化。因此，如何准确地获取和探索面部图像的 AUs，以及其与表情的潜在的表征关系是现实世界中进行表情分析的一个关键问题。

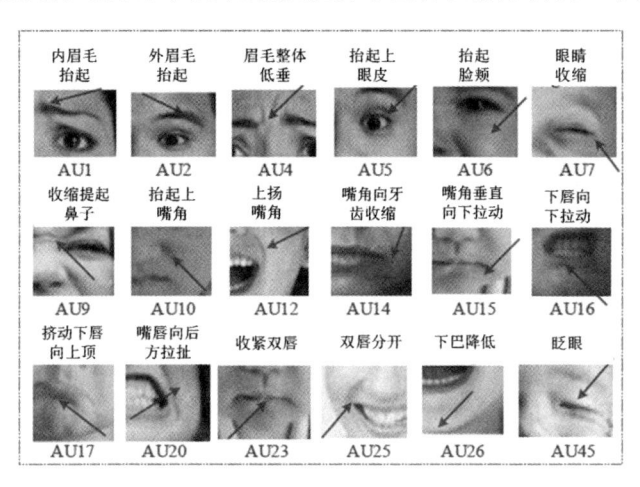

图 4-11 面部运动单位的一些例子

另一方面，近年来，随着在情感识别竞赛中，如 FER2013 和野外情感识别（Emotiw）收集了大量具有挑战性的真实世界场景的面部表情图像，这种收集方式促进了从实验室控制到野外环境的发展。然而，由于真实世界场景的面部表情图像存在不确定性，对其进行高质量的注释是极具挑战性的，所以现实世界中的面部表情图像普遍存在着不一致和不正确的标签。面部表情图像不确定性通常是由很多原因造成的。例如，具有不同心理学知识和背景的标注员对同一张面部表情图像可能有不同的情感认知，因此，标注员的主观性容易导致表情标签存在偏差。此外，表情往往是由复杂的情感导致的，而不是单一的情感，其中每种基本情感在表情中都扮演着或轻或重的角色，尤其是在真实环境中收集的面部图像数据。关键部位的遮挡、头部姿态变化大，以及图像分辨率低也是造成面部图像不确定性的因素。真实环境面部数据集中不确定性样本如图 4-12 所示。总的来说，使用不确定性样本进行模型训练可能导致模型对不确定的面部图像过拟合的现象，从而导致模型无法正常收敛。

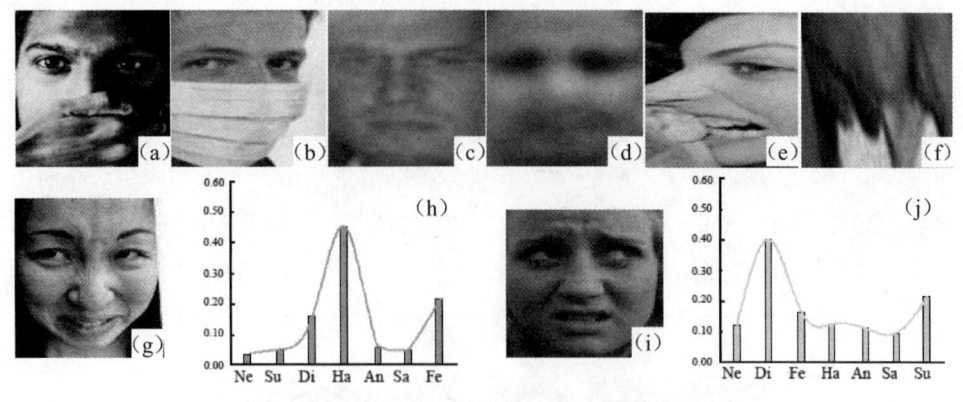

图 4-12　真实环境面部数据集中不确定性样本

为解决上述问题，本节提出了一种面向表情识别的图神经网络与表示学习方法（GCANet）进行表情识别。动机主要来自以下观察，不同表情和它们的 AUs 的比较如图 4-13 所示，真实世界环境中面部表情的局部肌肉变化是多种多样的，并不遵循一定的标准形式。例如，一个人在感到惊讶时可以张大嘴巴、睁大眼睛、扬起眉毛，或者只是微微张开嘴巴，又或者睁大眼睛、嘴巴紧闭。此外，对于不同的表情，也有许多相同的 AUs。当一个人扬起眉毛、张开嘴巴的时候，他可能是惊讶，可能是高兴，或者可能是害怕，甚至可能是愤怒。因此，本节旨在有效地提取 AUs 与表情之间的潜在联系。图卷积网络在图节点中传递和聚合信息，在获取鉴别特征表示方面具有很强的优势，并且能通过学习一个邻接矩阵来描述图中每个顶点与节点的内在联系，已经在图像分类、语义分割和关系推理中得到了广泛应用。因此，GCN 提供了一个探索 AUs 之间的关系，以及 AUs 和表情之间的潜在关系的模型方案。此外，标签分布学习通过学习每个标签对一个目标的描述程度来表示目标的标签，在处理注释偏差和标签歧义方面也取得了很好的效果。因此，本节的主要目的是首先通过 GCN 学习 AUs 之间的关系，以及 AUs 和表情之间的潜在关系来构建情感标签分布，然后利用 CNN 框架进行面部表情识别模型训练。总体而言，本节的主要贡献如下：第一，采用基于 AUs 图表示的 GCN 框架获得面部局部关系的先验知识，并以此构建情感标签分布；第二，利用 K 最近邻图对高不确定性的面部图像进行情感标签分布设计；第三，K 最近邻图能够有效地处理不一致性标签和噪声标签，减少面部图像不确定性所带来的影响，获得比现有表情识别方法更好的性能。

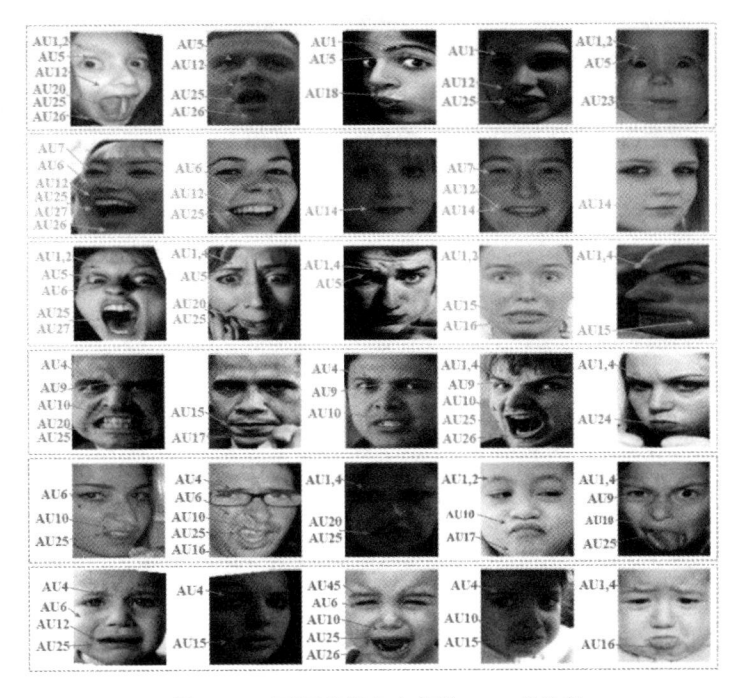

图 4-13　不同表情和它们的 AUs 的比较

4.3.2　基于图卷积网络与 K 最近邻图的情感标签分布构建

这一部分论述了所提出的 GCANet 模型结构,如图 4-14 所示,该模型包括两个主要阶段:情感标签分布构建和情感标签分布学习。在情感标签分布构建阶段,将给定的面部图像分为高不确定性(容易识别出表情)和低不确定性(不容易识别出表情)两组。对于低不确定性的样本,首先采用 GCN 探究面部 AUs 和表情内在联系生成情感概率分布,然后通过融合从情感概率分布和给定标签构建情感标签分布来抑制不确定性。此外,具有高不确定性的样本经过模型 softmax 函数后具有两个主要特征。首先,表情种类的最大预测概率值并不是数据集给定标签的,这表明对该样本分类错误。设定一个规则定义这种现象,记为 rule(a):$P_{max}>P_{gt}+margin_1$,P_{gt} 表示数据集给定标签的概率值,$margin_1$ 表示一个指定的边界值。其次,每种表情的预测概率值都相对没有太大的差距,这表明该样本的情感是模糊的,难以进行分类。设定 rule(b) 定义这种现象,rule(b):$Std>margin_2$,其中 Std 是一个样本的所有表情预测概率的标准差,$margin_2$ 表示一个边界阈值。对于不确定性较高的面部图像,首先利用近似 K 最近邻图在低不确定性组中寻找出 k 个相似样本,然后根据该图像与相邻图像之间的距离对 k 个相似样本的情感标签分布进行融合来代替自身的情感标签分布。在情感标签分布学习阶段，新构建的情感标签分布可以通过 CNN 框架进行端到端的训练，完成面部表情识别任务，更多相关细节将在下文进行讨论。

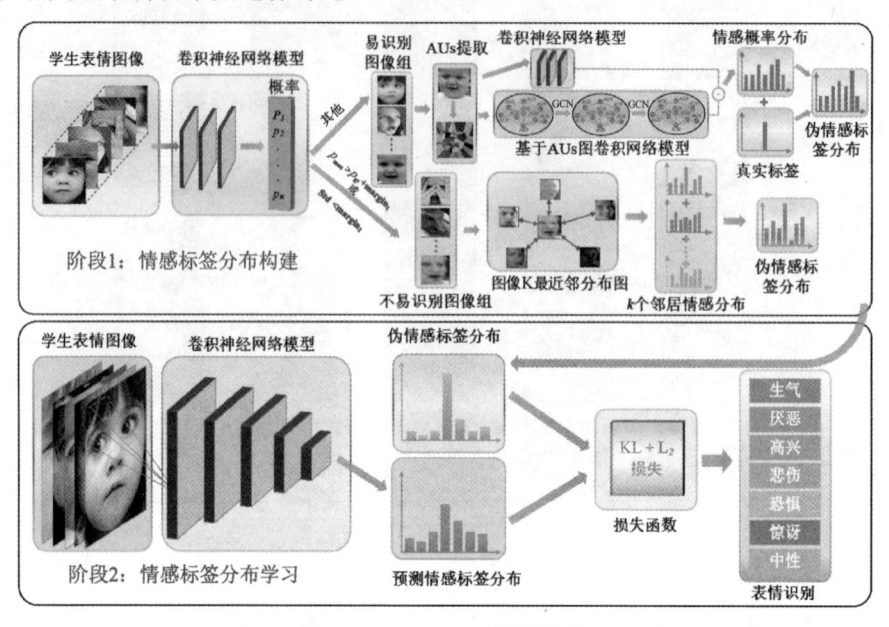

图 4-14 GCANet 模型结构

1) AUs 图构造

引入 GCN 来探索面部 AUs 与表情之间的潜在联系，首先将面部 AUs 作为 GCN 的节点，然后通过在节点之间传播信息来更新节点表示。使用 $u_1, u_2, \cdots, u_n \in \mathbf{R}^{n \times d(0)}$ 作为 AUs 的特征描述，其中 n 表示 AUs 的数量，d 表示 AUs 特征的维数。每个 GCN 层都可以表示为

$$H^{(l+1)} = \sigma\left(AH^{(l)}W^{(l)}\right) \quad (4\text{-}36)$$

式中，$A \in \mathbf{R}^{n \times n}$ 表示相关矩阵，$\sigma()$ 表示实验中所使用的激活函数 LeakyReLU，$H^{(l)} \in \mathbf{R}^{n \times d(l)}$ 表示第 l 层的激活矩阵，$H^{(0)}=U$。$W^{(l)} \in \mathbf{R}^{d(l) \times d(l+1)}$ 表示第 l 层的可训练权重矩阵，$H^{(l+1)} \in \mathbf{R}^{n \times d(l+1)}$ 表示第 $l+1$ 层的激活矩阵。通过叠加多个 GCN 层，可以获取和学习节点之间复杂的相互关系。最终的输出是 $W^{(L)} \in \mathbf{R}^{d(L) \times c}$，其中 c 代表表情的类型。很显然，相关矩阵在 GCN 中起着关键作用，它通过节点间的信息传播更新节点的表达。因此，构造基于 GCN 的相关矩阵是该模型的一个关键问题。采用数据驱动的方法建立了相关矩阵 A。具体来说，通过探索表情数据库中 AUs 之间

的共现模式来获取 AUs 之间的相关性。AUs 之间的相关性依赖被建模为条件概率模型，即 $p(AU_j|AU_i)$，它表示当 AU_i 出现时 AU_j 发生的概率。应该注意，$p(AU_j|AU_i)$ 与 $p(AU_i|AU_j)$ 是不相等的。然后，需要计算训练数据集中各个 AU 可能出现的次数，以获得用于相关矩阵构造的矩阵 $\boldsymbol{M} \in \mathbf{R}^{n \times n}$。具体来说，$n$ 代表 AUs 的数量，M_{ij} 表示 AU_i 和 AU_j 共同出现的次数。然后，条件概率为

$$p_i = \frac{M_i}{N_i} \tag{4-37}$$

式中，N_i 表示训练数据集中 AU_i 的数量，$p_{ij}=p(AU_j|AU_i)$ 表示 AU_j 在 AU_i 出现的条件下发生的概率。因此，相关矩阵为

$$A_{ij} = \begin{cases} \dfrac{p_{ij}}{\sum_{\substack{j=1 \\ i \neq j}}^{n} p_{ij}} & i \neq j \\ 1 - p_{ij} & i = j \end{cases} \tag{4-38}$$

2）情感标签分布构建

给定一张表情图像 X，让 $\boldsymbol{Y}=\{y_1, y_2, \cdots, y_c\}$ 表示 c 类可能的基本表情，$\boldsymbol{D}_i=\{d_{i1}, d_{i2}, \cdots, d_{ic}\}$ 表示与 X_i 相关的情感标签分布。所有 CNN 基本框架都可以用来提取面部图像的特征。依据先前研究的实验设置，采用 ResNet-50 作为骨架网络模型来提取面部特征。表情图像 X 输入大小设为 224 像素×224 像素，然后通过神经网络提取"Conv5_x"层的特征向量，其大小为 2048×7×7，再加入一层混合池化层，该池化层由最大池化和均值池化组成。利用混合池化层获得图像级特征 V，定义为

$$V = f_{\text{HYP}}\left(f_{\text{CNN}}(X; \theta_{\text{CNN}})\right) \in \mathbf{R}^D \tag{4-39}$$

式中，θ_{CNN} 表示模型参数，f_{CNN} 表示经过神经网络"Conv5_x"层的特征向量，f_{HYP} 表示经过混合池化层的特征向量，D 设置为 2048。根据所学图像表示和获得的权重矩阵，预测的情感概率分布为

$$\hat{y}_i = \boldsymbol{W}^{\mathrm{T}} V \tag{4-40}$$

此外，设定表情图像 X_i 的给定标签为 $y_i \in \mathbf{R}^c$，其中 y_i 表示每个情感出现的概率，并且在[0,1]范围内。构造的情感标签分布应遵循其元素之和必须等于 1 的原则。因此，规范化的标签分布为

$$g_{ij} = \frac{\exp(\hat{y}_{ij})}{\sum_{k}\exp(\hat{y}_{ij})} \tag{4-41}$$

由于数据集的可信度，建议在方法中考虑数据集的给定标签。因此，新的构造情感标签分布被定义为

$$d_{ij} = \varepsilon g_{ij} + (1-\varepsilon) y_{ij} \tag{4-42}$$

式中，ε 表示一个用于平衡构造的情感标签分布和给定的标签分布参数。另外，只需要传统的分类损失方法就能对整个情感标签分布建设网络进行训练。

$$L = -\frac{1}{c}\sum_{j} y_{ij} \ln \hat{y}_{ij} \tag{4-43}$$

4.3.3 K最近邻图的情感标签分布构建

满足（a）或（b）特性的面部图像被定义为具有高不确定性。

（a）$P_{max} > P_{gt} + margin_1$，这意味着最大预测概率大于数据集给定标签的概率值再加上一个阈值。在这种情况下，表明图像被错误分类。

（b）$Std > margin_2$，这意味着一个样本的所有表情的预测概率的标准偏差低于一个阈值。在这种情况下，表明图像的表情类别是模棱两可的，并且难以分类。

针对具有高不确定性的图像建立了 KNN 图，用于构造它们的情感标签分布，该分布基于一个假设，即 AUs 识别空间中的两个相邻的面部图像应具有彼此的紧密标签分布。AUs 识别可以从不同的角度描绘表情。AUs 的描述也更加客观，而且可以通过现有的方法有效获取。基于 AUs 的 KNN 图构建过程如下，给定训练集 S，设 $U = (u_1^i, u_2^i, \cdots, u_n^i) \in \mathbf{R}^{n \times d(0)}$ 表示 AUs 的特征向量，其中 u_n^i 表示 i 个样本的第 n 个 AU 的特征描述。特征向量之间的距离可以用很多不同的方法来计算，如欧氏距离、曼哈顿距离、余弦距离等，在这里采用余弦距离来计算两个特征向量之间的距离。输入表情图像 X_i，近似性最小化特征距离为

$$\delta_{ij} = \begin{cases} \sum_{k}^{n} \dfrac{u_k^i \cdot u_k^j}{\|u_k^i\| \cdot \|u_k^j\|} & X_j \in N(i) \\ 0 & \text{其他} \end{cases} \tag{4-44}$$

式中，$N(i)$ 表示图像 X_i 的 k 个最近的邻居的集合，X_j 是 X_i 的邻居之一。因此，情感标签分布被定义为

$$D_i = \sum_{j=1}^{k} \frac{\delta_{ij}}{\tau_j} \cdot D_j \qquad (4\text{-}45)$$

式中，$\tau_j = \sum_j \delta_{ij}$ 表示一个标准化的因子，确保 $\tau_j = \sum_j \delta_{ij} \sum_j d_{ij} = 1$，$D_j$ 表示 X_j 的情感标签分布。

4.3.4 情感标签分布建模与优化

1）情感标签分布建模

获得情感标签分布后，给定带有情感标签分布 D_i 的表情图像 X_i，引入 $x = \Psi(X;\theta)$ 作为深层 CNN 模型中最后一层全连接层的激活值，θ 为 CNN 中的参数。然后采用 softmax 函数，将 x 转换为概率分布值 p：

$$p(y_j \mid X_j;\theta) = \frac{\exp(x_i)}{\sum_j \exp(x_j)} \qquad (4\text{-}46)$$

给定训练集 $S=\{(X_1, D_1), (X_2, D_2), \cdots, (X_m, D_m)\}$，提出模型训练的目的是获得 θ 产生分配 $\hat{D}_i$ 接近新的构造情感标签分布 D_i。这两种分布之间的距离可以使用许多标准来评估，采用 Kullback-Leibler（KL）散度来量化新构建的情感标签分布 D_i 和表情识别模型预测的情感标签分布 $\hat{D}_i$ 之间的距离，可以定义为

$$\mathrm{KL}(D_i \parallel \hat{D}_i) = \sum_i D_i \ln \frac{D_i}{\hat{D}_i} \qquad (4\text{-}47)$$

此外，广泛采用正则化技术，能够有效防止过拟合，在模型中添加正则化可以降低模型的复杂性，使模型在复杂性和性能之间实现平衡。L_2 正则化是常见的正规化方法，其计算公式为

$$L_{\mathrm{eld}} = \frac{1}{2} \sum_i \parallel D_i - \hat{D}_i \parallel_2^{\mathrm{F}}, \qquad (4\text{-}48)$$

式中，$\parallel \cdot \parallel_2^{\mathrm{F}}$ 代表范数规范。之后，最佳参数 θ^* 定义为

$$\begin{aligned}\theta^* &= \underset{\theta}{\operatorname{argmin}} \sum_i D_i \ln \frac{D_i}{\hat{D}_i} + \frac{1}{2} \sum_i \parallel D_i - \hat{D}_i \parallel_2^{\mathrm{F}} \\ &= \underset{\theta}{\operatorname{argmin}} -\sum_i \sum_j d_{ij} \ln p(y_j|X_j;\theta) + \frac{\lambda}{2} \left(\sum_i \sum_j d_{ij} - p(y_j|X_j;\theta) \right)^2 \end{aligned} \qquad (4\text{-}49)$$

式中，λ 表示 L_2 正则化的参数。

因此，结合以上损失，框架的总体损失函数定义如下：

$$L(\theta) = \underset{\theta}{\operatorname{argmin}} - \sum_i \sum_j d_{ij} \ln p(y_j|X_j;\theta) + \frac{\lambda}{2}\left(\sum_i \sum_j d_{ij} - p(y_j|X_j;\theta)\right)^2 \quad (4\text{-}50)$$

2）模型优化

在上述的总体损失函数式（4-49）中，利用小批量梯度下降算法将其最小化。θ_j 迭代更新规则为

$$\theta_j \leftarrow \theta_j - \alpha \frac{\partial L(\theta)}{\partial \theta_j} \quad (4\text{-}51)$$

式中，α 表示小批量梯度下降算法中的学习速率。模型中关于 θ_j 的偏导数可以通过链式求导规则从 L 层的参数到第一层来计算。然后，θ_j 的偏导计算如下：

$$\frac{\partial L(\theta)_j}{\partial \theta_j} = -\sum_i \sum_j \left(d_{ij} \frac{1}{p(y_i|X_i,\theta)} \times \frac{\delta_p(y_i|X_i,\theta)}{\delta \theta_j} \right) + \lambda \sum_i \sum_j (d_{ij} - p(y_j|X_i,\theta)) \frac{\delta_p(y_i|X_i,\theta)}{\delta \theta_j}$$

$$(4\text{-}52)$$

$$\frac{\delta_p(y_i|X_i,\theta)}{\delta \theta_j} = p(y_i|X_i,\theta)\left(\tau_{(j=k)} - p(y_i|X_i,\theta)\right) \quad (4\text{-}53)$$

式中，对于任何 k 和 j，如果 $k=j$，则 $\tau_{(j=k)}$ 为 1，否则为 0。一旦学习到 θ，任何新样本 X 的分布 $\hat{D}$ 就都可以通过模型的前向传播创建。最终，框架的输出是 Q_{z^*}，其中：

$$z^* = \underset{i}{\operatorname{argmax}} \hat{D}_i \quad (4\text{-}54)$$

GCANet 模型优化算法如算法 4.2 所示。

算法 4.2：GCANet 模型优化算法
输入：培训集 $S=\{X, D\}$
设置：批量大小 b，学习率 α
输出：网络层参数 θ^*
1. 初始化 θ_j
2. $j \leftarrow 0$
3. 重复
4. 根据式（4-51）计算 $\partial L(\theta_j)/\partial \theta_j$
5. 根据式（4-50）更新 θ_j
6. $j \leftarrow j+1$
直至收敛

4.4 建议及对未来的思考

本章提出的基于高斯先验分布的表情识别方法和基于图卷积网络与 K 最近邻图的面部表情识别方法取得了较好的效果，从研究角度出发仍需要进一步完善，未来的工作具体可以从以下几个方面展开。

（1）基于静态图像的面部表情识别发展极为迅速，未来可以进一步研究基于视频的动态面部表情识别，利用视频中的多帧图像序列之间的时序关系及特征间的关系对面部表情识别展开研究。

（2）面部表情主要是由面部肌肉的收缩和拉伸运动而引起的相关变化，面部肌肉运动存在着一些关联性，如嘴角上扬和嘴角下拉这一组面部肌肉运动将不会同时出现，因此具有互斥性。在出现开心的情绪时，嘴角上扬和脸颊肌肉的上升运动将会共同出现，因此具有相关性。此外，面部肌肉运动还具有对称性，当面部遮挡时，可以根据肌肉的互斥性、相关性、对称性等先验知识进行推理。

（3）面部表情识别的相关方法过去主要使用基于卷积神经网络的方法，卷积神经网络可以很好地关注图像的局部信息，但会忽略全局特征的相关性。近年来，随着 Transformer 在 NLP 领域取得的成功，Vision Transformer 在视觉领域也取得了显著的成效。未来可以考虑将 CNN 与 Vision Transformer 之间取长补短，利用 CNN 提取低层级的语义信息，利用 Vision Transformer 学习特征之间的长距离依赖，学习特征之间的关系感知。

（4）教师和学生在具体的课堂场景下，当识别教师的面部表情时，是否可以利用学生的面部表情特征作为辅助信息，当识别学生的面部表情时，是否可以利用教师的面部表情特征作为辅助信息，是否与教学内容有关，未来可以进行一些关联性的思考，而不是将学生的面部表情识别和教师的面部表情识别进行割裂。

（5）目前的面部表情识别算法主要在公开的数据集上进行训练，缺乏真实课堂环境下的学生面部表情图像数据集，因此，需要对真实课堂环境下的学生的面部表情图像数据集进行采集和扩充完善。此外，数据集中的图像往往会存在着面部遮挡（口罩遮挡、头发遮挡、手势遮挡）、头部偏转、低质量图像、光照等问题，在进行研究时需要进一步对数据进行处理和分析。

（6）表情的类别通常划分为六类或者七类基本表情（高兴、悲伤、惊讶、中性、生气、厌恶、恐惧），然而，在课堂中学生的面部表情通常表现为困惑、愉悦、理解、倦怠等与课堂学习相关的情绪，在后续对课堂面部表情识别相关的研究中，可以将学生在课堂中的表情类别划分为与课堂密切相关的情绪分类。

参考文献

[1] ROSENBLATT F. The perceptron: a probabilistic model for information storage and organization in the brain[J]. Psychological review, 1958, 65（6）：386.

[2] RUMELHART D E, HINTON G E, WILLIAMS R J. Learning representations by back-propagating errors[J]. nature, 1986, 323（6088）：533-536.

[3] LI M,ZHANG T,CHEN Y, et al. Efficient mini-batch training for stochastic optimization[C]. In Proceedings of the 20th ACM SIGKDD international conference on Knowledge discovery and data mining, 2014: 661-670.

[4] LECUN Y, BOSER B, DENKER J, et al. Handwritten digit recognition with a back-propagation network[J]. Advances in neural information processing systems, 1989, 2.

[5] LECUN Y,BOTTOU L,BENGIO Y, et al. Gradient-based learning applied to document recognition[J]. 1998, 86 （11）：2278-2324.

[7] KRIZHEVSKY A, SUTSKEVER I, HINTON G E. Imagenet classification with deep convolutional neural networks[J]. Communications of the ACM, 2017, 60（6）：84-90.

[8] HE K, ZHANG X, REN S, et al. Deep residual learning for image recognition[C]. Proceedings of the IEEE conference on computer vision and pattern recognition. 2016: 770-778.

[9] SHUMAN D I, NARANG S K, FROSSARD P, et al. The emerging field of signal processing on graphs: Extending high-dimensional data analysis to networks and other irregular domains[J]. IEEE signal processing magazine, 2013, 30（3）：83-98.

[10] GENG X, YIN C, ZHOU Z H. Facial age estimation by learning from label distributions[J]. IEEE transactions on pattern analysis and machine intelligence, 2013, 35（10）：2401-2412.

[11] KONG S G, MBOUNA R O. Head pose estimation from a 2D face image using 3D face morphing with depth parameters[J]. IEEE Transactions on Image Processing,

2015, 24（6）: 1801-1808.

[12] LEE J, KIM S, Kim S, et al. Multi-modal recurrent attention networks for facial expression recognition[J]. IEEE Transactions on Image Processing, 2020, 29: 6977-6991.

[13] ZHANG M L, ZHOU Z H. A review on multi-label learning algorithms[J]. IEEE transactions on knowledge and data engineering, 2013, 26（8）: 1819-1837.

第 5 章

视线估计方法

▶ 5.1 基础

视线估计（Gaze Estimation）也称为视线追踪，是一种利用机械、电子和光学检测方法获取人眼注视方向的过程。视线估计的研究起源于心理学家对眼球运动规律的研究，他们用肉眼或简单的仪器观察眼球运动。作为一种非语言信息，视线是人类交流中的重要线索，被证明与人格等更高层次的特征有关。研究人员可以使用眼球追踪来了解人们的情绪和需求。因此，视线估计的应用可以在许多领域找到，如人机交互、社会注意力分析和社会互动分析等。

根据设备结构和检测方法的不同，视线估计的方法可以分为侵入式方法和非侵入式方法，两种视线估计方法如图 5-1 所示。视线估计的侵入式方法要求被测试者在头上戴一个眼动仪，如图 5-1（a）所示，然后通过设备上的近眼摄像头捕捉眼球图像进行识别。这种方法虽然准确，但有成本高、操作复杂的缺点。而非侵入式的视线估计方法只需要用单目摄像机拍摄被测试者的人脸图像，然后用相关算法对图像进行处理和分析来估计视线方向，如图 5-1（b）所示。这种方法不需要被测试者佩戴眼动仪等附加设备，对人的干扰很小，系统的操作过程也相对简单。

（a）侵入式方法　　（b）非侵入式方法

图 5-1　两种视线估计方法

5.2 基于复合损失卷积神经网络的视线估计方法

视线估计是预测某人正在看哪里的过程,无论是估计注视方向还是估计空间中的注视点(Point of Regard,PoR)。视觉是收集周边信息的主要方式之一。人的眼睛会转向其正在看的人或物体。根据美国研究人员的分析,人类在日常活动中对每种感官的依赖程度:味觉约为1%、触觉约为1.5%、嗅觉约为3.5%、听觉约为11%,以及大约83%用于视觉。因此,估计用户的注视方向或注视点将对理解人类活动有很大帮助。目前视线估计系统已在人机交互、辅助驾驶、手术辅助等领域得到应用。

眼睛注视是人类情感分析中一种重要的非语言线索,但受光照变化、人脸外观差异等客观因素的影响,现有视线估计方法的结果与理想的精确目标仍有距离。因此,在自然环境下的视线估计仍然是一个极具研究意义和挑战性的课题。

深度学习的发展为基于外观的视线估计铺平了道路,基于卷积神经网络的一系列算法在准确性和健壮性方面都有很大的进步。然而,这些方法的性能与实际应用的精度要求之间还有一段距离。因此,本节基于人眼模型的特点和计算机视觉其他领域的思想,对现有的视线估计方法进行了研究和改进。

本节的创新点如下:在改进空间加权卷积神经网络的基础上,提出了一种多损失网络(Multi-Loss Network,MLN),其是一种根据图像强度直接预测头部姿态欧拉角的方法。该网络采用两个独立的全连接层,分别预测视线的水平偏转角和垂直偏转角。每个角度都有损失,每个损失又分为角度分类和回归两部分。

基于复合损失卷积神经网络的视线估计框架如图 5-2 所示,为了有效地从完整的人脸图像中学习信息,本节使用了一个额外的空间权重学习层来激活骨干网络最后一个卷积层输出的特征图。以前所有使用卷积神经网络的视线估计研究都直接使用均方误差损失来回归两个欧拉角参数。然而,这种方法在大规模综合数据集上的结果并不理想。受年龄估计任务的启发,本节提出了一种不同的思路,即将空间加权运算后输出的特征图输入两个独立的全连接层,每个层最终由分类损失和回归损失来进行总损失的计算。

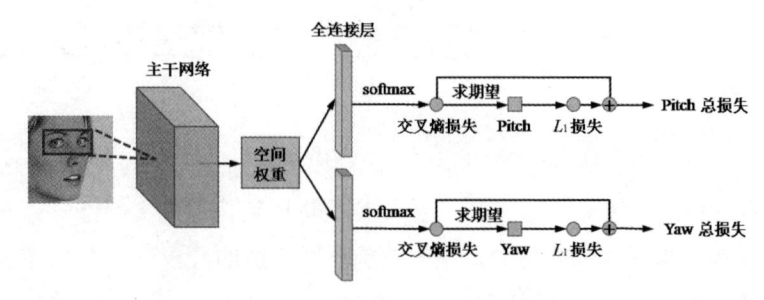

图 5-2 基于复合损失卷积神经网络的视线估计框架

为了实现这种更强的监督，受人体姿态估计任务的启发，本节提出的网络使用的空间权重机制包含三个卷积层，每个卷积层后加一个线性整流函数（ReLu）。为了保证输出与输入的特征图尺寸一致，卷积层的滤波器大小选为 1×1。给定大小为 H×W×N 的特征图矩阵 U 作为主干网络最后一层卷积层的输出，其中 N 为特征通道数，H 和 W 分别为特征图的高和宽。空间权重机制会生成 H×W 空间权重矩阵 E，将 E 与 U 的元素逐次相乘以获得加权激活图 V，数学表达式如下：

$$V_i = E \odot U_i \quad (5\text{-}1)$$

式中，U_i 是 U 的第 i 个通道，V_i 是与其相对应的同一通道的加权激活图。

空间权重机制对信息进行连续加权并保留来自不同区域的信息，相同的权重共享所有特征通道。因此，与人体姿态估计任务中网络会生成多个身体节点的特征图不同的是，该机制仅会生成编码整个人脸图像重要区域的单个权重特征图。E 与 U 的梯度表达式分别为

$$\frac{\partial V}{\partial U} = \partial E \quad (5\text{-}2)$$

和

$$\frac{\partial V}{\partial E} = \frac{1}{N}\sum_{i=1}^{N} \partial U_i \quad (5\text{-}3)$$

采用这种网络结构的思路是，回归方法通常具有较强的拟合能力，但对噪声敏感，而分类具有更强的健壮性。因此，将二者结合来实现更稳健且泛化能力更好的模型。视线估计由 Yaw 和 Pitch 两个角度决定，将每个角度根据粒度进行分割。以 Pitch 为例（Yaw 的计算过程同理），假设其范围为-25°～25°，如果选择粒度间隔为 2°，则类别的含义为 d=[-25°,-23°,-21°,…,d_m,…,21°,23°,25°]，类别数总计 25 个。假设全连接层的输出为 t=[$t_1,t_2,…,t_n$]^T，其中 n=25，则经过 softmax 层之后的样本概率值为 p=[$p_1,p_2,…,p_n$]^T。其中，p_i 为

$$p_i = \frac{e^{s_i}}{\sum_j e^{s_j}} \tag{5-4}$$

然后计算期望，即可得到细粒度的预测值 $\hat{y}$，用数学表达式表示为

$$\hat{y} = \boldsymbol{d} \cdot \boldsymbol{p} \tag{5-5}$$

该角度的监督损失由交叉熵损失和 L_1 损失组成，其中交叉熵损失针对分类任务，L_1 损失针对回归任务。交叉熵损失的表达式定义如下：

$$L_{\text{cross}} = -\sum_{c=1}^{M} y_i \ln p_c \tag{5-6}$$

L_1 损失的表达式为

$$L_1 = \frac{1}{M} \sum_{i=1}^{M} |y_i - \hat{y}_i| \tag{5-7}$$

因此，Pitch 的总损失为

$$L_{\text{total}} = L_{\text{cross}} + \alpha \cdot L_1 \tag{5-8}$$

式中，α 是回归任务部分的权重。

5.3 基于头戴式设备的视线估计

视线估计系统通常可以分为远程设备和头戴式设备（Head-Mounted Device，HMD）。远程设备是一种基于屏幕的交互式系统，在与对象有一定距离的地方工作。该设备包含至少一个面向用户的摄像头，用于捕捉被测试者的面部图像，以便根据从面部图像中提取的特征来估计 PoR。根据远程设备的工作方式，它要求被测试者的头部始终处于摄像头的视野中，这限制了被测试者的自由移动。相比之下，HMD 被设计成一个头部设备，可以获取眼睛的清晰图像，并允许用户自由移动。HMD 通常由一个场景摄像机和两个眼睛摄像机组成。场景摄像机用于获取用户所看到的场景图像，眼睛摄像机则用于记录用户在观看场景时的眼睛运动。这样一来，HMD 就会根据眼睛图像估计出人在场景摄像机坐标系中的 PoR。最近，由于其灵活性和移动性，轻型 HMD 已经成为凝视研究者的流行眼球追踪系统。这类设备将用户的视线估计从桌面电脑屏幕扩展到其他场景，大大丰富了人类视觉数据的收集方式。

尽管 3D 视线估计在远程视线估计系统中得到了广泛研究，但对 HMD 的研

究仍然有限。对于这两种视线估计系统，最常见的方法是将 3D 注视点估计为双眼视觉向量之间最短段的中点。然而，眼睛注视向量计算的偏差可能导致 PoR 深度方向的显著变化，注视角度的变化对 PoR 深度变化的影响如图 5-3 所示。

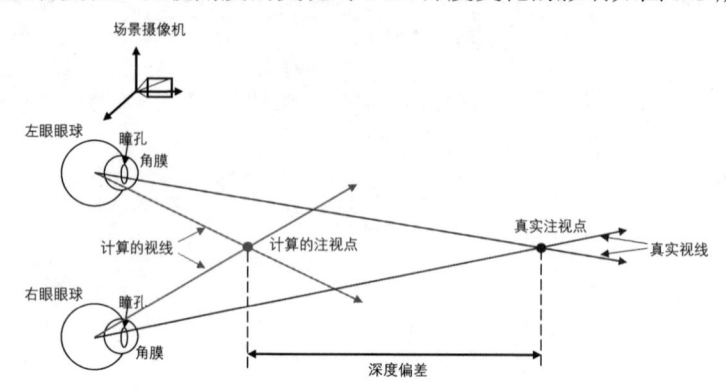

图 5-3 注视角度的变化对 PoR 深度变化的影响

3D 视线估计在估计之前需要为每个用户校准眼球追踪系统。在校准过程中，被测试者需要盯着一个特定的参考标记，有时这种主动的个体校准会打断用户与场景的互动。尽管校准过程已经变得简单，在一些作品中校准标记的数量已经减少到一个，但它仍然需要用户主动参与校准任务。

本节提出了一个头戴式眼动追踪系统预测用户在 3D 环境中的 PoR，如图 5-4 所示。

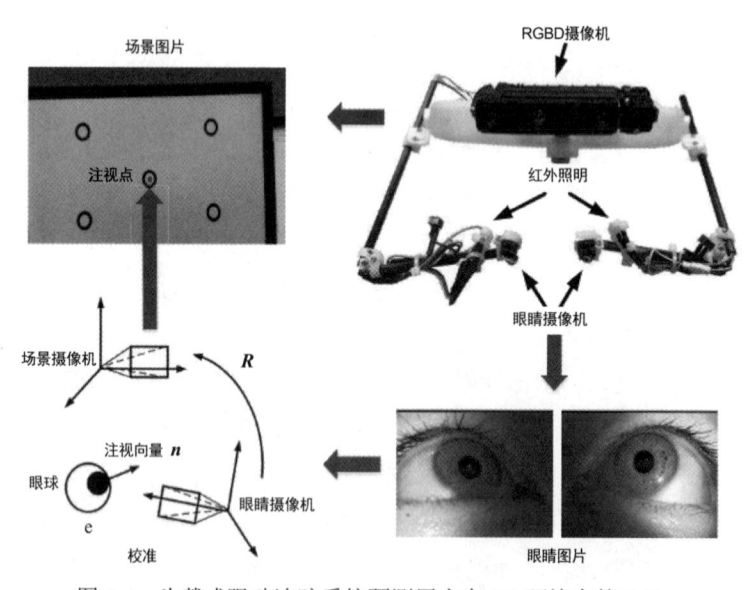

图 5-4 头戴式眼动追踪系统预测用户在 3D 环境中的 PoR

头戴式眼动追踪系统由一个简单的设置组成，实现了良好的估计精度。此外，还提出了一种新的自动校准的 3D 视线估计方法（Auto-calibrating 3D Gaze Estimation，3DGAC）。该方法与基于显著性的算法相结合，计算场景中可能的 3D 校准目标，而不是要求被测试者注视某一点，从而实现了完全自动化的校准过程，不需要对被测试者有任何限制和人工干预。在系统结构方面，用 RGBD 摄像机取代了传统的 RGB 摄像机，提供准确的场景 3D 数据。在使用过程中，被测试者可以不受约束地改变他们的位置和头部姿态。在校准步骤中，将显著性图与注视向量结合起来，在场景摄像机和两个眼睛摄像机之间搜索外部参数。在视线估计部分首先将注视向量从两个眼睛摄像机坐标系旋转到场景摄像机坐标系，然后使用 RGBD 摄像机生成的点云来寻找 3D 环境中的最佳 PoR。

所提出的 3DGAC 网络架构如图 5-5 所示，其中包含校准数据准备、HMD 的自动校准和 3D 视线估计三个步骤。

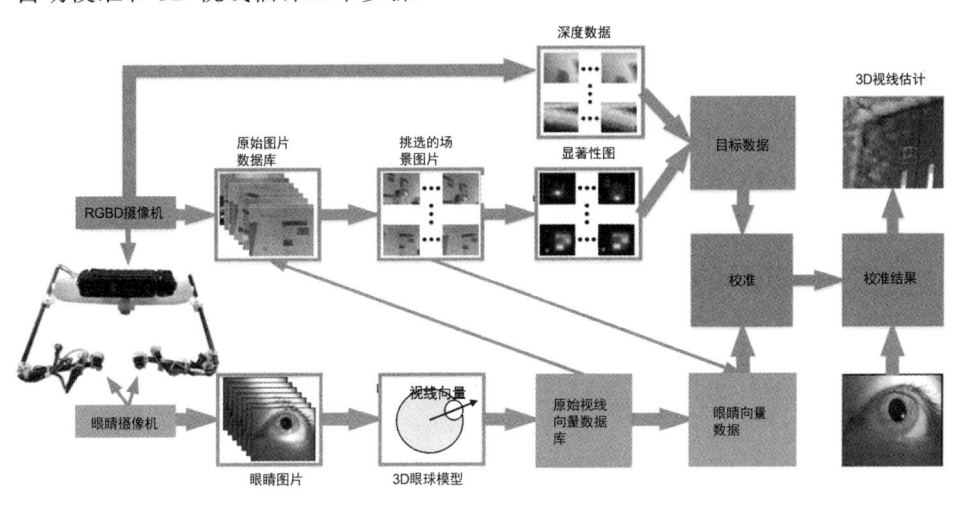

图 5-5　3DGAC 网络架构

5.3.1　校准数据的准备

为了实现 HMD 的自动校准，需要收集场景中双眼和潜在 3D 目标的视线向量。首先，基于从两个眼睛摄像机收集的眼睛图像获得两个眼睛摄像机坐标系中的注视向量，眼睛注视向量可以确定为向量从 3D 眼睛中心延伸并穿过 3D 瞳孔中心。由于人们倾向于注视场景中的显著部分，因此在此收集操作中丢弃了平滑追踪和扫视过程中的眼睛注视向量。此外，在数据收集过程中需要去除异常值，因为算法可能不小心将其他黑色区域（如睫毛或眉毛）视为瞳孔。这种错误的识别可能导致校准中的重大错误。为了解决这个问题，计算所有眼睛注视向量的平均值 μ 和标准差 σ。坐标超过 $\mu\pm2\sigma$ 的注视向量将被移除。

同时，场景中潜在的 3D 目标是从与深度数据对齐的场景图像中计算出来的。尽管已经证明了人们更有可能注视显著部位，但真正的注视位置是未知的。此外，被测试者可能不会专注于显著区域。事实上，长时间盯着场景中的非显著区域或反复观察它们会导致校准结果出现显著偏差。为此，消除每个场景的冗余图像似乎是减少这种情况出现的解决方案。

一旦移除了眼睛注视向量的异常值，它们对应的场景图像就会被收集为初始图像数据库。通过采用 Bag-of-Word（BoW）算法，识别场景图像中的特征（关键点及其描述符），并根据其特征将其转换为视觉词。在这种情况下，可以使用由这些词构成的视觉向量来描述场景图像。为了更准确地表达场景图像，涉及由所有视觉词组成的预定义词汇树，并对视觉向量的每个分量进行加权。

对于分别由 V_1 和 V_2 两个视觉向量表示的两张图像的相似度计算，根据相似度，初始图像数据集可分为 N 组；每组包含 n 个最相似的场景图像（n 设置为与摄像机的帧率相同）。在划分后计算每个选定场景图像的显著性图，将采用显著性值高于预定义阈值 τ 的显著像素进行聚类，以去除噪声。因此，获得了潜在的 3D 目标数据 $\{\{P_i\}_j\}$，其中 $\{P_i\}$ 是第 i 个场景图像的集合，j 表示图像索引。在计算 3D 目标数据后，对应选择的数据集的双眼注视向量可以被视为眼睛向量数据，分别为 v_{ei}^l 和 v_{ei}^r。

5.3.2 HMD 的自动校准

实现 HMD 自动校准的问题可以看成获取场景和眼睛摄像机之间的几何关系，即三个摄像机之间的旋转矩阵和眼睛在场景摄像机坐标系中的位置。由于不知道目标 3D 位置的真实情况，也不知道眼睛位置，因此不可能将视线估计方法作为 3D 到 3D 映射来执行获取转换场景摄像机和每个眼睛摄像机之间的关系。考虑到场景摄像机距离眼睛几厘米，而实际上注视点位于更远的距离，假设眼睛中心位于 HMD 的场景摄像机中心。每次使用时用户眼睛和场景摄像机之间的位置关系不同，假设可能导致估计错误，因为估计向量和真实眼睛向量之间存在角度偏移。为了解决这个问题，将在后面的计算中估计场景摄像机坐标中的真实眼睛位置。首先，进行模拟实验以评估忽略眼睛—摄像机距离对 3D PoR 估计精度的影响，并去除不正确的目标数据，如图 5-6 所示。测试在 10 个深度进行，从 0.5m 到 5m。

鉴于 HMD 的一般结构，本次测试中的眼睛摄像机距离为 50~100mm。在一个目标平面上随机生成 100 个目标，尽管深度发生变化，但其视角范围仍为 50°×40°。在实验过程中，真实注视向量位于通过每个眼球中心和目标的直线上，而从场景摄像机原点开始的向量被定义为假设注视向量。进而获取了两种方向之间所有角度偏差的平均值，模拟实验如图 5-6 所示。值得注意的是，角度偏差在深度为 0.5m 时比较显著，但当深度增加时，测试距离达到 1.5m，角度偏差减小到可接受的水平。

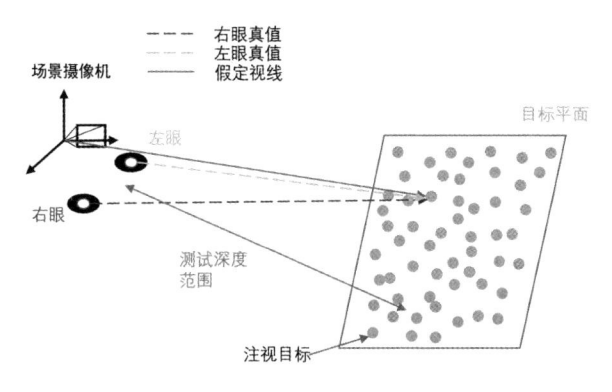

图 5-6 测量忽略眼睛—摄像机距离对 3D PoR 估计精度影响的模拟实验

在数据准备之后，根据模拟结果进一步去除坐标小于 1.5m 的目标数据。为此，两只眼睛的向量数据 v_{ej}^l、v_{ej}^r 和 3D 目标数据 $\{\{P_i\}_j\}$，选择的具有深度数据的显著像素，都被收集并视为输入校准。根据模拟的结果，进一步去除 Z 坐标小于 1.5m 的目标数据。为了计算场景和左眼摄像机之间的旋转矩阵，将左眼注视向量转换为场景摄像机空间，首先假设左眼球中心 e_s^l 位于场景摄像机中心 $O(0,0,0)$，那么第 j 个场景图像中的目标向量可以表示为 P_i，而其对应的眼睛注视向量应该是 v_{ej}^l。

鉴于目标向量的起点与视线向量的原点共享相同的坐标，可以获得包含两个自由度的旋转矩阵，即分别与 θ_i^l 和 σ_i^l 相关联的垂直和水平角偏移量，它们的值来自：

$$\theta_i^l = \theta_i^t - \theta_v^l = \sin^{-1}\left(\frac{P_{iy} - O_y}{\|P_i - O\|}\right) - \sin^{-1}\left(\frac{v_{ejy}^l}{\|v_{ej}^l\|}\right) \tag{5-9}$$

$$\sigma_i^l = \sigma_i^t - \sigma_v^l = \sin^{-1}\left(\frac{P_{ix} - O_x}{\|P_i - O\|}\right) - \sin^{-1}\left(\frac{v_{ejx}^l}{\|v_{ej}^l\|}\right) \tag{5-10}$$

式中，(θ_i^l, σ_i^l)和(θ_v^l, σ_v^l)提供目标向量和眼睛注视向量的垂直和水平角度参数。(P_{ix}, P_{iy})、(O_x, O_y)和(v_{ejx}^l, v_{ejy}^l)分别是P_i、O和v_{ej}^l的x和y坐标。然后，可以得到旋转矩阵R_i^l为

$$R_i^l = \begin{bmatrix} \cos\theta_i^l & \sin\theta_i^l \sin\sigma_i^l & \sin\theta_i^l \cos\sigma_i^l \\ 0 & \cos\sigma_i^l & -\sin\sigma_i^l \\ -\sin\theta_i^l & \cos\theta_i^l \sin\sigma_i^l & \cos\theta_i^l \cos\sigma_i^l \end{bmatrix} \quad (5\text{-}11)$$

在计算了所有潜在的 3D 目标之后，通过选择最频繁的(θ_i^l, σ_i^l)确定旋转矩阵R_i^l。同样，得到场景与右眼摄像机之间的旋转矩阵R^r。经过旋转矩阵的计算，可以确定第j个场景图像中的某个 3D 目标为t_j。然后，可以通过t_j和眼睛注视向量数据估计双眼的真实位置。将场景摄像机坐标系中眼球中心的真实位置定义为

$$e_s^l = O + T^l \quad (5\text{-}12)$$

$$e_s^r = O + T^r \quad (5\text{-}13)$$

式中，T^l和T^r分别为平移矩阵，即场景摄像机中心与每个眼睛中心的真实位置之间的几何关系。因此，场景摄像机坐标中双眼的真实注视向量可以表示为$t_j - e_s^l$和$t_j - e_s^r$。由于视线向量之间的角度变化在场景和眼睛摄像机坐标系中是相同的模式，因此可以通过最小化其自身摄像机坐标中相关眼睛视线向量之间的角度偏移来计算e_s^l和e_s^r，如下所示：

$$e_s^l = \min \sum_{j=1}^{N-1} \left| (v_{ej}^l v_{ej+1}^l) - \left(\frac{\|(t_j - e_s^l)(t_{j+1} - e_s^l)\|}{\|t_j - e_s^l t_{j+1} - e_s^l\|} \right) \right| \quad (5\text{-}14)$$

$$e_s^r = \min \sum_{j=1}^{N-1} \left| (v_{ej}^r v_{ej+1}^r) - \left(\frac{\|(t_j - e_s^r)(t_{j+1} - e_s^r)\|}{\|t_j - e_s^r t_{j+1} - e_s^r\|} \right) \right| \quad (5\text{-}15)$$

5.3.3　3D PoR 估计

自动校准后，可以通过旋转和平移眼睛摄像机坐标系中的向量来获得 HMD 场景摄像机坐标系中的眼睛注视向量，如下所示：

$$v_{sj}^l = e_s^l + R^l v_{ej}^l = O + T^l + R^l v_{ej}^l \quad (5\text{-}16)$$

$$v_{sj}^r = e_s^r + R^r v_{ej}^r = O + T^r + R^r v_{ej}^r \quad (5\text{-}17)$$

3D PoR 的典型估计是通过对双眼的旋转注视向量进行三角测量来计算的。然

而，三角测量过程受到 3D PoR 深度预测误差的影响，因为人眼的基线与注视场相比较短。考虑到这一点，重建一个密集的 3D 环境点云，从而在深度层面实现更高的准确率。假设点云中的点 G，其分别到 v_{sj}^l 和 v_{sj}^r 的角距离 A^l 和 A^r，可以写为

$$A^l = \frac{\left\|\left(G-e_s^l\right)v_{sj}^l\right\|}{\left\|\left(G-e_s^l\right)\right\|\left\|v_{sj}^l\right\|} \tag{5-18}$$

$$A^r = \frac{\left\|\left(G-e_s^r\right)v_{sj}^r\right\|}{\left\|\left(G-e_s^r\right)\right\|\left\|v_{sj}^r\right\|} \tag{5-19}$$

将 3D PoR 确定为最接近 v_{sj}^l 和 v_{sj}^r 的点，可以通过最小化函数来计算如下：

$$\min\left(A^l + A^r\right) = \min\left(\frac{\left(G-e_s^l\right)v_{sj}^l}{\left(G-e_s^l\right)v_{sj}^l} + \frac{\left(G-e_s^r\right)v_{sj}^r}{\left(G-e_s^r\right)v_{sj}^r}\right) \tag{5-20}$$

5.4 建议及对未来的思考

现有的研究结果和模型在约束条件下的眼睛注视估计方面取得了相对令人满意的结果，但由于数据标注和可变的头部姿态、面部外观、照明条件和运动模糊，因此它们在实际应用中仍然无法达到预期的准确性。在本节主要讨论与眼睛注视分析有关的主要挑战。

1）数据标注

通常，基于深度学习的方法需要大量带标注的数据来表示学习。管理大规模带标注的注视数据集并非易事，耗时且需要昂贵的设备设置。当前通过可穿戴传感器记录数据集的范例可能导致不舒服的用户体验，并且需要专业知识。然而，假设参与者按照给定的说明注视着实验人员的目光，但数据标注仍然很复杂且耗时。当前现有的数据集一个共同方面是它们是在受限的环境下采集的，所以需要在不受约束的环境中提出一些数据集来解决这一问题。自我监督、弱监督或无监督学习范式可能有助于解决数据集创建和标注等挑战。

2）个人偏差

自动标注分析方法依赖于被测试者的偏差。由于人眼的结构具有特定于对象的偏移，因此很难了解大量对象具有不同眼睛的个性变化。在理想情况下，任何

注视分析方法都应该编码与眼睛区域外观相对应的丰富特征，从而为注视分析提供相关信息。为了应对这一挑战，应广泛采用小样本学习的方法。此外，基于经典眼睛模型的方法与几何约束，以及基于学习的外观编码的组合有可能很好地解决跨数据集问题，这反过来可能是另一种处理个体偏差的方法。

3）眨眼

眨眼是眼睑的不自主和周期性运动，它们以缺失数据的形式对眼睛注视分析提出了挑战。很少有相关工作假设头部姿态信息是闭眼期间眼睛注视的合适替代品。然而值得注意的是，在被测试者睁开眼睛后，视线可能发生很大的变化。为了简化这种情况，许多基于图像的眼睛分析方法在训练阶段不使用眨眼数据，或者将眨眼视为一个单独的类别。在现实世界中，部署这种系统的一种可能性是通过从相邻帧的标签中插值来生成眼睛注视标签，以防检测到眨眼。

4）数据属性

眼睛和头相互作用、遮挡、图像模糊和照明等因素都会影响注视分析模型的性能。这些属性的任何子集的存在都会降低系统的性能。许多方法使用人脸对齐和 3D 头部姿态估计作为预处理步骤。然而，基于无约束环境的图像上的人脸对齐可能会在系统中引入噪声。为了克服这个问题，应提出一些方法避免这些预处理步骤，来提高注视估计的性能。关于头部姿态、左右眼睛之间和视线估计的一些相关性也是值得进一步考虑的。

参考文献

[1] SWIRSKI L, DODGSON N. A fully-automatic, temporal approach to single camera[J], glint-free 3D eye model fitting, in Proc. PETMEI, 2013:1-11.

[2] LIU M, LI Y, LIU H. 3D gaze estimation for head-mounted eye tracking system with auto-calibration method[J]. IEEE Access, 2020,8:104207-104215.

[3] LIU M, LI Y, LIU H. Robust 3-D Gaze Estimation via Data Optimization and Saliency Aggregation for Mobile Eye-Tracking Systems[J]. IEEE Transactions on Instrumentation and Measurement, 2021,70:1-10.

第6章

头部姿态估计方法

6.1 基础

6.1.1 头部姿态低容忍性分析

在头部姿态估计过程中，姿态特征的提取至关重要，它决定了估计的准确性，但头部姿态很容易受到干扰，如个体身份信息、光照变化和遮挡等。具体来说，与头部姿态密切相关的特征可能与个体身份无关，不同姿态图像中相似的面部特征可能会导致对头部姿态的混淆预测，本团队称这种现象为头部姿态的低容忍性。本节利用现有的头部姿态估计模型验证头部姿态低容忍性的存在，头部姿态低容忍性分析如图 6-1 所示，采用 HopeNet 模型作为特征提取器，利用欧氏距离作为相似度衡量标准，距离越小相似度越大。不同姿态图像组特征图之间的距离明显小于相同姿态图像组特征图之间的距离，而这明显与头部姿态估计任务应当更关注姿态特征的原则相违背。

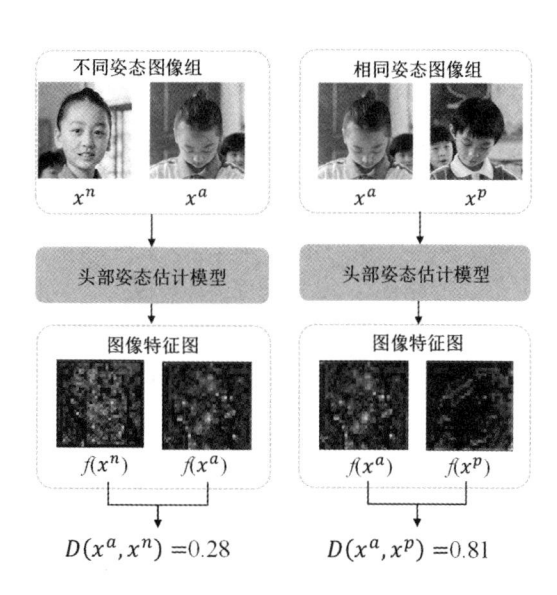

图 6-1 头部姿态低容忍性分析

为了减少头部姿态低容忍性的影响，应当尽可能地将其他特征与姿态特征解耦合。不同于传统的头部姿态估计方案，在探索研究深度度量学习技术后发现，多个图像作为输入可能能够为头部姿态特征的提取提供额外的信息，实现解耦合。采用深度度量学习中的三元组架构，首先需要从数据集中选择图像构建三元组 (x^a, x^p, x^n)，考虑到时间开销和计算成本，选择 15°为姿态间隔，将头部姿态划分为 12 类，其中 (x^a, x^n) 表示不同姿态的图像对，(x^a, x^p) 表示相同姿态的图像对，提取到的特征用 $(f(x^a), f(x^p), f(x^n))$ 表示，采用欧氏距离作为度量单位，表示如下：

$$D(x_1, x_2) = \sqrt{\sum \|f(x_1) - f(x_2)\|^2} \tag{6-1}$$

如图 6-1 所示，该方法期望 $f(x^a)$ 更相似于 $f(x^p)$ 而不是 $f(x^n)$，即确保 $D(x^a, x^n) < D(x^a, x^p)$，可以通过优化该准则让网络学习具有可分辨性的头部姿态特征。

6.1.2 精细化头部姿态标签设计

基于深度学习的头部姿态估计是利用卷积神经网络提取姿态特征的，而后通过全连接层直接输出连续的偏转角度。作为一个回归任务，由于其极大的解空间，若不对其进行约束，则估计效果将与理想情况大相径庭。为了提高头部姿态估计的准确度，提出了精细化估计策略，该策略同样被应用到年龄估计中。该方法通过交叉熵损失和回归损失加权求和作为总损失，使学习网络收敛到更小的极值点，这种精细化级联网络分散了网络的复杂性与训练负担，极大地提升了头部姿态性能。

在本方法中，首先定义头部姿态间隔，构建类别标签，头部标签的值域设定为[-99°, +99°]，以 9°为间隔，分为 22 类，模型直接输出 22 维的类标签向量，先对该向量进行 softmax 函数运算，概率化类标签向量，而后计算交叉熵损失，如下所示：

$$p_i = \text{softmax}(x_i) = \frac{e^{x_i}}{\sum_{i=1}^{K} e^{x_i}} \tag{6-2}$$

$$L_{\text{closs}} = -\sum_{i=1}^{K} d_i \ln(p_i) \tag{6-3}$$

式中，p_i 表示第 i 个标签向量概率化后的值，K 表示类别数量，d 表示标签，i 表示类别，若预测类别相同则 $d_i=1$，否则等于 0。将标签向量概率化后，计算其期望 $E(p)$，将其与定义的间隔值相乘并加上值域的最小值，得到连续标签 $\hat{y}$，再计算均方差，即回归损失，如下所示：

$$L_{\text{reg}} = \frac{1}{N} \sum_{i=1}^{N} (y_i - \hat{y}_i)^2 \tag{6-4}$$

式中，N 为样本数，y_i 为连续角度标签。通过将两个损失进行加权求和作为网络的总损失，进而约束网络学习。精细化估计过程如图 6-2 所示。

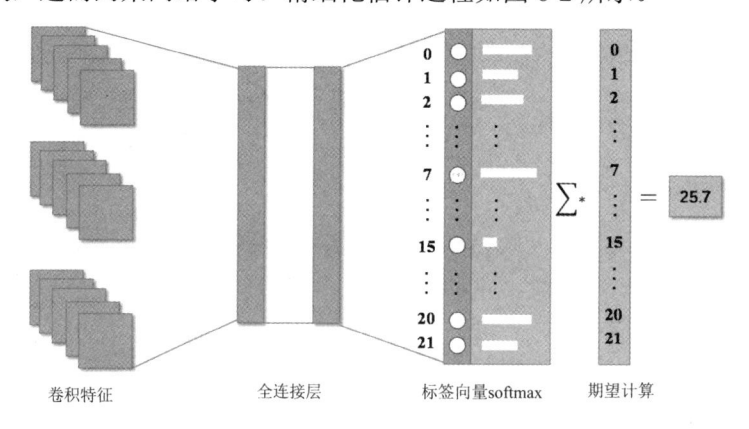

图 6-2 精细化估计过程

6.1.3 姿态表示差异性分析

在头部姿态估计任务中，头部作为一个 3D 刚体，其旋转过程可以在 3D 旋转群中表示，可以用的描述方案包括轴角对、欧拉角、单位四元数和旋转矩阵。本节将针对这些描述方案进行解释，并通过差异性分析每个描述方案的优劣性。

轴角对是指绕某一旋转轴旋转一定角度的变换，可以通过旋转三次来表示 3D 旋转，用 (a,θ) 表示，其中，单位向量 $a=(a_x,a_y,a_z)$ 表示 3D 欧几里得空间中轴的方向，角度 θ 表示绕轴旋转的幅度。轴角对描述方案紧凑而简洁，但其没有平滑的插值，不能描述平滑旋转过程，且它的旋转组合在计算上效率较低。

对于欧拉角，主要从 Yaw、Pitch 和 Roll 三个方向上的变化来描述头部姿态，其在 3D 空间中是可以直接观测的，只需要预测三个值，解释性强，更为直观地展示头部偏转过程。但欧拉角本身存在两个缺陷，在利用欧拉角进行模型学习时，可能会导致模型的优化出现偏差，导致估计准确度下降。其一，旋转轴的旋转顺序需要提前指定，不同的旋转方向得到的欧拉角是不同的，常用的头部姿态旋转等价于 z、y、x 轴顺序的旋转；其二，欧拉角可能存在奇点，即万向锁。该现象的出现是由欧拉角本身的性质导致的，欧拉角具有三个自由度，即在三个不同的局部坐标轴上可以任意旋转相互不影响，但三个方向上的欧拉角是不对称的，在几个特殊的位置上具有不确定性，当绕特定坐标轴旋转一定角度后，另外两个坐标轴将会平行，此时再进行旋转时会发现额外两个轴是同时变换的，这就造成旋转系统的自由度缺失，不再相互独立，无法实现球面平滑插值。万向锁现象如图 6-3 所示。

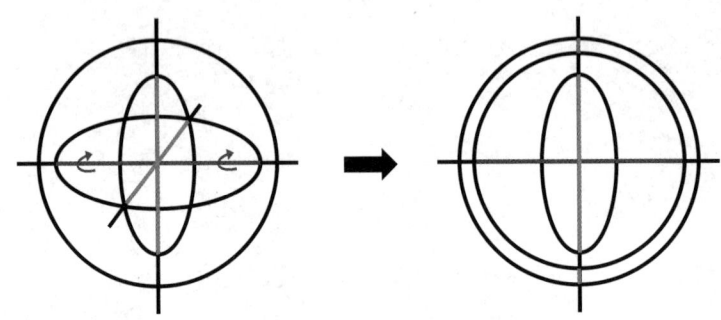

图 6-3 万向锁现象

四元数是由爱尔兰数学家 Hamilton 发明的，具有 1 个实部、3 个虚部，通常表示为 $q = q_0 + q_1 i + q_2 j + q_3 k$，而单位四元数是指模为 1 的四元数，定义单位长度 3D 矢量 $\boldsymbol{u}$ 表示旋转轴，θ 表示轴角，单位四元数可以表示为

$$q = \left(\cos\frac{\sigma}{2}, \boldsymbol{u}\sin\frac{\sigma}{2}\right) \tag{6-5}$$

一般用单位四元数来表示 3D 空间中任意一个旋转。单位四元数能够避免万向锁现象的产生，但在四元数的旋转实验中可以看到，利用单位四元数进行网络训练时，由于其参数不连续的性质，模型优化容易陷入局部极小值，难以收敛。

旋转矩阵是通过 3D 矩阵来描述的，在 3D 世界坐标系中，位于 (u,v,w) 的点依次绕 x 轴旋转角度 ψ，y 轴旋转角度 θ，最后绕 z 轴旋转角度 ϕ，这样的旋转序列可以用旋转矩阵表示：

$$\boldsymbol{R} \cdot (u,v,w)^\mathrm{T} = \boldsymbol{R}_z(\phi)\boldsymbol{R}_y(\theta)\boldsymbol{R}_x(\psi) \cdot (u,v,w)^\mathrm{T} \tag{6-6}$$

式中，$\boldsymbol{R}$ 表示旋转矩阵，表示刚体从固定坐标系到惯性坐标系的线性变换，可以与欧拉角进行相互转换，如下所示：

$$R = \begin{bmatrix} \cos\theta\cos\phi & \sin\psi\sin\theta\cos\phi - \cos\psi\sin\phi & \cos\psi\sin\theta\cos\phi + \sin\psi\sin\phi \\ \cos\theta\sin\phi & \sin\psi\sin\theta\sin\phi + \cos\psi\cos\phi & \cos\psi\sin\theta\sin\phi - \sin\psi\cos\phi \\ -\sin\theta & \sin\psi\cos\theta & \cos\psi\cos\theta \end{bmatrix}$$

（6-7）

$$\begin{cases} \psi = \arctan2(R_{32}, R_{33}) \\ \theta = \arctan2\left(-R_{31}, \sqrt{R_{32}^2 + R_{33}^2}\right) \\ \phi = \arctan2(R_{21}, R_{11}) \end{cases}$$

（6-8）

式中，ψ、θ、ϕ 依次表示欧拉角中的 Yaw、Pitch 和 Roll。旋转矩阵满足矩阵正交、行列式为 1 等性质，又被称为特殊正交矩阵，因此它只能表示三个自由度的旋转。当使用旋转矩阵作为姿态表示进行网络学习时，多个参数的优化会增大计算开销，极大的解空间难以约束，网络难以收敛。

6.1.4 基于矩阵费雪分布的旋转矩阵参数化

在分析各姿态表示的差异性后，可以发现不同的表示各具优缺点，由于旋转矩阵不具备欧拉角的奇点问题和四元数的不连续性问题，因此用它来表示头部姿态。然而，旋转矩阵难以约束，网络难以学习的问题仍需解决，本节针对此问题提出了矩阵费雪分布对其进行参数化表示，将估计旋转矩阵问题转换为构建矩阵费雪分布问题。

在几何学中，3D 旋转矩阵群通常表示为 SO(3)，由围绕 3D 欧几里得空间原点的所有旋转矩阵组成，旋转矩阵群 SO(3)上的 3D 特殊正交矩阵，满足以下性质：

$$\mathrm{SO}(3) = \left\{ R \in \mathbf{R}^{3\times 3} | R^T R = I_{3\times 3}, \det[R] = \pm 1 \right\}$$

（6-9）

式中，$\det[\cdot]$ 表示矩阵的行列式。旋转矩阵表示的头部姿态估计任务相当于在 SO(3) 上估计旋转矩阵。然而，为解决姿态的不确定性和旋转矩阵很难直接预测等问题，在方向统计中应用了矩阵费雪分布这一概率密度函数。SO(3) 上的矩阵费雪分布由 9 个参数定义，它对应于 3D 空间中由 3 个均值和 6 个协方差定义的高斯分布，矩阵费雪分布可以将旋转矩阵参数化表示并进行约束，以便进一步提升估计的准确性。

对于旋转矩阵 $R \in \mathrm{SO}(3)$，矩阵费雪分布通过以下概率密度函数定义：

$$p(\boldsymbol{R}|\boldsymbol{M}) = \frac{1}{a(\boldsymbol{M})} \exp\left(\text{tr}\left[\boldsymbol{M}^{\text{T}}\boldsymbol{R}\right]\right) \tag{6-10}$$

该分布由 9 个参数确定，$\boldsymbol{M} \in \mathbf{R}^{3\times3}$ 是一个无约束矩阵，$a(\boldsymbol{M}) \in \mathbf{R}$ 是正则化常数，该分布能表示为 $\boldsymbol{R}$ 服从分布 $\mathcal{M}(\boldsymbol{M})$。正则化常数 $a(\boldsymbol{M})$ 定义为

$$a(\boldsymbol{M}) = \int_{\boldsymbol{R}\in \text{SO}(3)} \exp\left(\text{tr}\left[\boldsymbol{M}^{\text{T}}\boldsymbol{R}\right]\right) d\boldsymbol{R} \tag{6-11}$$

然而，这种方式是难以计算的，为了估计 $a(\boldsymbol{M})$，需要考虑 $\boldsymbol{M}$ 的奇异值。通过对无约束矩阵 $\boldsymbol{M}$ 进行奇异值分解可以得到：

$$\boldsymbol{M} = \boldsymbol{U}\boldsymbol{S}\boldsymbol{V}^{\text{T}} \tag{6-12}$$

式中，$\boldsymbol{S} = \text{diag}(s_1, s_2, s_3)$ 是 $\boldsymbol{M}$ 的奇异值组成的对角矩阵，且 $s_1 \geqslant s_2 \geqslant s_3 \geqslant 0$。$\boldsymbol{U}$ 和 $\boldsymbol{V}$ 是正交矩阵，即 $\boldsymbol{U}^{\text{T}}\boldsymbol{U} = \boldsymbol{V}^{\text{T}}\boldsymbol{V} = \boldsymbol{I}_{3\times3}$，由于它们都不属于 SO(3)，因此行列式可能为-1。为了解决这个问题，需要对其进行如下转换：

$$\begin{cases} \hat{\boldsymbol{U}} = \boldsymbol{U}\text{diag}(1,1,\det[\boldsymbol{U}]) \\ \hat{\boldsymbol{S}} = \text{diag}(s_1, s_2, s_3') = \text{diag}(s_1, s_2, \det[\boldsymbol{U}\boldsymbol{V}]s_3) \\ \hat{\boldsymbol{V}} = \boldsymbol{V}\text{diag}(1,1,\det[\boldsymbol{V}]) \end{cases} \tag{6-13}$$

通过转换后，能够确保 $\hat{\boldsymbol{U}}, \hat{\boldsymbol{V}} \in \text{SO}(3)$，且 $\hat{\boldsymbol{S}}$ 对 $a(\cdot)$ 的计算有至关重要的作用，额外定义一个对角矩阵 $\wedge$，表示为

$$\wedge = \text{diag}\left(s_1 - s_2 - s_3', s_2 - s_1 - s_3', s_3' - s_1 - s_2, s_1 + s_2 + s_3'\right) \tag{6-14}$$

利用该矩阵，$a(\boldsymbol{M})$ 的计算可转换为

$$a(\boldsymbol{M}) = \int_{\boldsymbol{R}\in \text{SO}(3)} \exp\left(\text{tr}\left[\boldsymbol{M}^{\text{T}}\boldsymbol{R}\right]\right) d\boldsymbol{R} = F_1\left(\frac{1}{2}, 2, \wedge\right) \tag{6-15}$$

式中，$F_1(\cdot,\cdot,\cdot)$ 是广义超几何函数，具体的推导过程可参考 Lee 的研究。至此，当给定了无约束矩阵 $\boldsymbol{M}$，矩阵费雪分布即可确定，进而可以将优化旋转矩阵的 9 个参数转化为优化该分布，这样的优化方案能让网络更容易收敛到全局最小值。

为了更为直观地感受矩阵费雪分布，本节构建了 SO(3)概率密度函数可视化方案，计算旋转矩阵第 i 列向量的边缘概率密度函数，并在单位球面上用彩色图将其可视化。矩阵费雪分布可视化如图 6-4 所示，矩阵 $\boldsymbol{M}$ 决定了 $\mathcal{M}(\boldsymbol{M})$ 的形状，$\boldsymbol{M}$ 的奇异值越大，边缘概率密度的离散度越小。对于图 6-4（a）和图 6-4（b），三个轴上的分布相似且呈圆形，但图 6-4（a）中的分布比图 6-4（b）中的分布更分散，因为 $\boldsymbol{M}$ 的奇异值较小。在图 6-4（c）中，$\boldsymbol{M}$ 奇异值之间的差异导致 x 轴上的

集中分布和其他轴上的细长分布。而在图 6-4（d）中，是通过围绕 z 轴旋转 $\pi/6$ 角度得到的旋转矩阵。通过将矩阵 M 与 A 进行左乘，x 轴和 y 轴都被旋转，但分布的形状仍然如图 6-4（c）所示。

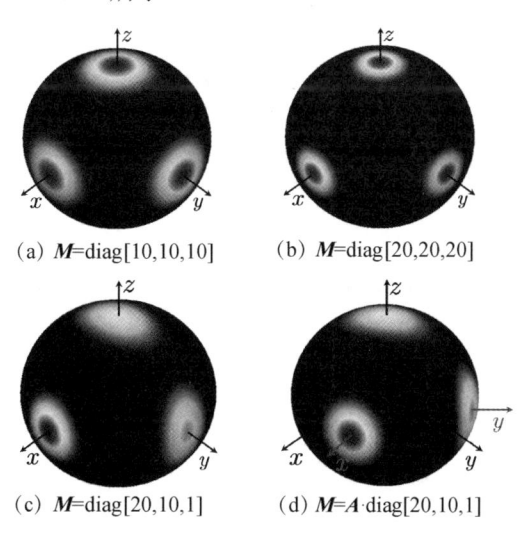

(a) $M=\text{diag}[10,10,10]$

(b) $M=\text{diag}[20,20,20]$

(c) $M=\text{diag}[20,10,1]$

(d) $M=A\cdot\text{diag}[20,10,1]$

图 6-4　矩阵费雪分布可视化

6.1.5　标签平滑正则化技术

在传统的机器学习算法中，模型训练时通常采用 one-hot 编码策略，即使用硬标签的方式对标签进行编码。其具体做法是，设置一个长度为 N 的一维向量来表示 N 个类别，其中仅在样本正确类别对应位置设置为 1，其余位置均设置为 0。然而在很多情形下，类别中会有一些模糊的情况，如图像中的动物既像狗又像狼，这时候用硬标签训练出来的模型会出现过拟合的现象。而标签平滑正则化（Label Smoothing Regularization，LSR）则允许在非正确类别对应位置分配非 0 的数值，并满足所有类别所对应的值之和为 1。两种标签构造方法用数学公式表示如下：

$$y_{\text{hard}}=[1,0,0,\cdots,0] \quad (6\text{-}16)$$

$$y_{\text{LSR}}=[d_1,d_2,d_3,\cdots,d_n], \text{s.t.} \sum_{i=1}^{n}d_i=1 \quad (6\text{-}17)$$

式中，n 表示类别数目。

标签平滑正则化在多个领域都有应用。年龄估计中的标签平滑方法如图 6-5 所示，上排为不同年龄人脸图像和其对应的年龄标注值，下排为年龄标注值进行平滑操作并可视化的结果。若采用硬标签的编码方法，则第一张 40 岁男性图像的标签应为[0,0,…,1,…,0]，其中每个数值代表年龄分类所对应的概率值，若每一位代表间隔 1 岁的年龄分类，则 1 应位于第 40 位。由于标注员察觉到年龄上的差异，该人脸图像的平滑标签可能表示为[0.001,0.001,…,0.12,0.35,0.12,…,0.001]，其中 0.35 位于第 40 位且为最大值。

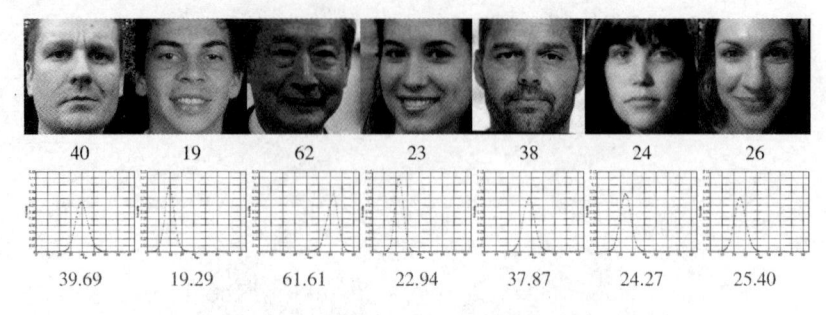

图 6-5 年龄估计中的标签平滑方法

采用硬标签模型计算的损失函数只考虑了正确标签位置的损失，而忽视了其他位置的损失，这就导致忽视了其他错误标签位置的损失。这种模型非常重视增大预测正确标签的概率，而忽略减少预测错误标签的概率。换言之，模型在训练集上的拟合结果非常出色而在测试集上的表现不好，即出现过拟合的问题。采用标签平滑正则化后，模型的损失不仅会考虑训练样本中正确的标签位置（硬标签为 1 的位置）的损失，也会考虑其他错误标签位置（硬标签为 0 的位置）的损失，迫使模型向增大正确分类概率并且减小错误分类概率的方向优化。这样可以提高模型的泛化能力。

6.2 各向异性的分布学习

6.2.1 头部姿态的两个观察及验证

1）各向异性的头部姿态

人类的头部可以被看成一个对称的非球形刚体。由于这个性质，因此头部在水平方向（Yaw）和竖直方向（Pitch）上，我们所观察到的人脸形状的变化量是不同的。头部姿态的各向异性如图 6-6 所示。一般来说，学生头部姿态的变化在竖直方向上会比在水平方向上更加明显。换言之，对于某一头部姿态而言，它与其水平方向上一定邻近范围内的姿态的相似度比其竖直方向上一定邻近范围内的姿态的相似度更高，如图 6-6（a）所示。以头部姿态（Yaw=0°，Pitch=0°）为例，可以观察到（Yaw=0°，Pitch=0°）和（Yaw=0°，Pitch=±15°）之间的人脸形状差异比（Yaw=0°，Pitch=0°）和（Yaw=±15°，Pitch=0°）之间的人脸形状差异更大。

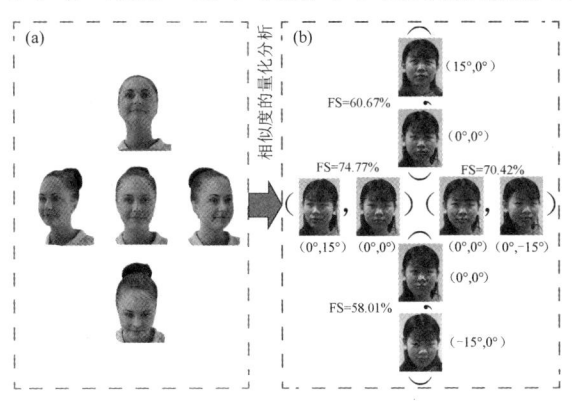

图 6-6　头部姿态的各向异性

为了量化研究这个现象，可引入余弦相似度的概念。余弦相似度是一种在自然语言处理领域中被用于比较语句相似度的度量指标。在本节中，它将用于计算两张图像的特征相似度（Feature Similarity，FS）。神经网络经过特征提取层提取图像特征后，利用多个全连接（Full Connected，FC）层将高维的特征映射为一个一维向量，因此最后一层全连接层计算得到的特征向量可被视为该图像最具代表性的特征。两张图像的特征相似度计算流程如图 6-7 所示，给定两张图像 X_1 和 X_2，分别将两张图像输入一个已预训练的神经网络，然后提取它们最后一个全连接层的特征向量，通过比较这两个特征向量的余弦相似度可以得到这两张图像的特征相似度。特征相似度计算过程的数学表达式可定义如下：

$$\text{FS}(X_1, X_2) = \text{Similarity}\big(F(X_1), F(X_2)\big) = \frac{\text{NN}(X_1) \cdot \text{NN}(X_2)}{\|\text{NN}(X_1)\| \cdot \|\text{NN}(X_2)\|} \quad (6\text{-}18)$$

式中，$F(X)$ 表示图像 X 的特征，$NN(X)$ 表示最后一层全连接层的输出。

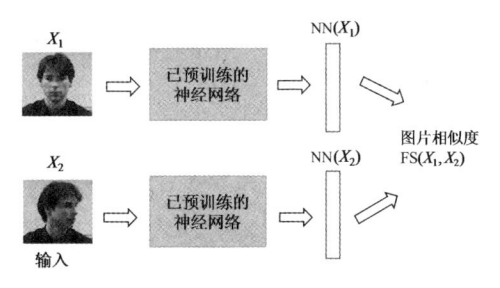

图 6-7　两张图像的特征相似度计算流程

Pointing'04 数据集中包含独立的 15 个人的所有姿态图像，且每幅图像背景单一，这可以减少图像中不必要元素的干扰以增加验证的可信度。因此，本节采用 Pointing'04 数据集中的数据进行量化验证。通过计算该人任意一幅头部姿态图像与剩余的头部姿态图像的特征相似度，可以得到若干个特征相似度矩阵。部分头部姿态的特征相似度矩阵如图 6-8 所示，可观察到某个姿态的图像与一定范围内的其他相邻头部姿态的图像之间存在一定程度的相似性，并且呈现各向异性的趋势。如图 6-8（a）所示，可以观察到头部姿态（Yaw=0°，Pitch=0°）的图像特征和头部姿态（Yaw=0°，Pitch=±15°）的图像特征的相似度显著大于头部姿态（Yaw=0°，Pitch=0°）的图像特征和头部姿态（Yaw=±15°，Pitch=0°）的图像特征的相似度。此外，这个具有较高相似度的区域形状看起来如同二维高斯分布。

给定三幅图像 X_1、X_2 和 X_3，特征相似度的比例可表示为

$$\text{Ratio}(X_1, X_2, X_3) = \frac{\text{FS}(X_1, X_2)}{\text{FS}(X_1, X_3)} \quad (6\text{-}19)$$

对该人所有的头部姿态图像进行计算验证后发现，Ratio($X_{\text{Center}}, X_{\text{Pitch}}, X_{\text{Yaw}}$)的值在 0.6 到 1 之间。相似的现象在 Pointing'04 数据集中的其他人身上也可以发现。

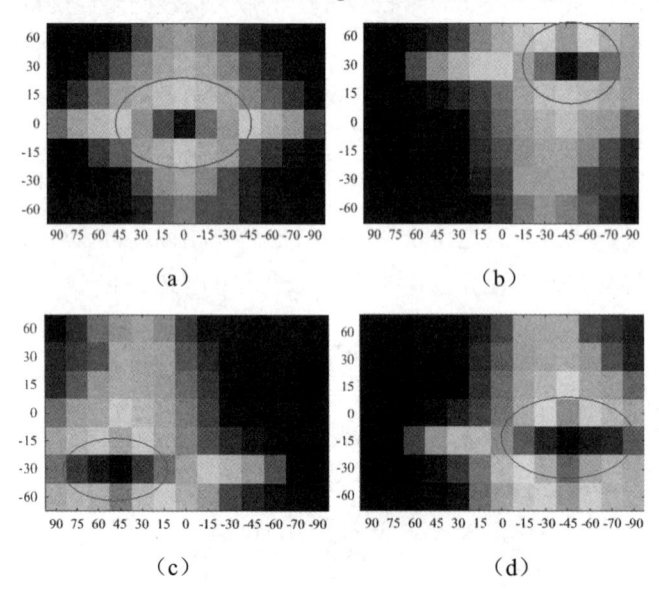

(a)　(b)

(c)　(d)

图 6-8　部分头部姿态的特征相似度矩阵

2）水平方向上的非均匀变化

人类后脑勺部分的头颅形状接近于一个椭圆形，与之相比，人的面部更加平

坦。因此，人类的头部是一个介于球体和立方体之间的多面体形状。与此同时，摄像机拍摄的人脸图像只是一个二维平面而非三维立体的形状。综合上述原因，当人的头部在水平方向上偏转时，头部变化的趋势不可能是均匀的。以 Yaw 方向偏转角为例，如图 6-9（a）所示，在 30°以内时，人脸的左右两个面颊、两个眼睛都是清晰可见的，相邻两幅人脸图像高度相似；在 30°～60°时，可以观察到由于左眼渐渐被隐藏，而右面颊更大面积地展现出来，相邻两幅人脸图像的相似度降低了一些；然而在超过 60°时，相邻两幅人脸图像的相似度又上升了，这是因为人脸上具有显著变化特征的区域减少了。

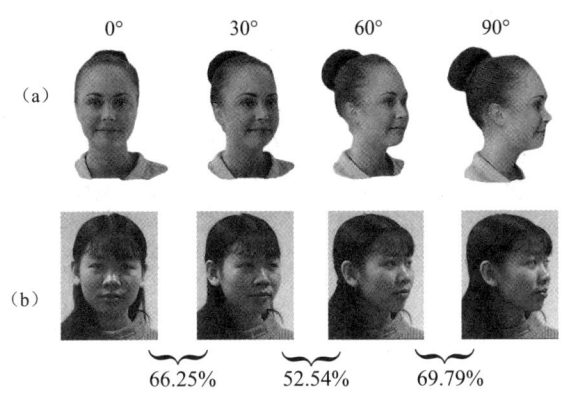

图 6-9 从 0°到 90°的范围内图像变化是不均匀的

采用与 6.1.5 节内容相同的量化验证方法验证该现象。如图 6-9（b）所示，0°和 30°的人脸图像之间的特征相似度与 60°和 90°的人脸图像之间的特征相似度均超过了 65%，而 30°和 60°的人脸图像之间的特征相似度还没有达到 60%。同样对该人所有的头部姿态图像进行计算验证后发现，Ratio($X_{\text{Center}}, X_{\text{Pitch}}, X_{\text{Yaw}}$)的值也为 0.6～1。而相似的现象在 Pointing'04 数据集中的其他人身上也可以发现。

6.2.2 各向异性的姿态分布模型构建

受标签平滑正则化的启发，同时结合头部姿态的各向异性，本节将头部姿态的标注转化成了一种姿态分布。具体的做法是，首先将水平偏转角 Yaw 和竖直偏转角 Pitch 联合起来构成角度对，定义为 y_{mn}（m、n 分别为 Yaw 角和 Pitch 角标注的数量）。对于给定的图像样本 X，姿态分布 $\hat{y}$ 可写为

$$\hat{y} = \frac{g(y_{mn})}{\sum_m \sum_n g(y_{mn})} \quad (6\text{-}20)$$

$$g(y_{mn}) = \frac{1}{2\pi\sqrt{|\Sigma|}} \exp\left(-\frac{1}{2}(y_{mn}-\mu)^T \Sigma^{-1}(y_{mn}-\mu)\right) \qquad (6\text{-}21)$$

式中，协方差矩阵 Σ 设置为 $\begin{pmatrix} (\alpha\cdot\sigma)^2 & 0 \\ 0 & (\eta\cdot(\alpha\cdot\sigma))^2 \end{pmatrix}$。一方面，由于头部姿态的各向异性，协方差矩阵右下角的元素值应小于左上角的元素值。将 $(\alpha\cdot\sigma)$ 视为一个整体，根据 6.2.1 节中的研究，元素 η 的值被假设为 0.6~1。姿态分布在 Yaw 方向上的非均匀变化如图 6-10 所示。其中，在图 6-10（a）中展示了头部姿态（Yaw=0°，Pitch=0°）的概率分布（椭圆区域颜色越深表示概率越大，颜色越浅表示概率越小）；图 6-10（b）展示了头部姿态（Yaw=-45°，Pitch=0°）的概率分布。

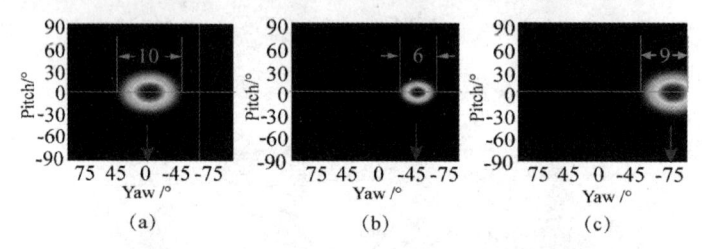

图 6-10　姿态分布在 Yaw 方向上的非均匀变化

另一方面，依据头部姿态在水平方向上的非均匀变化性质，在不同的水平偏转角区间协方差矩阵是不同的。在 0°~30°和 60°~90°内，α 的值被设为 1；在 30°~60°内，α 应取 0.6~1 的某个值。

6.2.3　基于极大后验估计的损失函数推导

极大后验估计（Maximum a Posteriori Probability Estimate，MAP）认为对于估计的事件发生概率（这里就是未知参数 θ 取值的概率）首先要有一个先验概率，然后用贝叶斯的思想根据观测结果计算出"调节因子"对先验概率进行调整，其在众多领域得到了广泛的应用。本节将在 MAP 的框架下对头部姿态估计模型的损失函数进行推导。

给定一组人脸图像 X 和已构造好的姿态分布标签 $\hat{Y}$，训练就是寻找能使后验概率 $p(\theta|X,\hat{Y})$ 最大的一组参数。这个过程可以用数学表达式写为

$$\theta^* = \arg\max p(\theta|X,\hat{Y}) \qquad (6\text{-}22)$$

根据贝叶斯公式，式(6-22)可以写为

$$\theta^* = \text{argmax} \frac{p(\theta|X,\hat{Y}) \cdot p(\theta)}{p(X,\hat{Y})} \tag{6-23}$$

由于 $p(\theta|X,\hat{Y})$ 独立于 $p(X,\hat{Y})$，$p(X,\hat{Y})$ 可看成一个常数，因此式(6-23)又可以写为

$$\theta^* = \text{argmax} \left(p(\theta|X,\hat{Y}) \cdot p(\theta) \right) \tag{6-24}$$

利用单调 ln 对数函数，式(6-24)可以被定义为

$$\theta^* = \text{argmax} \left(\ln p(\theta|X,\hat{Y}) + \ln p(\theta) \right) \tag{6-25}$$

可以看出，在这里需要构造两个概率密度函数。由于模型的目标是拟合概率分布，因此对于似然密度函数 $p(\theta|X,\hat{Y})$，使用 KL（Kullback-Leibler）散度来测量预测值与标注值之间的距离。综上所述，概率密度可以表示为

$$p(\theta|X,\hat{Y}) = \sum_t \hat{y}_t \ln \frac{\hat{y}_t}{\hat{y}_t^*} \tag{6-26}$$

式中，$\hat{y}_t^*$ 表示预测值。

对于先验项 $p(\theta)$，我们假设在神经网络中观察到的噪声符合均值为 0 且方差为 δ 的正态分布，所以概率密度函数可以表示为

$$p(\theta) = \frac{1}{\sqrt{2\pi\delta^2}} e^{-\frac{\theta^2}{2\delta^2}} \tag{6-27}$$

因此，式（6-25）可以写为

$$\theta^* = \text{argmax} \left(\sum_t \hat{y}_t \ln \frac{\hat{y}_t}{\hat{y}_t^*} + \lambda \|\theta\|_2^2 \right) \tag{6-28}$$

式中，λ 表示 L_2 正则化系数。L_2 正则化系数在神经网络训练阶段被应用于隐藏层中，以避免训练参数的过度增长，它可有效防止模型出现过拟合的现象。

6.2.4 基于空间权重的网络架构

本节将对具有空间权重的卷积神经网络的结构进行详细介绍。本节提出了基于空间权重卷积神经网络的头部姿态估计框架，如图 6-11 所示。为了能够有效地从完整的人脸图像中学习信息，本节使用了一个额外的空间权重层来激活从主干网络最后一个卷积层中输出特征图。这背后的动机主要是基于两点考虑的。其一，

图像中存在一些对头部姿态估计没有帮助的区域（如背景）。因此，为了得到更好的估计结果，必须减少此类图像区域的影响权重。其二，除了可能对头部姿态估计结果具有稳定贡献的眼睛区域，其他面部区域也可能隐藏着重要的辅助信息。此外，头部姿态估计还会受到各种与输入有关的条件（如视线方向、照明）的影响，所以必须根据输入图像的外观对某些特征进行适当的增强。尽管从理论上来讲，这样的差异也可以通过常规的网络来学习，但本架构选择引入一种机制，使网络模型能够更加明确地学习和理解面部的不同区域，对于估计给定人脸图像的头部姿态具有不同的重要性。

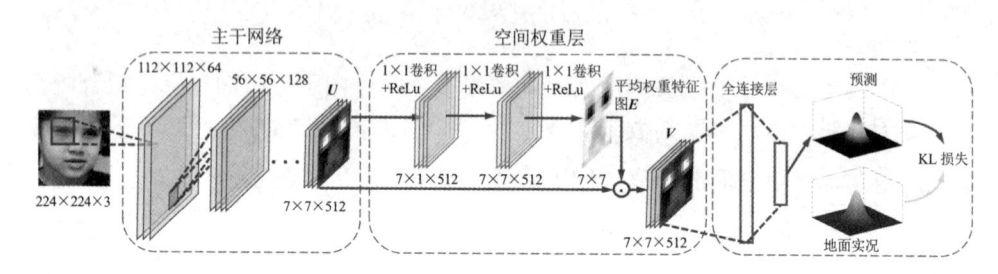

图 6-11 基于空间权重卷积神经网络的头部姿态估计框架

6.3 基于三元组网络架构的头部姿态估计

6.3.1 三元组网络架构

基于 6.1.1 节中对于头部姿态低容忍性的分析，在构建的特征三元组 (x^a, x^p, x^n) 中，期望这些特征能够利用欧氏距离计算得到 $D(x^a, x^n) < D(x^a, x^p)$。为此，本节介绍了三元组网络架构，不仅如此，为了确保网络能够将不同姿态的特征尽可能分隔开来，类间隔 γ 被提出来表示参考样本与正样本的距离和参考样本与负样本的距离的最小间隔，用以控制相似度的阈值。因此，三元组公式表示为

$$D(x^a, x^n) - D(x^a, x^p) + \gamma < 0 \tag{6-29}$$

根据该准则可定义三元组损失进行网络学习，如下所示：

$$L_{\text{triplet}}(x^a, x^p, x^n) = \max(0, D(x^a, x^n) - D(x^a, x^p) + \gamma) \tag{6-30}$$

当三元组公式的值远大于 0 时，该损失的一阶导数可推导为

$$\begin{cases} \dfrac{\partial L_{\text{triplet}}}{\partial x^n} = 2 \times \left[f(x^a) - f(x^n) \right] \\ \dfrac{\partial L_{\text{triplet}}}{\partial x^a} = 2 \times \left[f(x^n) - f(x^p) \right] \\ \dfrac{\partial L_{\text{triplet}}}{\partial x^n} = 2 \times \left[f(x^p) - f(x^a) \right] \end{cases} \quad (6\text{-}31)$$

三元组网络架构如图 6-12 所示，输入即本节所定义的三元组，选取策略在 6.1.3 节中提及。全卷积神经网络指抛离全连接层的卷积神经网络，它可以作为特征提取器，能够直接输出包含图像高低维信息的特征图。对于三元组网络架构，先使用参数共享的全卷积神经网络对输入图像提取特征，再对不同姿态对和相同姿态对分别利用欧氏距离计算相似度，进而得到三元组损失，优化该损失可以提升模型的健壮性。值得注意的是，整个三元组仅仅利用标签进行数据分类，而不对标签进行预测与损失计算。

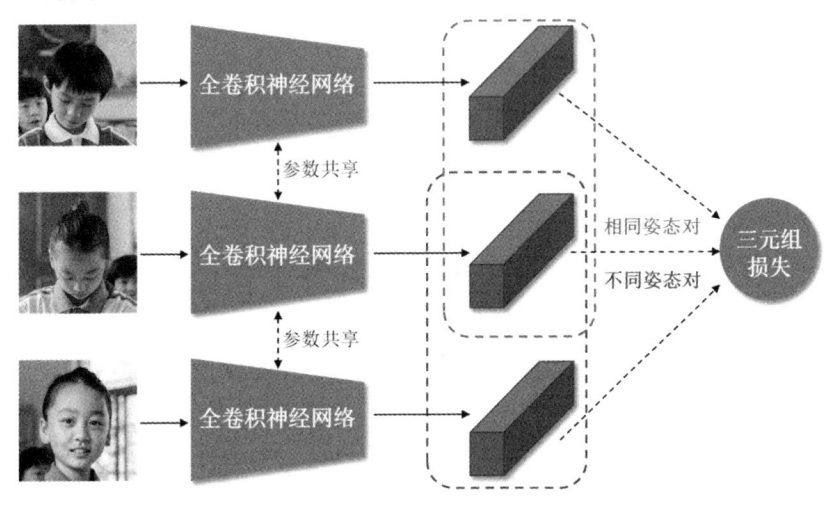

图 6-12　三元组网络架构

6.3.2　头部姿态精细化估计

根据 6.3.1 节所述，如果仅仅使用三元组网络架构，那么头部姿态估计效果显然不太理想，因此本节还提出了精细化的姿态估计方案，相比直接回归角度，估计效果有了明显的提升。

在本节的精细化估计方案中，正如 6.1.2 节所介绍的，定义头部姿态的值域为 [−99°,99°]，设定间隔参数为 9°，将头部姿态划分为 22 类，而后从头部姿态图像的连续值标签 y 转化生成新的类别标签 d，至此，标签重构完成。本节将阐述精细化估计的整个流程，头部姿态包括 Yaw、Pitch 和 Roll 三个方向的角度，此处仅选择 Yaw 角的估计来描述精细化姿态估计流程，如图 6-13 所示，输入单幅头部图像，并利用卷积神经网络进行特征提取，得到类别向量 f，紧接着对其进行 softmax 概率化操作，得到概率向量，进而可以直接获得预测角度类别，并与头部姿态类别标签计算交叉熵生成分类损失 L_{class}。不仅如此，通过计算概率向量的期望，并通过与间隔参数相乘，再与左值域相加，能够将概率向量转化为连续的角度值，进而与原始连续标签计算均方差得到回归损失 L_{reg}。在进行优化时，分类损失和回归损失通过阈值加权求和得到总损失，通过梯度下降算法不断降低损失，使网络收敛。

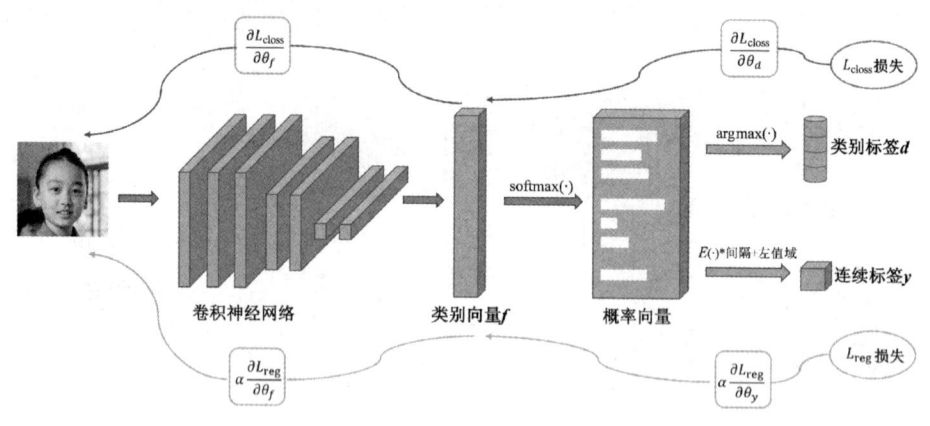

图 6-13　精细化姿态估计流程（以 Yaw 单一方向角度估计为例）

精细化估计过程对于 Yaw、Pitch 和 Roll 方向上的角度估计是一致的，与直接回归相比，估计准确度有了很大提升，但其仍然存在低健壮性，直接应用在实际业务中可能会出现大量混淆预测，因此需要与三元组网络架构相结合，在保证估计准确度的同时尽可能提升健壮性。

6.3.3　基于三元组网络架构的精细化头部姿态估计模型

上述分别介绍了三元组网络架构和精细化估计模块，本节基于这两方面提出了基于三元组网络架构的精细化头部姿态估计模型（TCFNet），如图 6-14 所示。

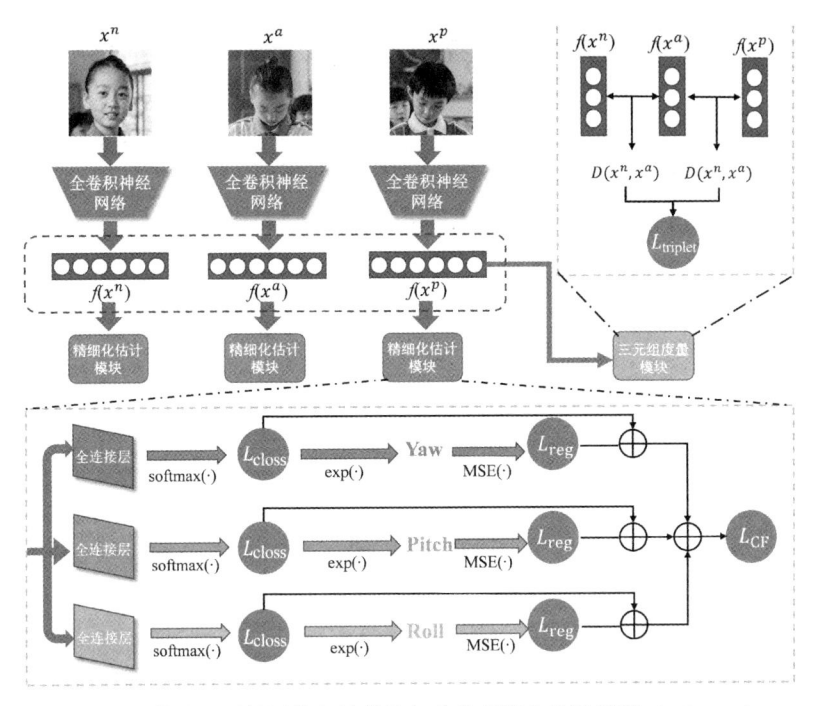

图 6-14 基于三元组网络架构的精细化头部姿态估计模型（TCFNet）

本节提出的 TCFNet 模型，主要由精细化估计模块和三元组度量模块组成。首先输入三元组图像，而后利用全卷积神经网络，本节采用的是在 ImageNet 上预训练的 ResNet50 作为骨干网络，且对于三元组图像，该卷积网络是共享权值的。而后将提取到的特征图$\left(f\left(x^a\right), f\left(x^p\right), f\left(x^n\right)\right)$分别输入精细化估计模块，并统一输入三元组度量模块。在精细化估计模块中，由于具有三个方向的角度，首先将特征图分别输入三个全连接层获得对应特征向量，利用 softmax 概率化后得到概率向量，此概率向量可以计算交叉熵，如式（6-3）所示，即分类损失L_{closs}，然后计算概率向量的期望得到连续角度，并与真实连续标签计算均方差得到回归损失L_{reg}，如式（6-4）所示。同时由于不同损失的贡献是不同的，设置权重阈值α，将该权重与回归损失相乘后与分类损失相加得到一个方向角度的总损失。由于头部姿态的多方向性，且是平等对待的，故将每个方向的获得总损失相加得到精细化估计模块损失L_{CF}，每幅图像通过精细化估计模块得到一个损失。对于三元组度量模块，主要计算互相的欧氏距离，如式（6-1）所示，并按照式（6-30）得到三元组损失$L_{triplet}$。通过对这些损失进行优化，能让模型针对头部姿态估计任务进行学习。

6.3.4 损失函数和模型优化

在介绍完模型的具体结构后，本节将针对模型的损失函数和模型的优化过程进行阐述。在 6.3.3 节中，对于 TCFNet 模型，输入三幅图像，分别得到四个损失函数 $\left(L_{CF}^{x^n}, L_{CF}^{x^a}, L_{CF}^{x^p}, L_{triplet}\right)$，本节通过多损失混合，得到模型的总损失函数，如下所示：

$$L_{total} = L_{CF}^{x^n} + L_{CF}^{x^a} + L_{CF}^{x^p} + \beta L_{triplet} \qquad (6-32)$$

式中，β 表示三元组损失的权重，L_{CF} 表示为

$$\begin{cases} L_{Yaw} = L_{closs}^{Yaw} + \alpha L_{reg}^{Yaw} \\ L_{Pitch} = L_{closs}^{Pitch} + \alpha L_{reg}^{Pitch} \\ L_{Roll} = L_{closs}^{Roll} + \alpha L_{reg}^{Roll} \end{cases} \qquad (6-33)$$

$$L_{CF} = L_{Yaw} + L_{Pitch} + L_{Roll} \qquad (6-34)$$

模型优化使用的是小批量梯度下降算法，该算法能够有效地最小化损失函数，其迭代规则如下所示：

$$\theta \leftarrow \theta - \text{lr} \times \frac{\partial L(\theta)}{\partial \theta} \qquad (6-35)$$

式中，θ 表示可更新的权重，lr 表示学习率，$L(\theta)$ 表示损失函数。根据链式求导法则能够计算 $L(\theta)$ 对每一层权重的梯度。本节所提出的 TCFNet 模型训练过程如算法 6.1 所示。

算法 6.1 TCFNet 模型训练过程
输入：训练集 T、超参数 α, β, γ，学习率 lr
输出：网络参数 θ
1. 初始化参数 θ
2. 从数据集 T 中采样生成 $X = [x^n, x^a, x^p]$
3. $j \leftarrow 0$
4. 重复
5. 根据式（6-33）计算 $\left(L_{CF}^{x^n}, L_{CF}^{x^a}, L_{CF}^{x^p}\right)$
6. 根据式（6-30）计算 $L_{triplet}$
7. 根据式(6-32)计算总损失 L_{total}
8. 计算 $\partial L_{total}(\theta_j)/\partial \theta_j$ 并根据式（6-38）更新 θ_j
9. $j \leftarrow j+1$
10. 直至收敛，返回 θ

6.4 基于矩阵费雪分布的头部姿态估计方法

6.4.1 矩阵费雪分布模块构建

6.1.4 节中介绍了矩阵费雪分布，本节根据矩阵费雪分布将基于旋转矩阵的头部姿态估计问题转化为构建分布问题，并搭建了矩阵费雪分布模块用于估计头部姿态。

矩阵费雪分布模块如图 6-15 所示，先通过全卷积神经网络获取图像特征，再利用全连接层输出 3D 矩阵 $\boldsymbol{M}_x$，在训练阶段，可以通过 $\boldsymbol{M}_x$ 直接计算 $a(\boldsymbol{M}_x)$，得到矩阵费雪分布，紧接着可以计算损失。

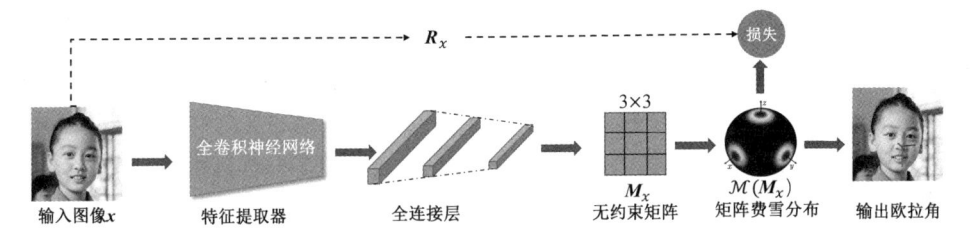

图 6-15 矩阵费雪分布模块

在该方法中，给定一个样本 $(x, \boldsymbol{R}_x)$，x 是输入图像，旋转矩阵 $\boldsymbol{R} \in \mathrm{SO}(3)$ 是真实标签，矩阵费雪分布的损失可以利用负对数似然函数来计算，表示为

$$L(x) = -\ln\left(p(\boldsymbol{R}_x|\boldsymbol{M}_x)\right) = \ln\left(a(\boldsymbol{M}_x)\right) - \mathrm{tr}\left[\boldsymbol{M}_x^\mathrm{T}\boldsymbol{R}_x\right] \tag{6-36}$$

式中，$\mathrm{tr}[\cdot]$ 表示矩阵的迹。这种损失有几个有趣的特性，如它是 Lipschitz 连续的、凸的，并且具有 Lipschitz 连续梯度，这使得它适合优化。在推理阶段，当得到矩阵费雪分布后，可以计算分布中最大均值或最大均方误差：

$$\boldsymbol{R}_{\mathrm{MM}} = \mathrm{argmax}_{\boldsymbol{R} \in \mathrm{SO}(3)}\{p(\boldsymbol{R}|\boldsymbol{M})\} \tag{6-37}$$

$$\boldsymbol{R}_{\mathrm{MMSE}} = \mathrm{argmax}_{\boldsymbol{R} \in \mathrm{SO}(3)}\left\{\int_{\mathrm{SO}(3)}\left\|\boldsymbol{R} - \hat{\boldsymbol{R}}\right\|_2^2 p(\boldsymbol{R}|\boldsymbol{M})\mathrm{d}\boldsymbol{R}\right\} \tag{6-38}$$

在推导后，可以发现 $\boldsymbol{R}_{\mathrm{MM}} = \boldsymbol{R}_{\mathrm{MMSE}}$，故预测的旋转矩阵 $\hat{\boldsymbol{R}} \in \mathrm{SO}(3)$ 可以利用该值进行表示，即

$$\hat{\boldsymbol{R}} = \hat{\boldsymbol{U}}\hat{\boldsymbol{V}}^\mathrm{T} = \boldsymbol{U}\begin{bmatrix} 1 & 0 & 0 \\ 0 & 1 & 0 \\ 0 & 0 & \det[\boldsymbol{UV}] \end{bmatrix}\boldsymbol{V}^\mathrm{T} \tag{6-39}$$

可以利用式（6-8）将旋转矩阵转化为欧拉角更直观地展示。使用该方法进行

头部姿态估计相比直接输出旋转矩阵或欧拉角对模型具有更强的约束效果，使其估计效果更为有效。

6.4.2 模型架构设计

在进行模型架构设计时，利用参考 6.3.3 节中的三元组模块，将矩阵费雪分布模块代替精细化估计模块，构建了基于矩阵费雪分布的头部姿态估计模型（MFDNet），实验证明其在头部姿态上的表现更优。基于矩阵费雪分布的头部姿态估计模型如图 6-16 所示，MFDNet 同样采用三输入的模式，三幅图像分别是同一对象的不同姿态对和不同对象的相同姿态对，选取策略和 TCFNet 相同。为了与其他方法公平比较，本节采用的特征提取器是 ResNet50，将得到三个特征图，利用三元组模块可以得到其相似度损失 $L_{triplet}$；再者将这些特征图同时输入矩阵费雪分布模块，利用全连接层转化为 3D 矩阵，构建矩阵费雪分布，并通过负对数似然函数计算真实标签与预测分布的损失 L_{MFD}。值得注意的是，在公开的数据集中，头部姿态图像使用欧拉角作为真实标签，在进行网络训练前，需要将该标签通过式（6-6）转换为旋转矩阵 R_x。最后，将两个模块获得的损失进行加权求和得到总损失，利用该损失进行网络的学习，能获得比现有的头部姿态估计方案更好的性能。

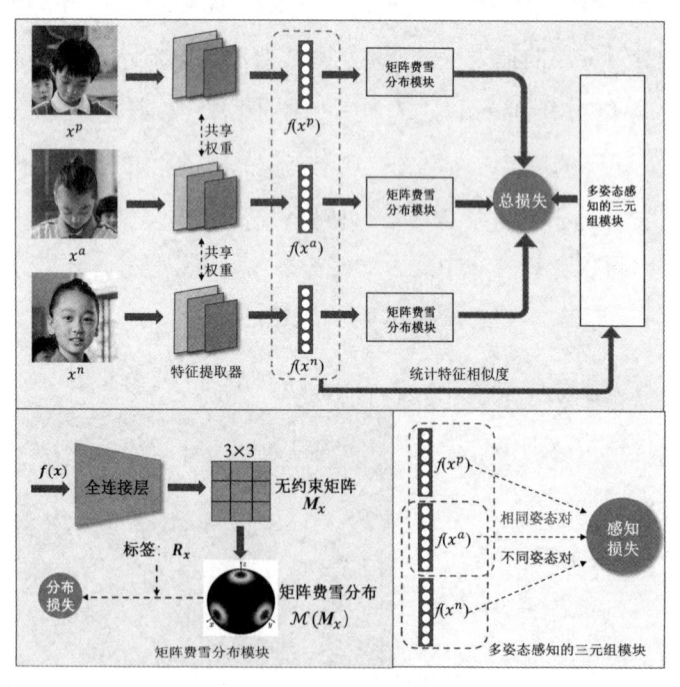

图 6-16　基于矩阵费雪分布的头部姿态估计模型

6.4.3 损失函数和模型优化

本节所提出的 MFDNet 模型是通过最小化总损失来训练的，如图 6-16 所示，总损失由不同模块的损失组成，可以表示为

$$L(x^a, x^p, x^n) = \alpha L_{triplet}(x^a, x^p, x^n) + \beta \left[L_{MFD}(x^a) + L_{MFD}(x^p) + L_{MFD}(x^n) \right] \quad (6\text{-}40)$$

式中，α 和 β 是可以平衡不同损失权重的超参数。模型优化使用梯度下降算法，具体的网络学习流程如算法 6.2 所示。

算法 6.2 MFDNet 模型训练过程
输入：训练集 T、超参数 α, β，学习率 lr
输出：网络参数 θ
1. 初始化参数 θ
2. 从数据集 T 中采样生成 $\boldsymbol{X} = [x^n, x^a, x^p]$
根据式（6-7）生成旋转矩阵标签 $\boldsymbol{R} = [\boldsymbol{R}_{x^a}, \boldsymbol{R}_{x^a}, \boldsymbol{R}_{x^p}]$
3. $j \leftarrow 0$
4. 重复
5. 根据式（6-30）计算 $L_{triplet}$
6. 根据式（6-36）计算 L_{MFD}
7. 根据式（6-40）计算总损失 L_{total}
8. 计算 $\partial L_{total}(\theta_j)/\partial \theta_j$ 并更新 θ_j
9. $j \leftarrow j+1$
10. 直至收敛，返回 θ

▶ 6.5 建议及对未来的思考

随着大数据分析技术、人工智能技术的飞速发展，投入头部姿态估计研究的学者越来越多，头部姿态在教育领域的应用也越加广泛。然而，在拓展头部姿态应用价值的同时，发现了其面临着新的困难。为了更好地挖掘其潜能，建议如下。

（1）数据集。将 3.1 节所采集的红外线图像和现有的数据集进行融合，并进行统一标签格式和标准，以便在不同场景下也能提出适用性更高的头部姿态估计算法。不仅如此，头部姿态视频类数据集也是未来需要建立和研究的方向。

（2）采用多输入的策略。针对数据集中存在的光照条件的变化、面部遮挡和低分辨率的问题；同时在教育场景中，所拍摄的图像会存在后排的学生人脸被前

面的学生遮挡、人脸过小模糊、戴眼镜和口罩的问题。针对这些问题，在未来的研究中，可以探索多流数据的输入（如深度信息、视频序列等），深度图像可以提供2D图像中缺少的空间信息，视频序列可以为该任务提供额外的信息。

（3）优化头部姿态估计算法的网络结构。目前，大部分的头部姿态估计算法都是基于卷积神经网络的，但卷积神经网络在提取图像特征时会丢失空间信息，并且需要较多的参数，难以训练。针对这个问题，可以将Transformer架构引入该任务，该架构可以通过position embedding来学习图像中的空间信息，同时可以通过自注意力机制捕获长距离的依赖关系。目前，大多研究学者更加注重模型准确度上的提升，如何将其实际应用到现实生活中将是巨大的挑战。模型大小、运行效率、实时性、移植性等都将有待于进一步研究，以便更好地服务于生活。

（4）调整头部姿态估计任务的输出。众所周知，可以使用欧拉角、单位四元数、轴角对、旋转矩阵来表示学生的头部在3D空间中的旋转。但每种表示方法或多或少都存在一些问题，因此，在未来的研究中，可以将头部姿态用更高维度来表示。针对输出的不同，也可以对损失函数进行改进或者使用多损失联合约束模型。

（5）优化注意力感知系统。当前注意力感知过程对于学生面部图像的检测要求颇高，在未来的研究中，应该考虑更多的学生行为，包括面部表情、视线方向、人体姿态估计和学生所处的环境等，实现对学生行为的全方位刻画，进一步获取准确、可靠的学生注意力。

参考文献

[1] NATANIEL R, EUNJI C, JAMES M R. Fine-grained head pose estimation without keypoints[C]. Proceedings of the IEEE conference on computer vision and pattern recognition workshops, 2018: 2074-2083.

[2] ZHOU Y, CONNELLY B, LU J W, et al. On the continuity of rotation representations in neural networks[C]. Proceedings of the IEEE/CVF Conference on Computer Vision and Pattern Recognition, 2019: 5745-5753.

[3] THOMAS D. Downs. Orientation statistics[J]. Biometrika, 1972, 59（3）：665-676.

[4] KHATRI C G, MARDIA K V. The von Mises–Fisher matrix distribution in

orientation statistics[J]. Journal of the Royal Statistical Society: Series B (Methodological), 1977, 39（1）: 95-106.

[5] TAEYOUNG L. Bayesian attitude estimation with the matrix Fisher distribution on SO(3)[J]. IEEE Transactions on Automatic Control, 2018, 63（10）: 3377-3392.

[6] DENG J, DONG W, RICHARD S, et al. Imagenet: A large-scale hierarchical image database[C]. 2009 IEEE conference on computer vision and pattern recognition, 2009: 248-255.

[7] HE K, ZHANG X, REN S, et al. Deep residual learning for image recognition[C]. Proceedings of the IEEE conference on computer vision and pattern recognition. 2016: 770-778.

第 7 章

人体姿态估计方法

7.1 基础

7.1.1 基于深度学习的人体姿态估计方法介绍

姿态估计（Human Pose Estimation，HPE）作为计算机视觉领域中最具复杂性的对象检测课题之一，其目的是在 RGB 图像或视频中定位到每个人的关键点空间位置。在 RGB 图像中获得人体姿态信息的定位效果，如图 7-1 所示，当图像中只有一个检测对象或检测对象被分割为单个时，执行算法来定位人体头顶、颈部中心、左/右肩，左/右肘部和左/右膝盖等关节部位，识别部位因数据集标注区别而有所差异，最终利用基于图像的观察，得到由关节和刚性部分组成的铰接人体姿态。

图 7-1 在 RGB 图像中获得人体姿态信息的定位效果

注：圆点为人体关键点标注，线条为肢体标注

第 7 章　人体姿态估计方法

姿态估计除了在课堂学习领域起着重要作用，在游戏、医疗辅助、手语和视频监控等领域中的应用也不容忽视。在图像级别，可将姿态估计划分为单人或多人姿态估计，各自的研究目标是在 RGB 图像或视频中定位到单个人和多个人的关键点。一般来说，在图像中人体实例的数量和位置未知的情况下，执行多人姿态估计算法。

多人姿态估计算法由于其场景、人物的复杂性，且更贴近真实世界，近些年来受到广泛学者关注。根据算法流水线的差异，多人姿态估计算法可划分为自上而下（Top-Down）、自下而上（Bottom-Up）和单阶段（One-Stage）三种方法，多人姿态估计中三种特征提取流程示意图如图 7-2 所示。

图 7-2　多人姿态估计中三种特征提取流程示意图

对于自上而下的姿态估计方法，首先利用目标检测技术分割出给定 RGB 图像中的所有人体对象实例，然后依次在每个响应框内执行单人姿态估计算法，最后采用非极大值抑制（Non-Maximum Suppression，NMS）等一系列步骤得出最终预测的定位结果。自上而下方法运算量大，运算时间受图像中人员规模的线性影响，而目标检测器是否成功运作也会影响最终姿态估计效果。由于其精细化估计策略，自上而下姿态估计方法的检测精度处于相对领先水平。不同于自上而下方法，自下而上方法在第一阶段直接检测出所有人体关键点部位，然后将其进行分组配对，并与对应人体关联。由于关键点分组一般采用非深度学习方式，模型复杂度低，方法简洁，因此在计算损耗上较小，推理时间更快。不同于自上而下方法，当图像中人数增加时，运行时间及计算复杂度不会有指数型增长。同时，因自下而上方法缺少前置判断，其精度稍逊于自上而下方法。现实世界的应用程序会综合考量多个角度来判断选择多人姿态估计算法策略，其中精度和效率是多人姿态估计评估的两个关键因素。为了克服自上而下方法依赖于人体检测器性能的劣势，以及自下而上方法需要复杂的分组方法的设计，单阶段方法开始受到广泛研究。单阶段模型主要依赖中心位置偏移得到对各个关节点偏移于中心位置的距离，从而解析出最终的人体关节点坐标。这种方法以端到端的思路设计出简单且高效的人体姿态模型，其面临的主要挑战是偏移位置不准确问题。

7.1.2 目标检测

对于自上而下的姿态估计方法，目标检测算法是获得人体实例分割的关键一步，其中包括特征提取和 NMS 后处理。尤其在课堂场景下，不仅需要将图像中人体与背景信息分离，还需要确定其具体坐标位置，因而目标检测效果对于多人的人体关键点估计的结果至关重要。

目标检测领域的发展从时间维度上可以划分为两个时期，一个是传统方法的目标检测时期，另一个是深度学习技术指导下的目标检测时期，这两个时期以基于 CNN 的目标检测模型 R-CNN 的问世为分界点。早期传统的目标检测基于手工特征构建和机器学习方法，一般使用局部二值模式特征（Local Binary Pattern，LBP）、Haar 特征或方向梯度直方图特征（Histograms of Oriented Gradient，HOG），结合 AdaBoost、支持向量机（Support Vector Machine，SVM）及 DPM（Deformable Part-based Model）等机器学习方法实现目标检测模型构造，聚焦手工特征提取，模型在真实场景中的泛化能力十分局限。随着神经网络的发展，基于深度学习的目标检测模型崭露头角，按照其手工特征提取方式可分为 Two-Stage 方法和 One-Stage 方法。Two-Stage 方法又称基于候选区域的方法，其采用两步走的策略，先将图像输入第一个网络得到候选区域，然后输送至分类器中完成位置坐标信息的回归。One-Stage 方法又称为基于回归的方法，输入图像在网络中接受端到端的学习，一次性输出检测结果。该检测结果由(x,y,w,h)表征，x,y 代表图像空间坐标系中检测框的左上角的空间坐标位置，w 和 h 分别表示检测框的宽与高，同时该检测框称为 bbox（bounding box）。在目标检测当中 bbox 在一般情况下有两种形式，分别是真实响应框（Ground-truth bounding box）与预测响应框（Predicted bounding box）。真实响应框表示图像中的标定区域，预测响应框表示输出的预测区域。在目标检测回归模型中，以 IoU（Intersection over Union）作为评价指标。IoU 是评价真实响应框与预测响应框之间重合程度的指标，如图 7-3 所示。其在数值上为两者交集部分面积与并集部分面积之间的比值，又称为交并比，其取值区间为[0,1]，当两个检测框无交集或完全重合时，取极端值。

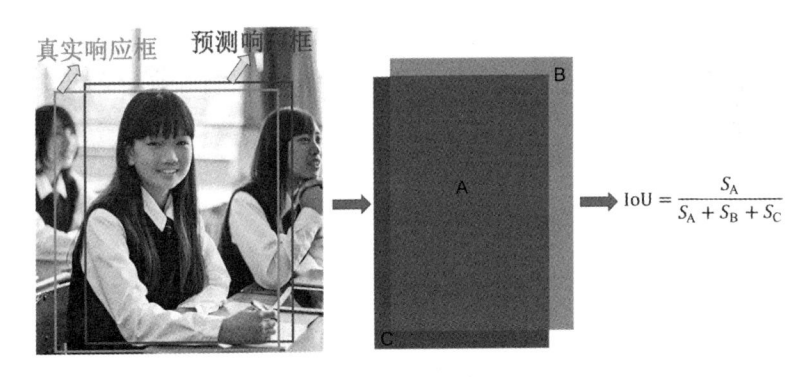

图 7-3　IoU 示意图

Two-Stage 方法致力于候选区域特征提取、图像分类和目标检测框回归网络结构的设计，一方面带来了更高的精度，另一方面在一定程度上牺牲了网络结构的简洁性，目标检测作为姿态估计的上游任务，过于复杂的网络结构往往增加了姿态估计模型内存占用，使得整体定位迟缓，难以应用至真实工业场景。相比于 Two-Stage 方法，以速度更快为优势的 One-Stage 方法的发展更受工业界瞩目。

目标检测作为姿态估计的重要上游任务，也在过去二十年的时间内经历了从手工特征提取到基于深度学习方式的蓬勃发展。作为检测算法的一种，目标检测与姿态估计类似，可以按照检测器工作流水线的步骤数分为两种方案，而这两种方案在精度和速度上各有优势。正常性能的目标检测器往往有助于姿态估计模型更稳健地工作，但需要在目标检测器选取的过程中，权衡考虑检测模型精度与速度。例如，对于姿态估计中自上而下的方法，当目标检测速度过低而精度过高时，目标检测对姿态估计器的增益实际上很小，这是由于对于目标检测步骤中难以识别的特征，对于姿态估计器也同样难以识别，在第一步目标检测时剔除难点不能帮助训练更加鲁棒的姿态估计模型。同时，过于迟缓的目标检测对整个姿态估计模型而言也是不利的，这将导致姿态估计在工业场景中的实际应用困难重重。

7.1.3 非极大值抑制

在目标检测中，针对单个人体实例会出现冗余检测的情况。非极大值抑制（Non-Maximum Suppression，NMS）作为一种抑制冗余检测的常用方法，一般作为目标检测框架的后处理模块出现，在目标检测模型中的功能是去除高度冗余可能性的预测 bbox。NMS 处理效果示意图如图 7-4 所示。

图 7-4 NMS 处理效果示意图

NMS 作为一种对局部最优解的搜索机制，在计算机视觉算法模型中起着不可忽视的关键作用，常出现在包括目标检测、姿态估计、三维重建等在内的视觉任务中。NMS 由 Neubeck 等学者于 2006 年首次提出。Faster-RCNN 便引入了 NMS 思想，其主要原理是通过迭代的方式不断用最大得分的 bbox 去和其他的 bbox 进行 IoU 操作，从而过滤掉 IoU 较大的检测框。而这种粗暴的算法会导致模型在常出现的如下场景中失效。例如，两个得分接近 1 且接近的 bbox，若按照传统的 NMS 处理，则会将得分略高的 bbox 保留，另一个 bbox 因与其重叠面积过大而被抑制，在这种情况下，阈值难以设置。2017 年 Bodla 等学者提出的 Soft-NMS 便解决了这一问题，其核心思想是不直接抑制所有 IoU 高于临界值的 bbox，而仅仅调低该检测 bbox 的置信度。NMS 和 Soft-NMS 对相同图像进行后处理的差异如图 7-5 所示。不难发现，Soft-NMS 对冗余检测框的处理结果更为精确，Soft-NMS 保留了更多正样本，为模型在重复较多的复杂场景中避免漏检、误检做出重大贡献。

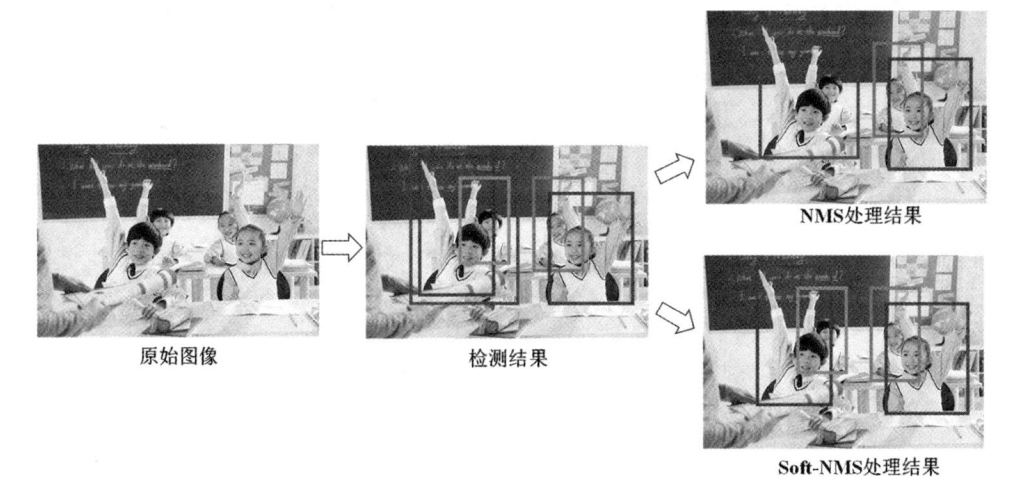

图 7-5 NMS 和 Soft-NMS 对相同图像进行后处理的差异

Soft-NMS 作为贪心算法，其难以定位全局最优结果。因此，后续有学者不断提出改进的 NMS 算法，如 Softer-NMS、Fast-NMS、Matrix-NMS 等。总的来说，在目标检测模型中，一个好的特征提取是分类回归网络架构的基础，而 NMS 的后处理步骤对于最终定位的精准程度起到决定性作用。效果较好的 NMS 能够一举提升目标检测器的效能，而设计不够完善的 NMS 会使得前期工作功亏一篑，最终影响姿态估计器的性能。这也是 NMS 成为姿态估计模型运行先导性因素的直接原因。

7.1.4 HRNet 网络框架

高分辨率表征包含有助于关键点检测的语义信息，在先前的工作中通常在网络模型框架中采用以下三种方法获取高分辨率表征的特征图。第一种是经典网络架构 Hourglass、CPM、CPN 和 MSN。为了减小模型的计算成本，首先采用下采样操作或跨步卷积操作将高分辨率特征图降为低分辨率特征图，然后使用上采样操作将其恢复到输入特征图的分辨率，最后通过空洞卷积扩大局部感受野，得到更为丰富的空间特征，但是会增加计算量。另外，一些研究人员通过反卷积将低分辨率特征图恢复至相应的高分辨率特征图。不同于以上需要恢复高分辨率特征图的研究思路，HRNet 网络的高效性是由在训练过程中始终采用高分辨率表征训练网络保证的，HRNet 网络框架如图 7-6 所示。

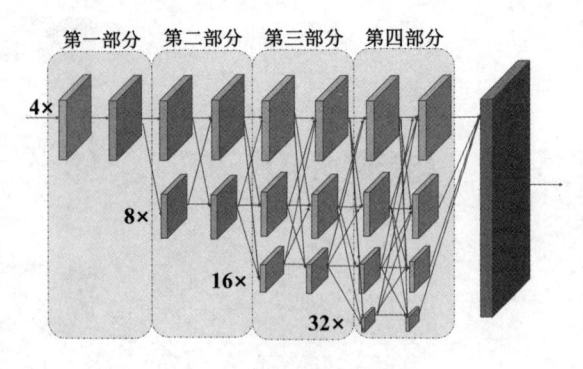

图 7-6　HRNet 网络框架

HRNet 网络由四部分构成，其结构内部详情如图 7-7 所示。HRNet 输入特征的分辨率为下采样率 4×的特征图，在第一行始终保持高分辨率的同时，在上一部分结束时下采样得到下一分辨率的特征图，依次得到下采样率为 8×、16×和 32×的特征图，此后将低分辨率的特征图融合到高分辨率的特征图中。低分辨率特征图为高分辨率特征图注入了上下文信息，实现了不同尺度之间特征的融合。

组件	该部分次数	分支数	Block类别	Block个数	通道数
第一部分	1	1	Bottleneck	[4]	[64]
第二部分	1	2	Basic	[4,4]	[64,128]
第三部分	4	3	Basic	[4,4,4]	[64,128,256]
第四部分	3	4	Basic	[4,4,4,4]	[64,128,256,512]

图 7-7　HRNet 网络结构内部详情

在 HRNet 网络框架设计中，主要构成包括顺序多分辨率子网、并行多分辨率子网（四种顺序分辨率子网并联）和重复多尺度融合。重复多尺度融合是并行多分辨率子网中多种分辨率特征图融合的过程，用于交换每个子网不同分辨率特征之间的信息。

7.1.5　姿态估计回归方式

人体姿态估计作为一个回归任务，可按照其回归方式分为基于坐标的直接回归方法（coordinate-based）和基于特征图的回归方法（heatmap-based）。基于坐标的直接回归方法是一种传统的预测方法，即将标注点真实坐标位置输送至网络直接训练。这种建模方法简洁、速度快，但受到高度自由的肢体运动制约，模型预测不够精确，极易造成漏检。基于特征图的回归方法在基于坐标直接回归方法的基础上，在网络训练前后分别添加了坐标编码和特征图解码的过程，坐标编码即以某种函数为模板,将数据集中二维坐标真值编码成以其为中心的对应于该函数下图像空间的概率分布特征图。以特征图作为模型监督,生成预测输出特征图。最终将特征图进行解码,映射回原始图像空间,生成最终关键点坐标预测。基于特征图的回归方式增加了图像预处理和后处理的复杂性,但因其在一定程度上简化了模型预测路径、加快模型收敛速度和减少漏检而受到广泛学者使用。

采用基于坐标的直接回归框架的优点是允许端到端学习和连续输出。但是,在没有其他处理的情况下,直接从原始图像中学习映射特征非常困难。另外,由于对标记坐标的不确定性,基于坐标的直接回归方式往往不稳定,易引起迭代过程中的较大波动。基于特征图的回归方法解决了基于直接回归的不足。这个结果有两个原因,第一个原因,人体的关键点不能由某个像素精确定义,因此基于特征图的回归方法可以克服数据标注不准确的问题。第二个原因,从人体的结构先验可知,相邻的关键点具有很强的相关性,独立回归坐标很难捕捉到这种相关性。基于特征图的方法直观地将目标像素转化为概率分布区域,携带大量的空间信息,大大降低了模型的收敛难度。

7.2 基于骨骼线索感知的 HPE 模型构建

7.2.1 基于骨骼线索感知的高斯坐标编码

1)关键点差异化高斯编码预处理策略

在基于特征图回归方法的人体姿态估计模型中,对人体关键点进行坐标编码是不可或缺的步骤之一。在传统的基于坐标的直接回归方法中,训练器直接将注释关键点标注为正样本,而将注释点附近区域像素标注为负样本,这种方法导致模型收敛速度慢且易过拟合。另外,由于人体关键点可由关键点附近的任意一个像素点或坐标位置代替,这种抖动和模糊效应造成了标注样本的不确定性,因此极易发生样本标注不准或丢失的情况。采用特征图对关键点进行编码,将单一标注点扩散为概率分布区域,模型摒弃预测某坐标为目标任务,转而预测整个分布区域,将难收敛的回归问题在一定程度上转换为分类问题,从而解空间更小,模型能尽可能保留在真值附近的预测点。基于特征图的回归方法在每个位置编码成一个预测分数来表征该位置的置信度。同时,引入高斯函数对数据集中人体注释点进行编码生成特征图，这是由于高斯函数中心概率值为 1，并沿着四周按规律减小（见图 7-8）。将加入高斯编码的特征图作为模型监督，能够满足距离目标越近，其激活值越大的目的。宏观来说，加上高斯函数生成的特征图，能有效区分前景和背景信息，引导模型训练朝着正确的方向收敛。

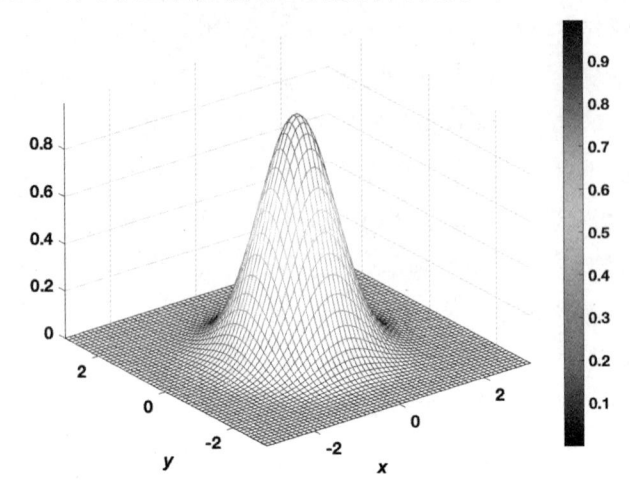

图 7-8 二维高斯函数在三维空间的概率分布特性

人体动作趋势与幅度受人体结构影响，在这一物理条件的前提下，人体各关节中存在显式关系，挖掘这种关键点之间的显式关系有助于进一步提高人体姿态估计效果，减弱物体、邻居人体实例和复杂背景对待检测对象的干扰。研究发现，基于特征图的姿态估计十分依赖特征图构造和后处理，姿态估计模型在训练过程中趋向于回归特征图范围内的关键点，本节提出一种基于骨骼线索感知的新型编码策略，该编码策略结合高斯函数的分布特性与肢体关节点处自由度特性，以及肢体方向上纹理、结构与背景相似性特征，能够适应在运动中高度铰链、自由旋转的人体肢体，分离肢体前景和背景信息，尽可能保留模型在肢体方向预测，从而避免相互接近的预测点在后处理过程中被丢弃。基于骨骼线索感知的编码策略简要归纳为三个阶段，分类（Classification）—拟合（Fitting）—编码（Encoding），即 CFE 编码策略，标签构造流水线示意图如图 7-9 所示。第一阶段是根据方差的一致性和非一致性，在标记点附近构造各向同性和各向异性的多元高斯函数。第二阶段说明了各向异性高斯分布拟合肢体方向的过程。第三阶段总结了在实际预处理过程中最终的差异性编码策略。按照以上步骤，将在下面描述具体过程。

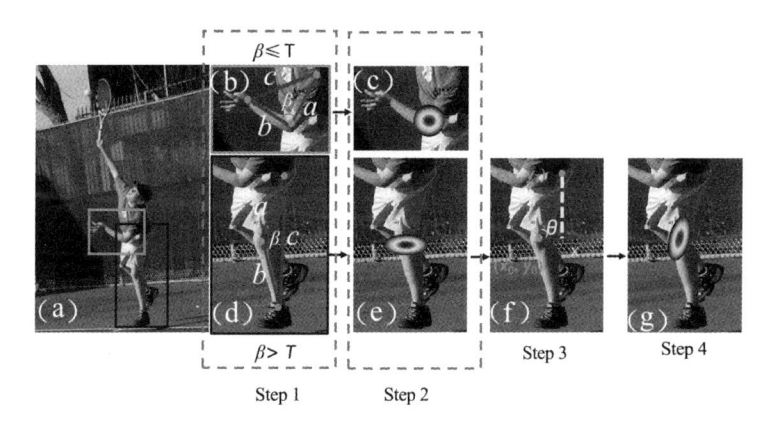

图 7-9　标签构造流水线示意图

注：(a) 原始图像。(b)～(c) 展示各向同性高斯标签构造。(d)～(g) 如果角度大于给定阈值，则构造肢体方向的各向异性标签。

第一阶段：构造多元高斯函数

这一阶段揭示了一种新的分类，对于给定的关键点坐标(μ_x, μ_y)，以其为中心进行高斯编码，形成特征图。对于图 7-9（a）中的四肢，标签构造为

$$G(x,y) = \exp\left(\frac{1}{2}(x-\mu)^T \Sigma^{-1} y - \mu\right) \tag{7-1}$$

式中，Σ 为协方差矩阵，利用协方差矩阵可生成多元高斯特征图。Σ 可表示为

$$\Sigma = \begin{bmatrix} \sigma_1^2 & 0 \\ 0 & \sigma_2^2 \end{bmatrix} \tag{7-2}$$

式中，σ_1^2 和 σ_2^2 表示高斯特征图的方差。图 7-9（c）为 $\sigma_1^2 = \sigma_2^2$ 时的高斯特征图。显然，其图像中表现为一个各向同性的正圆，其概率随着圆半径的扩大而减小。如图 7-9（e）所示，当 $\sigma_1^2 \neq \sigma_2^2$ 时，可以直观地观察到多元高斯函数呈椭圆形状。在实验过程中，方差的默认值为 $\sigma_1^2 > \sigma_2^2$。

第二阶段：肢体方向拟合

根据方差异同生成的原始高斯特征图，是进行人体关键点标注的重要工具。为了尽可能根据人体结构的先验特征进行编码，这一阶段在第一阶段生成的原始高斯特征图基础上进行肢体方向的拟合。对于图像空间中横纵坐标方差一致所构造的高斯特征图，因满足各向同性而不需要旋转。而对于如图 7-9（e）所示的高斯标签，由于其各向异性特征，为使其拟合人体肢体方向，因此需要旋转整个高斯概率分布，来完成图像空间中沿着上肢的方向旋转。图像空间中特征图绕标注

关键点的旋转示意图如图 7-10 所示，在这个过程中，将分布上的每个点从(x,y,ω)调整到(x',y',ω)，ω表示该坐标关键点处的编码概率值。(x',y')是(x,y)绕关键点坐标旋转后的位置。旋转运算可由下式给出：

$$\begin{bmatrix} x' \\ y' \\ 1 \end{bmatrix} = M \begin{bmatrix} x \\ y \\ 1 \end{bmatrix} \tag{7-3}$$

式中，矩阵 M 是一个仿射变换矩阵。当一个具有概率值的像素在图像空间中旋转时，首先需要将原点坐标移动到旋转中心；然后通过旋转操作来执行旋转矩阵；最后将旋转后的结果映射回原始的坐标空间。根据以上三步，矩阵 M 可表示为

$$M = \begin{bmatrix} 1 & 0 & \mu_x \\ 0 & 1 & \mu_y \\ 0 & 0 & 1 \end{bmatrix} \begin{bmatrix} \cos\theta & -\sin\theta & 0 \\ \sin\theta & \cos\theta & 0 \\ 0 & 0 & 1 \end{bmatrix} \begin{bmatrix} 1 & 0 & -\mu_x \\ 0 & 1 & -\mu_y \\ 0 & 0 & 1 \end{bmatrix} \tag{7-4}$$

式中，旋转角 θ 的计算是关键步骤。如上所述，初始构造的各向异性高斯特征图呈椭圆形状。它的长轴是在图像坐标系的 x 方向上。在图 7-9（f）中，需要检索当前关键点的邻近关键点。旋转角 θ 可以用下式表示：

$$\theta = \begin{cases} \tan^{-1}\left(\dfrac{y_0 - y_1}{x_1 - x_0}\right), & x_1 \neq x_0 \\ \dfrac{\pi}{2}, & \text{其他} \end{cases} \tag{7-5}$$

式中，(x_0, y_0)为当前编码关键点，(x_1, y_1)为当前编码关键点上相邻点的坐标。需要注意的是，每个关键点上段肢体的相邻关键点由字典定义给出。如图 7-9（g）所示，肢体方向的拟合至此完成。

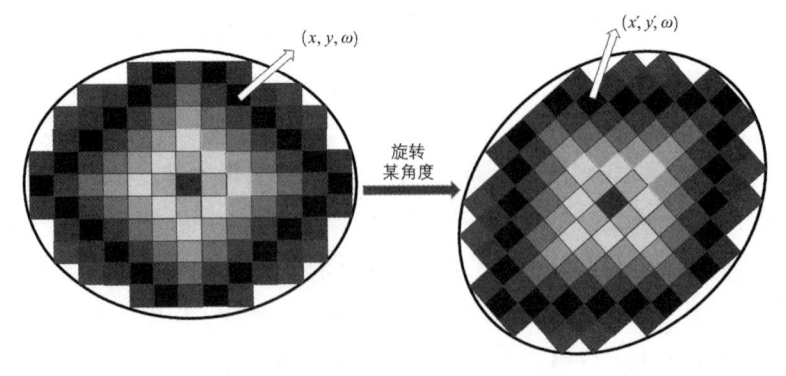

图 7-10　图像空间中特征图绕标注关键点的旋转示意图

第三阶段：差异性编码策略

在此阶段，给出了基于上述方法的最终编码方案。在此之前，对不同状态的关键点进行了差异化处理。在图 7-9（b）和图 7-9（d）中，引入余弦定律，计算当前关键点与相邻关键点之间形成的角度。基于当前编码的关键点，a、b 表示上下肢体长度，c 表示上下相邻关键点之间的直线距离。下列公式给出了计算肢体间夹角的方法：

$$\beta = \cos^{-1}\left(\frac{a^2+b^2-c^2}{2ab}\right) \tag{7-6}$$

在图 7-9 的 Step 1 中，夹角 β 为差异化编码策略的实施提供了前提。然后，整个标签生成方案如下所示：

$$EG(x,y)=\begin{cases}\exp\left(\frac{1}{2}(x'-\mu_x)^T\Sigma^{-1}(y'-\mu_y)\right), & \beta>T \\ \exp\left(\frac{1}{2}(x-\mu_x)^T\Sigma^{-1}(y-\mu_y)\right), & \text{其他}\end{cases} \tag{7-7}$$

式中，T 表示进行差异编码的阈值。在实验中，当 T 被设置为 130°时性能最佳。值得注意的是，协方差矩阵 Σ 随方案的不同而进行变化。至此，编码方案执行完成，图 7-9（c）和图 7-9（g）是针对两种运动情况而构造的不同类别的高斯编码标签。

2）解码

基于特征图的姿态估计方法使用高斯编码的特征图作为模型监督，输送至全卷积网络训练。在每一轮训练后的测试阶段，需要将输出的带有特征图的人体图像解码成唯一坐标预测。需要注意的是，输入特征图由高斯函数编码生成而呈现单峰状态。由于网络训练过程中的复杂性，模型会获得多个局部最优解而非全局最优解。也就是说，输出的预测特征图会出现多个概率峰值，这些概率峰值意味着在对应坐标点均获得局部最优解。另外，在编码和解码过程中需要进行一次下采样和上采样，这是由于需要节省计算资源并保证训练高效性，模型一般在低分辨率下运行。而在对特征图实施解码并恢复到原始图像空间所进行的上采样过程中，通常不可避免地在图像像素级别引入量化误差，造成对预测关键点位置存在一定程度偏移。

在本节实际操作过程中，为了减小算法时间及空间复杂度，采取次高峰坐标偏移法，通常会选用上述最大两个概率峰值进行下一步运算，这两个峰值在图像空间中所处坐标称为最大响应位置 m 和次大响应位置 s。

坐标解码方法包括两个步骤。第一步是求得输出特征图的最大响应位置 m 和次大响应位置 s，第二步是从最大激活位置向第二大激活位置平移，具体预测位置 p 由下式给出：

$$p = m + d\frac{s-m}{\|s-m\|_2} \tag{7-8}$$

式中，偏移距离 d 用于补偿量化误差，其值通常设置为 0.25，由预期误差决定。由于特征图是在低分辨率像素空间中计算的，因此需要通过上采样将坐标映射回原始图像空间。最终预测点可以表示为

$$\hat{p} = \lambda p \tag{7-9}$$

式中，λ 表示上采样率。由于预测的特征图通常不能很好地显示高斯特性，为消除多峰的影响，首先采用高斯核对预测的特征图进行平滑处理，然后根据实际分布信息对关键点进行预测，最后将预测的位置恢复到原始图像空间，通过式（7-9）得到最终结果。

3）可视化结果与分析

图 7-11 所示为使用 CFE 编码策略在 MSCOCO 上构建标签的可视化结果，这表明本节设计的标签能够适应肢体方向的变化。此外，使用特有标签构造方法得到可视特征图。根据所提出的编码规则，对图 7-11（b）中的学生关键点进行两种编码：肩部采用各向同性高斯坐标编码，肘部自适应采用各向异性多元高斯坐标编码。

图 7-11　使用 CFE 编码策略在 MSCOCO 上构建标签的可视化结果

7.2.2　面向姿态估计的 EHPE 模型构建

1）网络框架设计

本节提出的 EHPE 神经网络的具体结构如图 7-12 所示。EHPE 方法包括三个模块。第一个模块为用于训练参数的网络模型，第二个模块为输入图像的编码模块，第三个模块为输出图像的解码模块。在这项工作中，选择了 HRNet 作为骨干网络。此

外，所开发的网络包括三层：卷积层、协方差池化层和输出层。对于卷积层，选择 HRNet 作为主干来提取输入图像的特征。传统的 CNN 设计有卷积层、池化层和 FC 层，仅捕获特征值的平均值或最大值等一阶统计量。二阶统计量（如协方差）被认为是比一阶统计量更好的区域描述符。EHPE 任务的核心与人类关键点在空间的扭曲方式直接相关，而不是直接检测其存在。与使用一阶统计量相比，获得二阶统计量来表示这种失真更合适。因此，本节在最后一个卷积层之后引入协方差池化层而不是平均池化层或最大池化层，并构建协方差矩阵作为全局图像表示。由于协方差池化层所涉及的非线性函数，反向传播并不容易。因此，参考端到端学习来计算梯度。

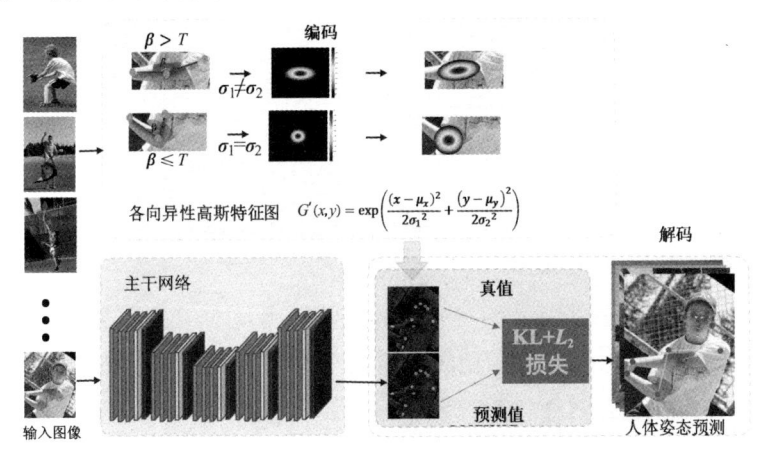

图 7-12　EHPE 神经网络的具体结构

2）MAP of HPE 数学化表示

近年来，最大后验估计（MAP）方法被广泛应用于图像回归任务中，该方法利用先验概率密度函数（PDFs）作为先验约束。它在跟踪广泛存在于 HPE 任务中的不适定问题中发挥了关键作用。在本节中，将首次引入 MAP 框架来解决 HPE 中的上述问题。给定一组姿态图像 X 和其真实特征图分布 P，训练的目的是通过最大后验概率 $p(\theta|X,P)$ 来寻找最佳 θ 估计。神经网络参数用符号 θ 表示，在 EHPE 网络中需要计算。对于第 i 个人体实例，将第 k 个联合点编码到真实特征图(x,y)中。MAP 估计可以表示为

$$\theta^* = \underset{\theta}{\mathrm{argmax}}\, p(\theta|X,P) \tag{7-10}$$

基于贝叶斯定理，式（7-10）可以被写为

$$\theta^* = \mathrm{argmax}\, \frac{p(X,P|\theta)\, p(\theta)}{p(X,P)} \tag{7-11}$$

由于 $p(\theta|X,P)$ 与 $p(X,P)$ 相互独立，$p(X,P)$ 可视为常数。因此，式（7-11）可以重写为

$$\theta^* = \mathrm{argmax}\, p(X,P|\theta)p(\theta) \tag{7-12}$$

上述公式的对数函数为

$$\theta^* = \mathrm{argmax}\,(\log p(X,P|\theta) + \log p(\theta)) \tag{7-13}$$

这里需要定义两个概率密度函数。似然概率 $p(\theta|X,P)$ 表示预测分布 G 与真值分布 P 之间的距离。选择 Kullback-Leibler（KL）散度来度量两种编码差异。因此，似然概率可以表示为

$$p(X,P|\theta) = \sum_t p_t \ln \frac{p_t}{g_t} \tag{7-14}$$

式中，g 为 G 中的预测特征图值，加上 KL 散度，本节提出的损失函数为

$$L(\theta) = \frac{1}{K}\sum_k^K \left(\sum_i^I \sum_k^K (P_k^i \ln \frac{P_k^i}{G_k^i}) \right) + \eta \|\theta\|^2 \tag{7-15}$$

式中，P_k^i 和 G_k^i 分别代表真实特征图和预测特征图。

为了减少过拟合问题，引入欧氏距离来度量预测特征图分布 P_k^i 和真实特征图分布 G_k^i。那么损失定义为

$$L(\theta) = \frac{1}{K}\sum_k^K \left(\sum_i^I \sum_k^K (P_k^i \ln \frac{P_k^i}{G_k^i}) + \frac{\lambda}{2} \|P_k^i - G_k^i\|^2 \right) + \eta \|\theta\|^2 \tag{7-16}$$

$L(\theta)$ 对参数 p_k 的导数可以写成：

$$\frac{\delta L(\theta)}{\delta p_k} = g_k + (\lambda p_k - \lambda g_k - 1)\frac{\exp(p_k)}{\sum_k \exp(p_k)} \tag{7-17}$$

该更新公式很容易被向量化用于训练批量输入。本节引入 Adam 方法最小化目标损失函数 $L(\theta)$，算法 7.1 给出了 EHPE 模型训练策略。

算法 7.1 EHPE 模型训练策略
输入：训练集中的人体姿态图像 X
设置参数：批量大小 t，学习率 α，一阶矩估计的指数衰减率 φ_1，二阶矩估计的指数衰减率 φ_2，参数 ε 设为一个较小常数
1) 初始化参数向量
初始化有偏一阶矩估计 m_0
初始化有偏一阶矩估计 v_0

II）当 θ_t 未收敛时执行

 $t \leftarrow t+1, m_0 \leftarrow 0$

计算梯度损失函数 g_t

 $m_t \leftarrow \varphi_1 \cdot m_{t-1} + (1-\varphi_1)g_t$

 $v_t \leftarrow \varphi_2 \cdot v_{t-1} + (1-\varphi_2)g_t^2$

 $\hat{m}_t \leftarrow m_t / (1-\varphi_1^t)$

 $\hat{v}_t \leftarrow v_t / (1-\varphi_2^t)$

 $\theta_t \leftarrow \theta_{t-1} - \alpha \cdot \hat{m}_t / (\sqrt{\hat{v}_t} + \varepsilon)$

结束循环

输出：优化参数 θ_t

7.3 基于像素表征学习的 CHRNet 网络设计

7.3.1 前背景权重组件

  人体姿态估计是一个像素级回归的检测任务，因此准确地区分各种像素的类别会影响网络模型的性能的提升。其中，对于前景和后景像素失衡重要的挑战源自高斯特征图的构造过程。在标准的使用自下而上方法研究关键点定位的设置中，若最终输出特征图的分辨率为 128 像素×128 像素，通常采用卷积核大小为 7×7 的卷积，则前景像素此时仅占特征图中所有像素的 0.3%（(7×7)/(128×128)=0.003）。明显看出，在自下而上的人体姿态估计方法中存在极其严重的前景像素不平衡的事实。另外，对于构造的标准高斯特征图，可以将其中的像素分为三种类型，分别为容易识别的前景像素、困难背景像素和背景像素，如图 7-13 所示。

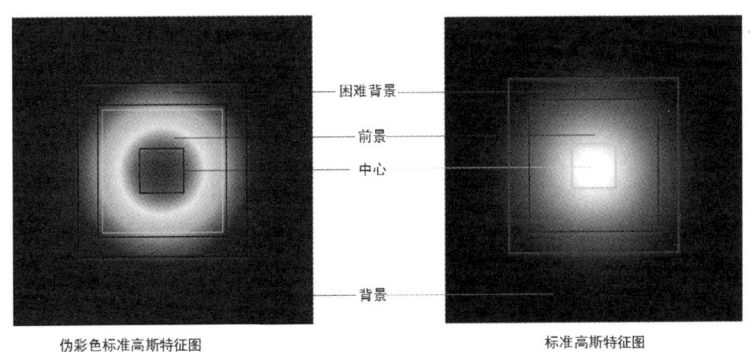

图 7-13 容易识别的前景像素、困难背景像素和背景像素

对这三种类型的像素进行同等关注将使网络倾向于在训练阶段将困难背景像素预测为大概率的背景像素,并导致次优结果。因此,本节引入像素权重掩码,这将使网络增强对高斯范围内像素的关注,尤其是容易被背景像素掩埋的困难背景像素,这将有助于稳定网络的训练过程,加快网络训练速度。受到 Lin 等人研究的启发但不同于该研究,本节提出的前景像素掩码,在构造高斯特征图时为图像中的像素分配不同的权重,可以表示为

$$W = \begin{cases} 1, & p \geqslant 51 \\ 0, & p < 51 \end{cases} \quad (7\text{-}18)$$

式中,p 为某一像素的像素值,通过卷积神经网络的前向传播和反向传播更新前景像素掩码,使得网络具有自适应的调整前景、困难背景和背景之间的权重的能力。

对于具有像素权重掩码的特征图,仍使用 L_2 损失函数作为人体姿态估计任务的约束函数:

$$\zeta = \left\| W \cdot H_p - H_g \right\|^2 \quad (7\text{-}19)$$

式中,W 为网络学习的前景像素权重掩码,H_p 和 H_g 分别是图像中每个人的预测特征图和标准特征图。

7.3.2 AF1-measure 评估策略

平均精度(Average Precision,AP)和平均查全率(Average Recall,AR)作为二分类任务的衡量标准,被广泛应用于人体姿态估计中。AP 和 AR 可能会出现分歧,这意味着当得到一个高 AP 值时,对应的 AR 值却较低,反之亦然,本模型的实验结果证实了这一普遍现象。受启发,本节提出 AF1-measure 以解决 AP 和 AR 之间的不平衡问题,AF1-measure 的定义为

$$\text{AF1-measure} = 2 \cdot \frac{\text{AP} \cdot \text{AR}}{\text{AP} + \text{AR}} \quad (7\text{-}20)$$

式中,AP 和 AR 是给定固定目标关键点相似度(Object Keypoint Similarity,OKS)阈值 τ 的平均值。AP 计算大于阈值 τ 的 OKS 与 OKS 总数之比。AR 评估固定阈值 τ 的情况下的关键点检测的质量,即预测结果能否覆盖图像中感兴趣的关键点。这对人体姿态估计任务是很重要的,因为网络本身无法恢复丢失信息。AP 和 AR 的定义如下:

$$AP = \frac{1}{N}\sum_{n}\left(\frac{1}{T}\sum_{\tau}\frac{TP(\tau)}{TP(\tau)+FP(\tau)}\right) \quad (7\text{-}21)$$

$$AR = \frac{1}{N}\sum_{n}\left(\frac{1}{T}\sum_{\tau}\frac{TP(\tau)}{TP(\tau)+FN(\tau)}\right) \quad (7\text{-}22)$$

对于 COCO 数据集，式（7-22）中 N=17；而在 CrowdPose 数据集中 N=15。T 为.50:.05:.95 之间的阈值，TP、FP 和 FN 代表特征图中的真阳性（True Positive）、假阳性（False Positive）和假阴性（False Negative）像素。

7.3.3 CHRNet 网络架构

当进行人体姿态估计研究时，本节使用的骨干网络是能够获取高分辨率表征的 HRNet 网络，它能够在整个网络结构中包含与输入相同分辨率的特征图信息，而不是通过自上而下从低分辨率特征图中恢复原始输入分辨率，这将带来无法弥补的信息损失。为了进一步提高模型的性能，本节通过将坐标卷积编码到每个 HRNet 模块中，将关键点的坐标信息注入网络，CHRNet 网络框架如图 7-14 所示。通过坐标卷积，在使用 HRNet 模块时，网络又能重新获取到精确的关键点坐标值，使得卷积具有处理坐标值的能力。

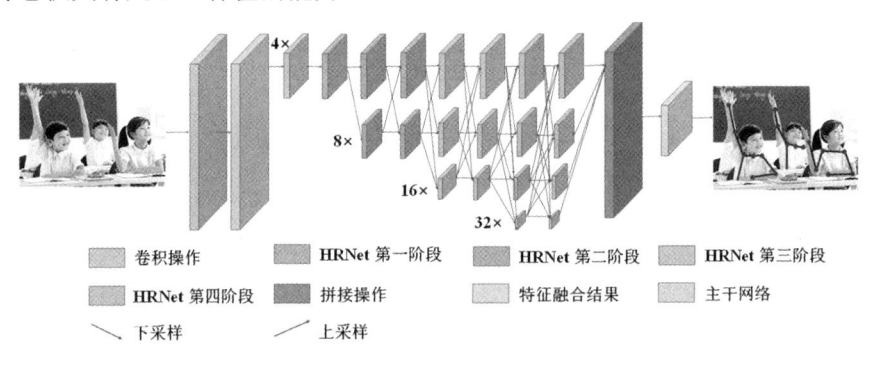

图 7-14 CHRNet 网络框架

➡ 7.4 建议及对未来的思考

本书所涉及的人体姿态估计模型主要从图像的预处理、模型的构建和像素权重掩模等方面展开，针对现有研究存在的不足，将从以下几个方面做出更深入的探索。

（1）数据集。随着姿态估计在工业界的广泛应用，迎合特定行业的数据采集成为全新命题。针对姿态估计与行业结合的关键科学问题，制定数据采集方案能够有效促进姿态估计与特定领域的融合。例如，在教育教学领域的应用中，采集真实课堂数据并进行清洗、标注，扩大自然样本集，从而增强模型的泛化能力。

（2）预处理方式的优化。在基于深度学习技术的计算机视觉任务中，图像预处理对最终检测识别精度的干预重大。直接拍摄出的学生课堂场景图像可能会因设备参数、光照等导致图像出现噪声，对图像的预处理可以从图像分辨率优化、图像旋转等操作，预处理后的图像有利于模型对关键特征的提取，从而提升准确率。

（3）引入人体结构先验。课堂中通常存在大量的学生目标被其他同学或课桌书椅遮挡的现象，导致局部关节信息的丢失，影响网络模型的特征学习效果，而有效的先验知识提取和特征构造，能够大大优化模型参数和提高检测效率。本书介绍的 EHPE 模型考虑了以关键点为中心的肢体方向感知，除此之外，研究还可以聚焦于除关键点外骨骼信息的提取和特征构造，增加显式关系推导或其他拓扑结构，优化预测路径。在遮挡或复杂背景的情况下，人体结构先验的引入可以对人体结构进行一种预先的猜测，使得构建出的模型倾向于这一先验假设，提高预测精度。

（4）模型构建。网络结构模型的设计对基于深度学习的姿态估计影响深远。姿态估计从图结构和可变形结构模型，到基于手工特征提取的模板匹配，再到基于卷积神经网络的重大跃迁以来，网络结构的设计始终是姿态估计领域的热门命题。未来，结合图卷积神经网络、Transformer 和神经网络架构搜索的姿态估计模型值得重点关注。其中，Transformer 能够弥补卷积操作关注局部信息的缺陷，使模型挖掘远距离像素特征，以更好地对人体姿态进行建模；图卷积神经网络能够在卷积操作后执行更多操作，建立节点之间更加复杂的关系，从而构造出更加准确的模型结构。

（5）模型可解释性探索。通过卷积核的可视化、特征图可视化等操作可以弄清模型对何种信息进行学习，以及模型的深度如何影响学习情况等问题，从而更加明确地对模型进行改进，使得模型对学生姿态的识别越来越准确。

参考文献

[1] MUNEA T L, JEMBRE Y Z, WELDEGEBRIEL H T, et al. The Progress of Human

Pose Estimation: A Survey and Taxonomy of Models Applied in 2D Human Pose Estimation[J]. IEEE Access, 2020: 133330-133348.

[2] GIRSHICK R, DONAHUE J, DARRELL T, et al. Rich feature hierarchies for accurate object detection and semantic segmentation[C]. Proceedings of the IEEE conference on computer vision and pattern recognition, 2014.

[3] NEUBECK A, VAN G L. Efficient non-maximum suppression[C]. 18th International Conference on Pattern Recognition (ICPR'06), 2006.

[4] REN S Q, HE K M, GIRSHICK R, et al. Faster r-cnn: Towards real-time object detection with region proposal networks[J]. IEEE Transactions on Pattern Analysis&Machine Intelligence,2017,39（6）:1137-1149.

[5] BODLA N, SINGH B, CHELLAPPA R, et al. Soft-NMS:Improving Object Detection With One Line of Code[C]. IEEE International Conference on Computer Vision(ICCV),2017:5562-5570.

[6] HE Y H, ZHANG X Y, SAVVIDES M, et al. Softer-nms: Rethinking bounding box regression for accurate object detection[J]. arXiv preprint, 2018,2（3）:69-80.

[7] DANIEL B, ZHOU C, XIAO F Y, et al. Yolact: Real-time instance segmentation[C]. Proceedings of the IEEE/CVF international conference on computer vision, 2019.

[8] WANG X L, ZHANG R F, KONG T, et al. SOLOv2: Dynamic, Faster and Stronger[J]. Advances in Neural information processing systems,2020,33:17721-17732.

[9] NEWELL A, YANG K Y, DENG J. Stacked Hourglass Networks for Human Pose Estimation[C]. European Conference on Computer Vision. Springer, Cham, 2016: 483-499.

[10] LI W B, WANG Z C, YIN B Y, et al. Rethinking On Multi-Stage Networks For Human Pose Estimation[C]. Proceedings Of The Ieee Conference On Computer Vision And Pattern Recognition (Cvpr), 2019: 4903-4911.

[11] LIN L, WANG Y F, WANG L H, et al. Multi-Person Pose Estimation Using Atrous Convolution[J]. Electronics Letters, 2019, 55（9）: 533-535.

[12] TUZEL O, PORIKLI F, MEER P. Region covariance: A fast descriptor for detection and classification[C]. European conference on computer vision, 2006.

[13] LI P H, XIE J J, WANG Q L, et al. Is second-order information helpful for large-

scale visual recognition?[C]. Proceedings of the IEEE international conference on computer vision, 2017.

[14] WANG X Y, BO L F, LI F X. Adaptive Wing Loss For Robust Face Alignment Via Heatmap Regression[C]. Proceedings Of The IEEE/CVF International Conference On Computer Vision, 2019: 6971-6981.

[15] LIN T Y, GOYAL P, GIRSHICK R, et al. Focal Loss for Dense Object Detection[C]. Proceedings of the IEEE International Conference on Computer Vision, 2017: 2980- 2988.

[16] THOMPSON J, GOROSHIN R, JAIN A, et al. Efficient Object Localization Using Convolutional Networks[C]. Proceedings of the IEEE Conference On Computer Vision and Pattern Recognition (Cvpr), 2015: 648-656.

第三部分

应用与未来趋势

第 8 章

课堂学习行为的多模态融合

8.1 过程性的融合

8.1.1 多模态数据融合的层次

过程性融合也称为早期融合,包含数据级融合和特征级融合。数据级融合首先对多源原始数据进行融合,然后从融合后的数据中进行特征提取,因此该方法又称为像素级融合,如图 8-1 所示。数据级融合充分利用了多源传感器的原始数据,不存在信息丢失的问题,可以获得对目标最准确的描述,但数据级融合要处理的数据都是在相同类别的传感器下采集的,所以数据级融合不能处理异构数据,且计算量较大,但是信息损失较少,精度很高。

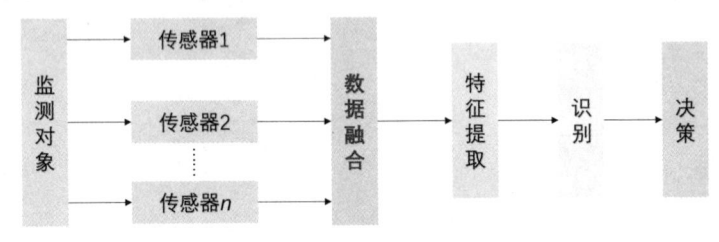

图 8-1 数据级融合

特征级融合首先提取输入的各模态数据特征,然后将提取的特征合并到融合特征中,融合特征作为输入数据输入一个模型,输出预测结果,图 8-2 所示为特征级融合。在教学场景下,首先使用不同类型的摄像头(可见光摄像机、RGB-D 摄像机、三维激光扫描仪、红外线摄像机)对视频或图像进行采集,然后输入不同的骨干网络对每种模态的数据进行特征提取,最后综合每种模态的特征进行模型训练，输出任务最终的结果。特征级融合的具体方式有多种，如对各模态表示进行相同位置元素的相乘或相加、构建编码器-解码器结构和用 LSTM 神经网络进行信息整合等。

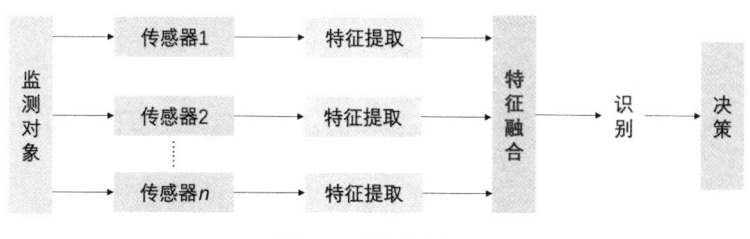

图 8-2 特征级融合

在早期融合中，每种模态特征经转换和缩放处理后产生的融合特征通常具有较高的维度，可以使用主成分分析（PCA）和线性判别分析（LDA）对融合特征进行降维处理。早期融合方法学习利用了每种模态数据低水平特征之间的相关性和相互作用，缓解了各模态中原始数据间的不一致性问题，融合的信息比较全面。但该方法的融合层次较低，数据量大，对每个信息间的配准性（时间同步、空间同步）要求较高。

8.1.2 过程性融合的关键问题

1）空间同步

空间同步是对多传感器的自身坐标系进行联合标定，建立坐标转换关系，从而保证不同传感器在同一坐标系下对同一目标进行识别。陈云坤在空间维度上介绍了毫米波雷达与摄像头相对位置关系，并在此基础上介绍了理想条件、非理想条件下坐标系之间的转换关系和摄像头的畸变矫正方法。

（1）雷达坐标系与车辆坐标系的转换。

毫米波雷达所得到的目标信息的扫描范围是一个二维平面，毫米波雷达扫描范围示意图如图 8-3 所示。

在图 8-3 中，O_r 为毫米波雷达安装位置坐标原点，$X_rO_rY_r$ 为毫米波雷达扫描的目标信息平面，解析的毫米波雷达目标信息为 $X_rO_rY_r$ 平面内的极坐标信息（距离和角度），半径 r_1 和 r_2 分别是毫米波雷达扫描的中距离和长距离扫描半径。图 8-3 中圆点表示雷达扫描范围内的一个目标，距离和角度分别为 ρ 和 θ。该目标在车

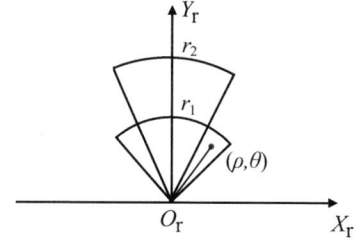

图 8-3 毫米波雷达扫描范围示意图

辆坐标系中的坐标(x,y)与在雷达坐标系中的坐标(x_r,y_r,z_r)的转化关系为

$$\begin{cases} x_r = x = \rho\cos\theta \\ y_r = y = \rho\sin\theta \\ z_r = 0.47\text{m} \end{cases} \quad (8\text{-}1)$$

（2）世界坐标系与图像坐标系的转换。

确定空间物体表面某点的三维几何位置与其在图像中对应点之间的相互关系，可以通过摄像机成像的几何模型转化实现。在理想情况下，利用小孔成像模型就可以将世界坐标系下的物理坐标转化为图像坐标系下的像素坐标。小孔成像模型示意图如图8-4所示，M为世界坐标系中的一个点，其世界坐标为(x_w,y_w,z_w)，O_c为摄像机光心，O_cZ_c为光轴。其中(x_i,y_i)为目标点M在成像平面$X_iO_iY_i$下的物理坐标，(x_c,y_c,z_c)表示点M在摄像机坐标系$X_cO_cY_c$下的坐标。

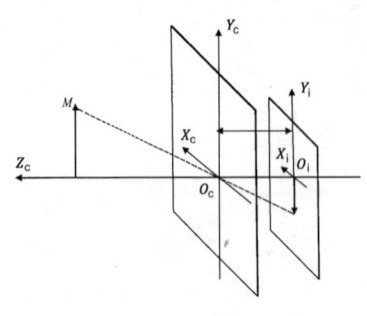

图8-4 小孔成像模型示意图

已知摄像机的焦距为f，可以得到摄像机坐标系与成像平面下物理坐标的比例关系为

$$\begin{cases} x_i = \dfrac{fx_c}{z_c} \\ x_i = \dfrac{fy_c}{z_c} \end{cases} \quad (8\text{-}2)$$

为了方便推导与计算，建立齐次坐标的矩阵转换形式为

$$z_c \begin{bmatrix} x_i \\ y_i \\ 1 \end{bmatrix} = \begin{bmatrix} f & 0 & 0 & 0 \\ 0 & f & 0 & 0 \\ 0 & 0 & 1 & 0 \end{bmatrix} \begin{bmatrix} x_c \\ y_c \\ z_c \\ 1 \end{bmatrix} \quad (8\text{-}3)$$

图像信息是以像素为单位的矩阵信息，建立一个以左上角为原点，横轴和纵轴分别为U和V的像素坐标系$U\text{-}V$。

像素坐标系如图8-5所示，O_0为像素坐标系原点，设光心O_c在像素坐标系中的坐标为(u_0,v_0)，$\text{d}x$和$\text{d}y$分别表示单位像素在物理坐标系下X_i轴和Y_i轴上的物理尺寸。因此，可以建立$x_i\text{-}y_i$和$u\text{-}v$的转化关系：

$$\begin{cases} u = \dfrac{x_i}{dx} + u_0 \\ v = \dfrac{y_i}{dy} + v_0 \end{cases} \tag{8-4}$$

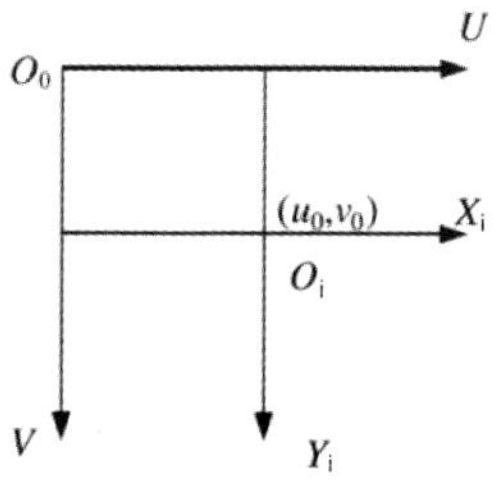

图 8-5 像素坐标系

建立齐次坐标的矩阵转换形式为

$$\begin{bmatrix} u \\ v \\ 1 \end{bmatrix} = \begin{bmatrix} \dfrac{1}{dx} & 0 & u_0 \\ 0 & \dfrac{1}{dy} & v_0 \\ 0 & 0 & 1 \end{bmatrix} \tag{8-5}$$

摄像机坐标系和世界坐标系满足刚体变换：

$$\begin{bmatrix} x_c \\ y_c \\ z_c \\ 1 \end{bmatrix} = \begin{bmatrix} \boldsymbol{R} & \boldsymbol{T} \\ \boldsymbol{0}^T & 1 \end{bmatrix} \begin{bmatrix} x_w \\ y_w \\ z_w \\ 1 \end{bmatrix} \tag{8-6}$$

式中，$\boldsymbol{R}$、$\boldsymbol{T}$ 分别表示世界坐标系转换摄像机坐标系的旋转矩阵和平移矩阵。

因此，联立式（8-3）、式（8-5）和式（8-6）可以求得世界坐标系与图像坐标系的齐次转换关系为

$$z_c \begin{bmatrix} u \\ v \\ 1 \end{bmatrix} = \begin{bmatrix} \dfrac{1}{dx} & 0 & u_0 \\ 0 & \dfrac{1}{dy} & v_0 \\ 0 & 0 & 1 \end{bmatrix} \begin{bmatrix} f & 0 & 0 & 0 \\ 0 & f & 0 & 0 \\ 0 & 0 & 1 & 0 \end{bmatrix} \begin{bmatrix} \boldsymbol{R} & \boldsymbol{T} \\ \boldsymbol{0}^T & 1 \end{bmatrix} \begin{bmatrix} x_w \\ y_w \\ z_w \\ 1 \end{bmatrix} \tag{8-7}$$

2）时间同步

时间同步通过统一的主机给各传感器提供基准时间，各传感器根据已经校准

后的各自时间为各自独立采集的数据加上时间戳信息，以做到所有传感器时间戳同步。在课堂行为状态分析系统中，算法的基准是所有的数据都是在同一时间点获取的，否则无法得到正确的学生的状态分析。王科俊等人采用基于时间戳的同步方式，在接收点云信息和图像信息时会附加系统当前时刻的时间戳，缓存摄像头采集的图像信息。在获取激光雷达的点云信息之后，根据点云信息的时间戳从缓存中找最邻近的图像信息，然后将点云信息和图像信息同时送入处理函数进行信息融合，完成两种传感器信息的时间同步。

8.2 决策性的融合

决策性融合也称为晚期融合，每种模态的数据特征被独立分析，在融合过程中将分析的结果作为决策向量以获得最终的决策结果。决策性融合先通过不同的网络模型对不同模态进行训练，再融合多个模型输出的结果。决策性融合示意图如图 8-6 所示，假设有 n 种学生模态，先分别对每种模态进行特征提取得到 n 种学生状态特征，再将 n 种学生状态特征输入 n 个对应的模型进行训练，最后将模型的输出结果进行决策性融合输出最终的结果。

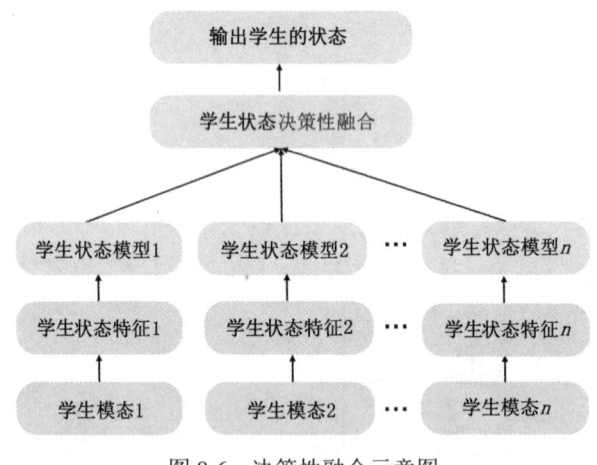

图 8-6 决策性融合示意图

决策性融合主要采用一些规则来确定不同模型输出结果的结合策略，如最大值结合、平均值结合、贝叶斯规则结合和集成学习等结合方法。与过程性融合相比，决策性融合可以比较简单地处理数据的异步性，整个系统可以随模态个数的

第8章　课堂学习行为的多模态融合

增加进行扩展，每个模态的专属预测模型能更好地针对该模态进行建模，当模型输入缺少某些模态时也可以进行预测。然而决策性融合也存在一些缺点，如未考虑特征层面的模态相关性、实现难度更高等。

学生在线学习过程中，学习设备将会采集到学生的外显行为数据和内隐行为数据。其中，外显行为数据包括视频数据、语音数据，内隐行为数据包括脑电数据。本节对多模态数据进行量化及特征表示，继而利用多模态特征数据的互补性和一致性对多源数据进行决策性融合，以更加精准地感知学生在课程中的学习状态。

基于多模态记忆决策融合网络结构由三个模块组成（见图8-7），具体为多源数据量化及特征表示模块、基于长短时记忆网络的特征融合模块、学习状态感知模块。本书将情感特征 E、头部姿态特征 P、视线特征 S、生理特征 C 作为表征学生在直播课程中的主要特征。其中，情感特征由学生面部微表情特征向量 E_M、学生声纹特征向量 E_V 表示；头部姿态特征向量表示为 P_P，视线特征向量表示为 S_E，脑电特征向量表示为 C_E。

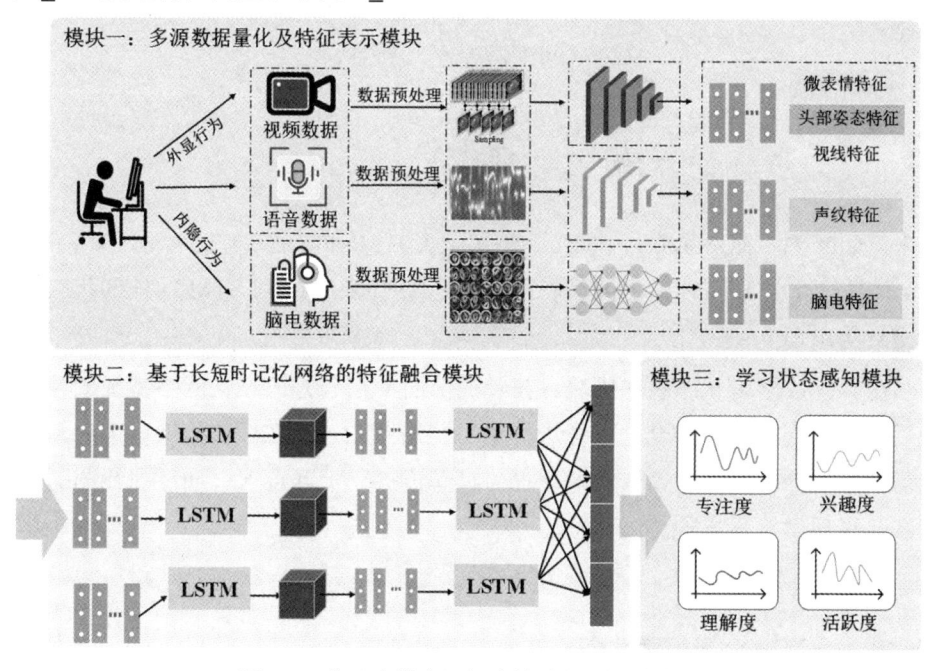

图8-7　基于多模态记忆决策融合网络结构图

步骤①：多源数据量化及特征表示模块。该模块的输入即从学生参与直播课程过程中采集的视频数据、语音数据、脑电数据经过数据预处理、主干网络后提取到的表征学生学习状态的向量，面部微表情特征向量 E_M、学生声纹特征向量

E_V、头部姿态特征向量 P_P、视线特征向量 S_E、脑电特征向量 C_E，每个特征向量均可被看成一种模态。

步骤②：基于长短时记忆网络的特征融合模块。在该模块中，学生在直播课程中提取的多模态特征向量作为基于长短时记忆网络的特征融合模块的输入，在每个时间节点，特征向量的信息可以输入对应的长短时记忆网络，网络的更新规则具体表示为

$$\begin{cases} i_n^t = \sigma\left(W_n^i \cdot \left[h_n^{t-1}, x_n^t\right] + b_n^i\right) \\ f_n^t = \sigma\left(W_n^f \cdot \left[h_n^{t-1}, x_n^t\right] + b_n^f\right) \\ o_n^t = \sigma\left(W_n^o \cdot \left[h_n^{t-1}, x_n^t\right] + b_n^o\right) \end{cases} \quad (8-8)$$

式中，i_n、f_n、o_n 分别表示第 n 个 LSTM 的输入门、遗忘门和输出门；W、b 均代表可学习的参数；x_n^t 表示第 n 个 LSTM 在时间 t 时的特征向量；h_n^{t-1} 表示 $t-1$ 时刻第 n 个 LSTM 的外部状态；σ 代表 Sigmoid 激活函数。

$$\begin{cases} \widetilde{C_n^t} = \tanh\left(W_n^m \cdot \left[h_n^{t-1}, x_n^t\right]\right) + b_n^m \\ C_n^t = f_n^t \odot C_n^{t-1} + i_n^t \odot \widetilde{C_n^t} \\ h_n^t = o_n^t \odot \tanh(C_n^t) \end{cases} \quad (8-9)$$

式中，$\tanh$ 表示激活函数；$\widetilde{C_n^t}$ 表示第 n 个 LSTM 在时间 t 时的状态更新；C_n^t 表示 t 时刻第 n 个 LSTM 的内部状态；h_n^t 表示 t 时刻第 n 个 LSTM 的外部状态；$\odot$ 表示哈达玛积。

步骤③：学习状态感知模块。在经过前面 n 层长短时记忆网络特征融合后，最后一层全连接层对融合的特征进行学习状态感知，将在线直播课程中的学生的学习状态划分为专注度 S_a、兴趣度 S_b、理解度 S_c、活跃度 S_d，通过曲线图的形式可视化呈现学习状态的波动情况。

8.3 混合性的融合

多模态融合主要是指利用计算机对多模态数据进行综合处理，负责融合各模态的信息，进行目标预测。多模态数据是指由不同领域或角度对同一物体获得的

描述性数据,其中每个领域或角度被称为一个模态。本书将利用深度学习技术从课堂检测视频中获取学生头部姿态、面部微表情、人体姿态、视线方向等多模态信息,对其进行处理后即可融合。单一模态信息表达不全面且易受噪声干扰,因此将多模态融合应用于学生课堂状态研究中,模态之间具有一定的互补性、存在各信息之间的交互,所以如果能对多模态信息进行合理的处理,就能得到丰富的特征信息,有助于更好地认识和理解学生的课堂学习状态,从而及时发现课堂不当行为,并对学生进行干预和指导。

8.3.1 分层信息融合方法

信息融合的方法按照信息融合的层次划分,主要有基于数据层的融合、特征层的融合和决策层的融合。基于数据层的融合方法将各传感器的原始数据进行融合,其优点是可以获得更丰富的信息,能够获得第一手资料,结果更准确,但信息沟通和运算量大,数据需要经过预处理才能使用,而且不同传感器获得的数据往往需要具有相同的属性或相同的精度。基于数据层的融合方法有加权平均法、卡尔曼滤波法、贝叶斯估计法等。基于特征层的融合方法观察从数据中提取的特征向量,并将其融合。其优点是在数据量小的情况下可以保留原始数据的重要信息,缺点是由于数据的压缩,有可能丢失一些信息,而且对传感器的预处理要求也比较高。主要的方法有模拟退火法和遗传算法等。基于决策层的融合方法将各个传感器的判断统一起来,形成最终的推理和决策,具有很高的灵活性,对传感器的同质性没有要求,抗干扰能力强,但需要大量的数据预处理,也没有考虑到不同传感器之间的相关性,对决策结果有影响。主要的数学方法有模糊积分法、贝叶斯法等。

1)数据层融合

数据层融合是直接在收集的原始数据层上进行的融合,在对各种传感器的原始测量报告进行预处理之前,对数据进行合成和分析。数据层融合一般采用集中式融合系统进行融合。这是低层次的融合,如对成像传感器中含有某个像素的模糊图像进行图像处理来确认目标属性的过程就属于数据层融合。

2)特征层融合

特征层融合属于融合的中间层次,它首先对传感器的原始信息进行特征提取(特征可以是目标的边缘、方向、速度等),然后对特征信息进行综合分析处理。特征层融合的优点是实现了相当大的信息压缩,便于实时处理,而且由于提取的特征与决策分析直接相关，融合的结果能给出决策分析所需的最大特征信息。特征层融合一般采用分布式或集中式融合系统。特征层融合可分为两类：一类是目标状态融合；另一类是目标特征融合。

3）决策层融合

决策层融合首先通过不同类型的传感器观测同一目标，每个传感器在本地完成基本处理，包括预处理、特征提取、识别或裁决，以建立关于观测目标的初步结论。然后通过相关处理进行决策层融合判断，最终获得联合推理结果。决策层融合的优点是容错率高、开放性好、处理时间短、数据要求低、分析能力强。然而，由于对预处理和特征提取的要求较高，决策层融合的成本较高。

总的来说，数据层融合仅适用于类型相近的信号之间，无法处理差异较大的信号，如图像和声音信号等。特征层融合将不同的模态数据提取转化为高维特征表达，通过一定方式，将不同模态的高位特征进行组合，融合为新的特征向量，可以捕捉不同模态间的互补信息。决策层融合将不同模态数据作为训练好的分类器的输入，获取各个分类结果，依据融合方法输出最终的决策向量，充分考虑不同模态信息的差异性，且决策层融合的错误来自不同的分类器，而不同分类器的错误通常互不相关，不会造成错误的累加。

8.3.2 混合性融合

混合性融合可以通过分析学生的参与度，并结合混合学习环境中的一般课堂学习行为数据，来构建混合学习环境下的学生参与度模型。

在混合式学习环境中，学生的学习行为发生在线上和线下。混合式学习环境中的一般学习行为数据主要包括学生的个人信息、学习情境信息、硬件采集数据和学习行为数据（其中行为数据又分为线上行为数据和线下行为数据）。

学生的个人信息分为两类：基本信息包括学生的性别、语言、地理、年龄等，这些信息在行为科学中也被称为生物特征；扩展信息包括学生的学习背景、学习兴趣、知识水平、学习和认知风格等。学习情境信息包括教师提供的资源（硬件、软件、网络、技术等）和学生在学习过程中自身所处的教学情境（地点、使用的工具、活动、课程内容/目标、社会网络等）。课堂学习数据（如心率、EEG等）由硬件收集。学习行为数据包括学生可能从事的线上行为（如阅读文本资源、观看视频资源、发帖、回帖、提交作业等）和线下行为（学习、举手、转头、交流等），以及行为发生的时间（包括发生的时间点和持续时间）和产生的结果。

在混合学习环境中，学生的学习是以线上和线下相结合的方式进行的，因此数据收集的来源包括在线学习平台、学习管理系统、移动教学软件等在线环境，以及传统的课堂学习、实践参观、研讨会等线下学习活动。所收集的混合学习环境中学生的线上行为和线下行为过程和行为结果是海量的、复杂的，并且有多种形式。这些海量数据可以结合深度学习模型进行分析和处理，以获得学生在课堂上的参与度。对于教师来说，通过分析行为数据，可以改善教师为学生提供的支持服务、条件和环境，包括优化学习活动和改善学习资源，以及针对不同群体的差异化教学。对于学生，行为数据也可以被分析，以促进个人参与，从而提高学生的努力程度。

参考文献

[1] 陈云坤. 面向智能车的毫米波雷达与单目相机信息融合法研究[D]. 重庆：重庆邮电大学，2019.

[2] 王科俊，赵彦东，邢向磊. 深度学习在无人驾驶汽车领域应用的研究进展[J]. 智能系统学报，2018，13（1）：55-69.

第 9 章

应用实例与未来趋势探讨

9.1 应用 1：智慧教室中的学生兴趣模型应用实例分析

智慧教室中的学生兴趣模型的应用实例分析用于对本书所提出的学生兴趣模型量化指标和技术的有效性进行验证。本节从课堂注意力、课堂参与度、学习情感三个维度来验证学生兴趣量化的有效性，选择智慧教室中的化学学科教学的实录视频作为本研究的验证实例来源，从教学流程和课堂兴趣计算方面分别阐述。案例来源于与学校有项目合作的某中学，考虑到科研伦理问题，研究已经对所用图像和数据进行了隐私化处理，所用案例仅作为科学研究使用。仅以此案例分析，期望能为一线教师分析课堂学生兴趣和把握教学效果，提供可参考的理论量化模型和理论计算方法。

9.1.1 《酸碱盐》案例基本信息

1）基本信息分析

此案例选自中学化学学科中的《酸碱盐》这一节的内容，L 老师在本节课中主要采用引导提问和任务驱动的方式组织教学。整堂课中，融合了理论学习和实验操作两个方面的学习活动。《酸碱盐》教学时序流程图如图 9-1 所示。

整个教学过程主要从导入新知、探究新知、巩固新知三个方面有序进行，L 老师首先利用综艺节目《奔跑吧！兄弟》来引起学生的学习兴趣，然后通过"撕名牌"环节来引入化学物质之间的重组和分类，让学生划分同类物质，接下来一步步深入讲解，带领学生一起以完成任务的方式，逐步深入认识化学知识。在探究新知方面，L 老师让学生进行小组分工合作，写化学方程式，并用实际操作来验证化学反应的正确性，并引导学生观察实验现象、总结化学反应条件等。在巩固新知方面，L 老师采用视频、专业学科工具等为学生演示化学反应的微观现象，让学生在直观上了解化学反应的现象。最后，L 老师与学生一起探讨化学反应在日常生活中的应用，总结课堂收获。

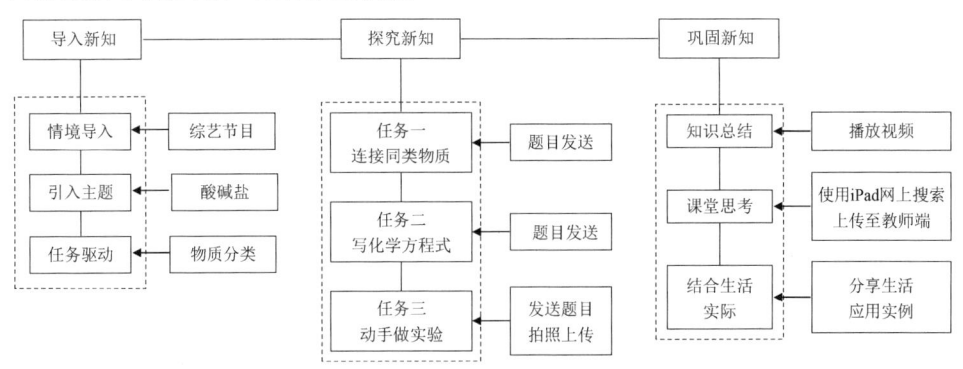

图 9-1 《酸碱盐》教学时序流程图

2）教学时序流程

通过对整个教学视频的观看和记录，本节归纳了本节课的教学时序流程，如表 9-1 所示。

表 9-1 《酸碱盐》的教学时序流程

时间	教学环节	行为描述 教师	行为描述 学生	课堂交互描述
0:00～01:35	引入主题	以《奔跑吧！兄弟》引入主题，让学生读出化学物质的名称	依次读出化学物质名称	问答
01:35～3:53	任务驱动+讲解	布置任务：为物质分组	小组协作，为物质分组	使用 iPad、画笔向教师端发送答案
3:53～7:55	任务驱动+提问讲解	布置任务：连接酸、碱、盐、氧化物、单质可相互反应的物质类型	小组协作，连接两两反应的物质类型	问答 使用 iPad、画笔向教师端发送答案

续表

时间	教学环节	行为描述 教师	行为描述 学生	课堂交互描述
7:55~10:00	任务驱动+讲解	布置任务：写出化学方程式，A、B组完成实验1的化学方程式书写，C、D组完成实验2的化学方程式书写，E、F组完成实验3的化学方程式书写	小组协作，写出化学方程式	使用iPad、画笔 向教师端发送答案
10:00~17:14	任务驱动+实验探究	布置任务：每组成员合作完成三个实验，并将实验结果拍照上传至教师端	小组协作，做实验，拍照片	问答 使用iPad、化学仪器（试管、烧杯）、化学试剂、A4纸 向教师端发送答案
17:14~19:30	观看化学反应视频	讲解	观看	使用学科工具（starc教学系统）
19:30~26:36	问题驱动实验探究	引导学生观察现象	1人操作，其余人观看	问答 使用专业学科工具（实时测量温度和pH值）
26:36~30:30	巩固知识	总结化学反应发生的条件	1人上前做题，其余人观看	问答 使用专业学科工具
30:30~35:50	课堂练习	提出问题：碱和单质能否反应	搜索问题答案，做实验，验证金属单质与碱反应	问答 使用专业学科工具 使用化学仪器
35:50~39:44	课堂思考	提出问题：酸碱盐反应在生活中有什么应用？在现代化的信息环境中学习，你在知识、技能和情感方面有什么收获	思考问题，回答问题	问答

9.1.2 学习行为数据采集

1）兴趣的外显行为数据采集

本节课的总课程时长为39分44秒，使用Premiere软件将本节课的教学视频导成一系列.tga格式的图像，这个软件的图像导出规则是将视频按照每帧生成一次，每秒生成25帧图像，共生成59620帧图像。依据上述提到的数据采集规则，通过人工采集的方法，每间隔 5 秒采集一帧图像，并按顺序依次命名为 01、02 等，共获取 476 帧图像。因为视频的拍摄角度限制等问题，本节所能采集到的数据有限，因此只对包含学生兴趣外显行为特征的图像进行处理。

2) 坐姿行为数据采集

首先选择出能够表征学生坐姿行为的图像，然后依次对每帧图像进行归一化处理，将含有学生坐姿的图像进行坐姿标定。具体操作是对每帧包含学生坐姿特征的图像标定坐标轴和坐姿夹角，测量出坐姿夹角，并依次与坐姿-注意力水平映射库进行对比，得到坐姿类型和对应的注意力水平得分，并计算单位时间内的（30 秒）注意力水平得分，作为该维度的向量值，以方便后面的兴趣聚类分析。

3) 参与行为数据采集

按照前面所提到的课堂观察量表对这堂课的学生课堂参与行为进行记录，并将收集好的数据和量化结果进行总结，《酸碱盐》学生课堂参与行为统计表如表 9-2 所示。在数据采集完成以后，对单维度的量化指标的权重和时长进行计算，并汇总。

表9-2 《酸碱盐》学生课堂参与行为统计表

行为	指标维度				
	参与行为方式		参与行为属性		
			频次	w_1	时长	w_2
师生互动	主动回答	个人回答	8	1/3	189 秒	474/2947
		群体回答	3	1/8	156 秒	
	被动回答	个人回答	12	1/2	115 秒	
		群体回答	1	1/24	14 秒	
	总计		24	1	474 秒	
生生互动	小组协作		4	1	495 秒	495/2947
	总计		4	1	495 秒	
学生与环境互动	专业学科工具		4	4/9	672 秒	1978/2947
	通用学科工具		5	5/9	1306 秒	
	总计		9	1	1978 秒	
总计					2947 秒	1

按照前面提出的数据采集规范，对《酸碱盐》这堂课的学生课堂参与行为数据进行采集，并计算单位时间（30 秒）的课堂参与度得分，作为该维度的向量值，以方便后面的兴趣聚类分析。

4）表情特征数据采集

首先对所获取的一系列图像进行预处理，依据面部运动编码系统来建立局部特征编码对；其次，将编码对与表情识别规则库进行对比，得到学生的表情类型，并进一步将获取的表情划分为感兴趣或者不关注。计算单位时间（30秒）的学习情感得分，作为该维度的向量值，以方便后面的兴趣聚类分析。

9.1.3 学生的课堂兴趣量化分析

根据数据采集和统计结果，分别计算三个维度在单位时刻的量化值，以时间作为变量，构建学生兴趣的三个维度的空间向量，形成学生的课堂学习兴趣向量集。首先使用SPSS统计分析软件，对三个维度进行描述性统计，学生兴趣聚类结果示意图如图9-2所示。接下来计算《酸碱盐》这堂课的学生学习兴趣，通过K-means聚类之后，学生兴趣聚类结果示意图如图9-3所示，以最终的聚类中心来表征学生的课堂学习兴趣。

描述统计量

	N	极小值	极大值	均值	标准差
注意力	78	0.000	90.000	4.89234	11.373985
参与度	78	0.000	16.000	3.70513	3.322919
学习情感	78	0.000	10.000	1.17740	1.687717
有效的N（列表状态）	78				

图 9-2　SPSS统计后学生兴趣聚类结果示意图

初始类中心

	聚类 1	聚类 2
时间	1	78
注意力	7.48266	-0.43013
参与度	-0.21220	-1.11502
学习情感	0.21396	-0.69763

最终聚类中心

	聚类 1	聚类 2
时间	20	59
注意力	0.29859	-0.29859
参与度	0.14275	-0.14275
学习情感	0.45263	-0.45263

图 9-3　K-means聚类后学生兴趣聚类结果示意图

本应用是对所提出的学生兴趣模型构建方法的实例验证，选择智慧教室中的课堂实录视频进行数据采集、处理和聚类分析，通过计算本节课的学生课堂学习兴趣，验证了该模型的有效性和实用性。

9.2 应用 2：基于鼠标轨迹和面部微表情的投入度分析

在测量情感和认知输入的方法中，基于各种传感器的客观方法更适合在线学习情境中使用，其不仅可以减少学生主观因素造成的评价误差，还可以满足评价分析的实时需要，通过融合不同传感器的测量数据，提高评价的准确性。例如，基于计算机视觉技术的观察方法对于观察学生的情感和认知输入是很有优势的。通过摄像头和眼球追踪设备，可以实时监测学生的面部微表情、头部姿态和动作，以及眼球活动，如眼球轨迹、凝视和眼球跳动等，并通过这种方式判断学生的情感和认知输入。此外，学生在学习页面上的活动（如阅读速度、浏览顺序、焦点位置等）也可以通过鼠标移动轨迹来判断。有研究发现，鼠标的移动轨迹与人在阅读过程中的视线轨迹有很强的相关性，存在固定的"鼠标跟随视线"的移动模式和鼠标与视线的"交互"模式，因此，学生对学习页面的浏览过程和他们在学习页面某一部分的停留，可以通过鼠标移动轨迹进行分析。整合多种模式数据来测量学习参与度，可以避免单一模式数据在描述学习参与度方面的局限性，提高评估的准确性。基于实际的实验条件，本应用以摄像头和鼠标为主要传感设备，记录学生在线学习时的面部表情和阅读时的鼠标轨迹，并分析学生的情绪和认知参与度。

近年来，深度神经网络模型因能够充分表征多层数据并反映数据的性质而受到研究人员的欢迎。在计算机视觉领域，CNN 是深度神经网络模型之一，它在许多视觉任务中表现出色，在一些视觉任务中不同程度地优于传统方法。本节使用卷积神经网络来分析学生的面部微表情数据和鼠标轨迹数据。传统方法在处理图像数据时最关键和困难的步骤是如何提取有效的人工特征，而卷积神经网络模型不需要专门的人工特征提取，研究者只需要关注模型结构的构建和模型参数的训练与优化。这种结构特征的优势满足对图像和鼠标数据内在信息进行高维分析的需要。输入卷积神经网络模型的 RGB 图像由局部二进制模式（Local Binary Pattern，LBP）提取，然后输入网络，以提高表情识别的准确性。

除了利用面部微表情来判别情绪输入，还构建了一个针对鼠标轨迹数据的 BP 神经网络（Back Propagation Neural Network，BPNN）来判别阅读时的认知输入。根据研究，人的视线与阅读过程中的认知输入状态存在联系，在线学习过程中视线轨迹与鼠标轨迹存在一致的跟随模式，因此对鼠标轨迹的分析可以间接分析出学习过程中的学习输入状态。最后，通过均值法对这三个模型的结果进行整合，得到学生情感和认知维度的输入水平，情感和认知投入的集成测评方法如图 9-4 所示。

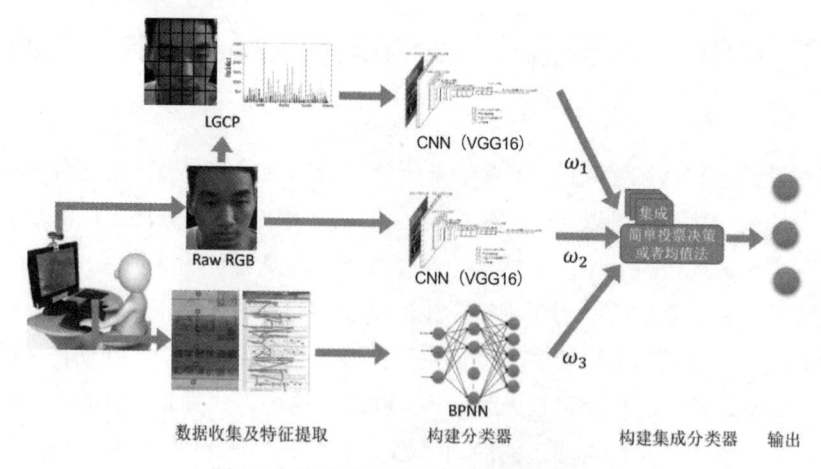

图9-4 情感和认知投入的集成测评方法

对于表情识别，采用 VGG16 的卷积神经网络模型，其中输入为 224×224 的 RGB 三色通道图像和 LGCP 处理后的 224×224 的 RGB 三色通道图像，网络结构由 13 个卷积层和 3 个全连接层叠加而成，最终输出类别为 1～3 的投入水平值。鼠标轨迹数据的识别，采用了 BP 神经网络模型，其中输入层选择了 emoji 图像所属时间戳的前 20 秒内的鼠标轨迹数据作为输入，隐含层的节点数为 20，输出节点数为 3，表示为 1～3 的输入级别度值。选择均值法进行模型集成，具体操作：对于每个分类器，由 softmax 函数计算输出落在 1～3 的概率值的大小，然后对 1～3 的每个类别的三个子分类器的概率值进行平均，根据每个类别的均值大小来确定最终预测值。

本节主要讨论如何引入摄像头数据和鼠标轨迹数据来测量情感认知的参与度。该方法基于模型融合的方法，由表情识别子模型和鼠标轨迹识别子模型组成，通过分析学生的面部微表情数据和鼠标轨迹数据，对学生在学习过程中的情感和认知投入进行综合评估。

学生在学习情境中的表情类型分布与自然情境中的表情类型分布不同，部分表情背后反映的情绪也与自然情境中的表情不同，因此不能直接用现有的表情数据集来构建表情识别模型。测量情感和认知输入的方法，是基于深度学习技术，通过融合三个深度学习子模型来测量学习输入的。两个 VGG16 模型被用来分析情感输入，一个 BP 神经网络模型被用来分析认知输入，通过整合得到最终的测量结果。

本节提出的结合面部微表情识别和鼠标轨迹数据分析的输入检测模型，进一步证实了面部微表情可以用来检测学生在学习过程中的情绪输入；同时，证实了学生学习过程中的鼠标运动数据也能有效地反映学生在学习过程中的认知参与度。从这项研究中得出以下几点。

（1）面部微表情和鼠标轨迹数据可以表征在线学习过程中的情感和认知投入，但这样建立的集成模型的识别精度仍有较大的提升空间。当然，模型本身的质量对精度有一定的影响，排除模型因素，模态数据过少也可能是影响精度的因素之一。在实验条件允许的情况下，整合更多的模态数据，如眼动数据、皮电数据等，可能有助于提高输入检测的准确性。

（2）在本书中，利用表情图像进行情感状态的识别，虽然在标注时参考相关时间点前后的鼠标轨迹数据，提高了图像标注的准确性，但学生在不同输入水平下有时接近面部微表情的情况，给学习输入状态的确定带来了不便。这个问题主要在于判别状态时缺乏上下文信息，因此可以通过改变识别方法（如识别表情图像序列或身体和头部姿势）或整合更多的模式数据来提高判断的准确性。

（3）鼠标轨迹数据的收集限制了该模型对使用计算机或笔记本电脑的在线学习情况的适用性，而实际的在线学习过程还包括便携式设备，如手机和平板电脑。这些便携设备不使用鼠标而通过触摸来实现人机交互。虽然无法获得鼠标光标在学习页面中的具体位置，但仍可获得学习页面的显示位置和相应的时间戳，并可分析学习页面在垂直方向上的移动，从而大致分析出学生在学习页面某一位置的停留情况。

9.3 应用3：基于关键点位置信息的学生课堂状态分析机制

在信息技术与教育理论深度融合的当今时代，立足数字化教学场景，利用人工智能技术对学生行为进行有效感知、量化与评估，是实现教学模式创新与改革工作推进的关键一环。在真实课堂中，学生行为判别受拍摄视角、摄像机分辨率、光照、学生体型、空间变化等约束，这给学生行为状态的判别带来了较大挑战。传统植入开源姿态检测算法芯片的硬件设备虽能快速捕捉学生姿态，但其工作非常受制于检测精度影响，因此，配置更高检测精度级别的学生行为识别系统的智慧教室工具，有助于促进学生感知量化工作的开展。本节立足于采集的可见光与红外两种模态的课堂视频，采用第7章提出的EHPE模型对视频中的学生关键点进行定位，对骨骼特征进行提取，使用基于骨架的行为识别模型对学生行为进行判别分类，并依照指标分析其深层状态和情感，最终为课堂反馈提供重要依据。

9.3.1 学生行为识别路线

1）实验环境及人员设置

实验环境设置在智慧教室。智慧教室的设备及功能一览图如图 9-5 所示，该智慧教室是利用云计算、联网技术和人工智能技术构建起来的新型教室，提供高清直/录播、物联网集控、starc 教学系统及多种互动教学等功能。为了获得充分稳定的实验数据，以便于实证研究展开，实验召集了 20 余位志愿者，分别完成单人课堂行为及多人集体课堂行为的数据采集。本实验论证环节，集合 6 位志愿者完成多人集体课堂行为的数据采集。6 位志愿者按照规定要求，随机在课堂中采用预先拟定姿势。

图 9-5　智慧教室的设备及功能一览图

2）实验数据采集

为进行面向智慧课堂学习环境下的学生状态行为研究，实验采用网络摄像机录制了一段课堂视频用于实证研究。智慧教室环境下学生行为分析路径可视化如图 9-6 所示。为贴近真实智慧课堂情境并节省资源，实验直接将摄像机调至红外模式以适应光线减弱情境。该课堂视频时长为 10 分钟，每秒采集 1 帧图像，每帧图像有 6 位学生，经过分帧处理，可以得到 600 帧图像，并对图像中每位学生行为进行标注。

第 9 章 应用实例与未来趋势探讨

图 9-6 智慧教室环境下学生行为分析路径可视化

3）目标检测

为尽可能提高最终学生行为识别的准确性，在姿态估计阶段中采取自上而下的方法。目标检测是自上而下姿态估计方法中不可或缺的一步，本实验中采用了 Yolov4 目标检测模型来提取人体主导区域，其兼顾了定位精度和效率，模型简洁，并可以配置在计算机上。

4）关键点定位与姿态特征构造

经过人体主导区域提取的图像经过归一化处理，输送至本节提出的 EHPE 模型中进行关键点定位，本节采取的 MSCOCO 骨架编号，包含 18 个关键点。除关键点位置信息外，本应用还将另外提取两个特征向量，分别是学生肢体骨骼长度和骨骼夹角，以加强对骨骼信息的约束。需要注意的是，为尽可能提取到有用的肢体信息，本应用剔除了在眼睛部分的关键点定位。而实际上，在姿态估计模型中，使用基于骨骼线索感知的高斯编码策略对图像中每个人体实例的关键点进行遍历计算时，已经计算了骨骼长度和骨骼夹角，因此这两个特征向量不需要重复计算。

5）姿态分类

构建深度神经网络模型对学生行为进行分类，本节采用预训练的 VGG19 架构模型，包含 16 个卷积层和 3 个全连接层，卷积核尺寸为 3×3，步长为 1×1。采用最大池化方式（Max Pooling），池化层卷积核尺寸为 2×2，步长也为 1×1，为增强识别精度,增加 BN(Batch Normalize)层。本节中,将学生行为分为看书、听讲、举手、起立回答、喝水、挠头、睡觉、玩手机、讲小话和左顾右盼 10 个动作。

9.3.2 学习行为分析指标

现有的研究大多聚焦于对学生某个或某些特定动作、行为和状态的识别上,其动作下潜藏的情感特征需要进一步进行人工分析。而实际上,现实智慧教学场景中学生状态复杂多变,某一类动作要素划分并不能客观地覆盖所有学生状态种类。因此,本实验中,将学生行为划分为积极、消极和中性三大状态类型,省略更高层次的人工分析步骤,以此满足对学生状态所蕴含的情感因素的客观把握和课堂状态的直接有效反馈。表 9-3 所示为积极、消极和中性状态所包含的姿态类别对应表。

表 9-3 积极、消极和中性状态所包含的姿态类别对应表

状态类型	行为			
积极状态	看书	听讲	举手	起立回答
中性状态	喝水	挠头		
消极状态	睡觉	玩手机	讲小话	左顾右盼

为对特定学生进行行为分析,从而把握其在课堂中的整体情况,计算该学生的某状态帧数在所有帧中所占比率,即状态率(state rate,sr)。当 $t=1,0,-1$ 时分别代表积极、消极和中性状态,如状态率由如下公式表征:

$$\mathrm{sr}_t^i = \frac{\sum_{f=1}^{F} g(t)}{F} \tag{9-1}$$

式中,i 代表当前识别的学生编号;f 即 Frame(帧数);F 代表所有帧数;$g(t)$ 为标记当前学生状态的二值函数,如当计算积极状态率时,$g(t)$ 可由式(9-2)给出:

$$g(t) = \begin{cases} 1, & t=1 \\ 0, & t \neq 1 \end{cases} \tag{9-2}$$

状态率的计算有助于为学生状态和课堂整体状态画像提供重要依据。例如,当针对某一学生状态进行分析时,状态率可表现出该学生在课堂的整体表现。而针对整堂课,可对所有学生状态率求平均,如当返回较高的消极状态率时,可为教师调整课程内容及课堂节奏提供及时反馈,实现课堂的有效干预。

9.3.3 学生行为状态判别系统构建

学生行为状态判别系统如图 9-7 所示,从网络设备中获取智慧课堂学生行为视频后进行分帧处理,按照学生行为识别路线,依次对图像中人体实例进行目标检测、学生编号和姿态识别,结合关键点位置信息、关节间距和骨骼夹角特征,获取对当前编号学生的姿态类别,并进行对应状态归类,使用学生行为分析指标,计算该学生状态率,以此反映及跟踪学生行为状态。

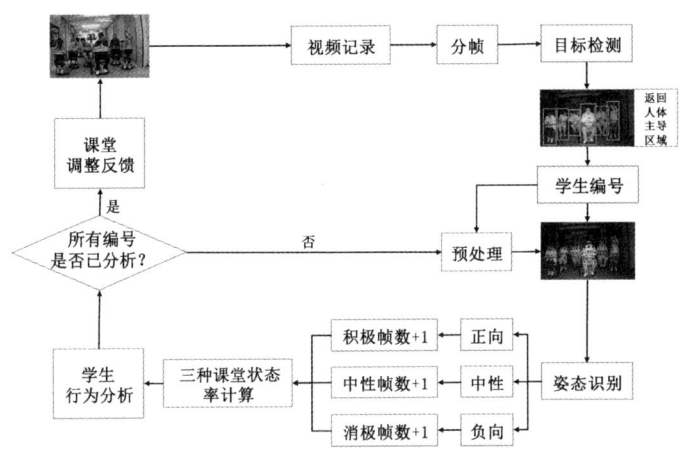

图 9-7 学生行为状态判别系统

在实证研究中,该课堂的某学生行为与状态分布图如图 9-8 所示,不难发现,该学生大部分时间处于较为积极的学习状态中。图 9-9(a)为学生时序状态图,展示了某学生的状态随时间变化的趋势,图 9-9(b)则展示了课堂中处于积极(消极)状态的人数随时间变化的趋势,该分布图从学生和课堂角度分别刻画并跟踪课堂实时状态。

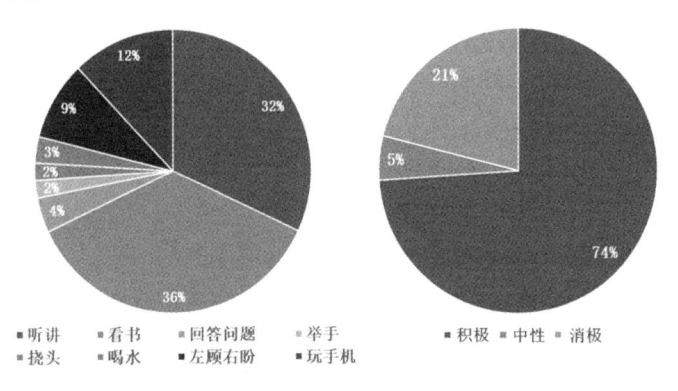

图 9-8 某学生行为与状态分布图

(a)

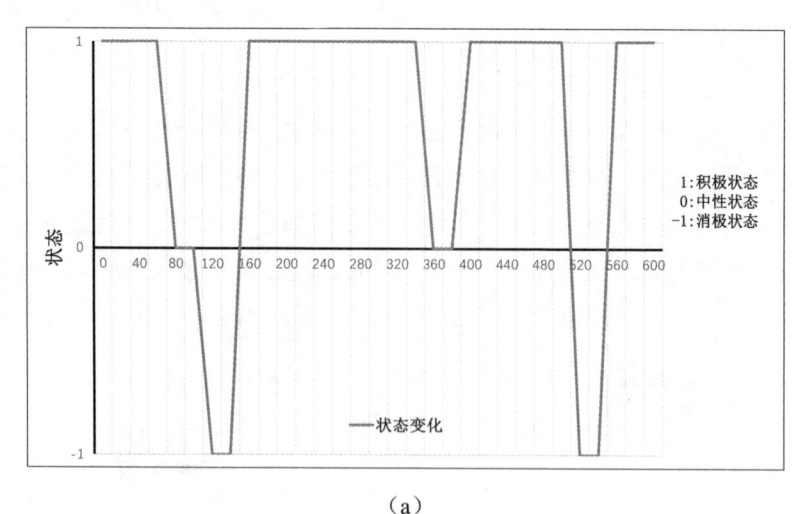

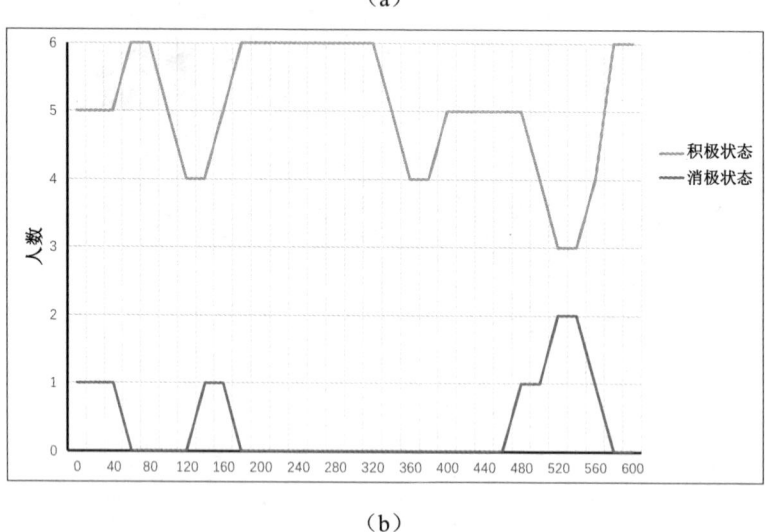

(b)

图 9-9 某学生状态随时间变化趋势和课堂中处于积极（消极）状态的人数随时间变化趋势

9.4 应用 4：基于头部姿态的学生注意力感知与分析

本应用利用提出的头部姿态估计模型感知学生注意力。首先针对学生的数据进行采集并人工标记注意力分数，通过对其数据的分析，进而构建注意力评价指标，并介绍姿态到注意力的映射关联，随后利用提出的头部姿态估计模型搭建简易的注意力感知系统，并对系统的准确性和实用性进行验证和分析。

9.4.1 实验数据采集

随着教育技术的发展，智慧教室已经渐渐走入传统教育学习中。不同于传统课堂教学，在智慧教室系统中，多屏触控面板已经替代黑板，多视角的教学方式也提供了能让学生协作探究及小组合作的学习模式，不仅如此，多媒体技术的普及也让教师在课后能够回溯学生的学习过程，判断其学习过程中的注意力集中程度，把控学生的整体认知水平，调整教学方案。例如，教师在讲述某个知识点过程中，学生经常左顾右盼，视线不跟随教师的教学活动，是否因为该知识点的讲述节奏较为缓慢、枯燥，教师根据此分析可以设计新的教学方案，活跃上课氛围，调动学生的积极性，提高教学质量。然而，课后教师对每位学生的学习情况进行分析，无疑耗时耗力。因此，本应用基于上述问题，设计数据采集场景，利用摄像头捕获智慧教室下的学生数据，构建注意力量化体系，搭建基于头部姿态估计的学生注意力感知系统，使之能够自动地检测学生的注意力变化，反馈指导信息，辅助教师完成个性化教学方案的设计。

智慧教室展示如图 9-10 所示，通过智慧屏幕的摄像头可以采集学生的学习过程画面，采集图像的分辨率为 960 像素×640 像素，按照 4 帧/秒的速度进行抓取，共获得 2000 帧图像，其中包含课堂多人学习和单人学习样本，部分学生数据集展示如图 9-11 所示，利用这些样本能够更好地对本节所提出的基于头部姿态模型的注意力感知系统进行应用验证。

图 9-10 智慧教室展示

图 9-11 部分学生数据集展示

9.4.2 学生注意力感知分析

在学习过程中，学生的视线方向可以决定学生的聚焦点，进而决定学生的注意力。然而，在智慧教室环境中，由于低分辨率、环境因素变换等，摄像设备想要获取学生的瞳孔是极其困难的，在一般情况下，学生的视线方向与头部朝向是相一致的，因此，学生注意力可以通过获取学生的头部姿态角度来进行感知。

1) 学生注意力量化映射

在采集到学生数据后，需要对其进行标签标注。通过教师和学生共同对样本中的注意力进行分析，并参考专家知识，注意力-头部姿态量化映射表如表 9-4 所示，将学生的注意力划分为五类，分别是集中、较高、高、低、较低，并通过注意力分数进行表示。不仅如此，通过对数据集的分析，本节还构建了学生注意力-头部姿态映射表，将头部姿态与注意力程度进行一一对应。学生的头部偏转程度，反映了学生的注意力情况，注意力集中程度按角度的偏转情况依次递减，其中头部偏转的角度只通过三个欧拉角的均值来确定，表示为 $\alpha = (|\text{Yaw}| + |\text{Pitch}| + |\text{Roll}|)/3$，其中，Yaw、Pitch 和 Roll 可以通过头部姿态模型进行预测，利用该角度进而判定学生的注意力程度和注意力分数，通过累加一段时间内的分数，并将其按照图像帧数进行平均后，得到最终的注意力分数。

表 9-4 注意力-头部姿态量化映射表

头部姿态	注意力程度	注意力分数
头部正对摄像头，头部偏转角度 $\alpha \in [0°, 15°]$	注意力集中	1
头部略微偏转，头部偏转角度 $\alpha \in [15°, 30°]$	注意力较高	0.75
头部侧脸面向摄像头，头部偏转角度 $\alpha \in [30°, 45°]$	注意力高	0.5
过于偏离摄像头，头部偏转角度 $\alpha \in [45°, 60°]$	注意力低	0.25
完全偏离摄像头，头部偏转角度 $\alpha > 60°$	注意力较低	0

2）基于头部姿态的学生注意力感知系统

为了验证本应用提出的头部姿态估计模型在注意力感知上的准确性和实用性，依据采集的学生数据集，本节构建了基于头部姿态的注意力感知系统对学生的注意力进行分析和反馈，系统流程图如图 9-12 所示。

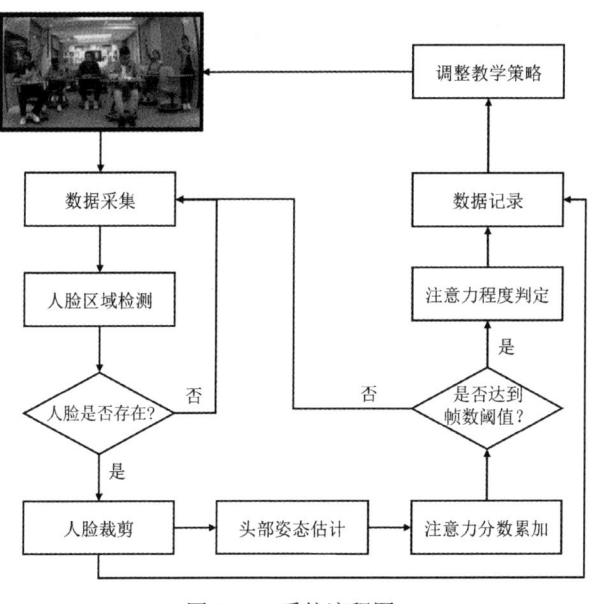

图 9-12 系统流程图

课堂学习行为的视觉感知与分析

基于头部姿态的学生注意力感知系统主要分为以下三个部分。

数据预处理。在感知采集数据集图像的注意力进行之前，需要先对图像进行人脸检测、数据归一化等操作，这部分对于头部姿态估计的准确度有着极大的影响。本应用提出的模型主要是针对面部区域的图像进行估计的，而对于采集的数据来说，主要是在智慧教室下整体的图像，如果直接输入模型估计效果将是不理想的。因此，该应用采用高健壮性的开源人脸检测算法 MTCNN 进行面部区域的检测，将其裁剪后转化为 224 像素×224 像素大小的图像，并通过 ImageNet 的均值和方差进行归一化。同时，该裁剪后的图像需要进行 ID 记录，此记录方便教师进行学生个体的判定。面部区域检测、裁剪和 ID 标记如图 9-13 所示。

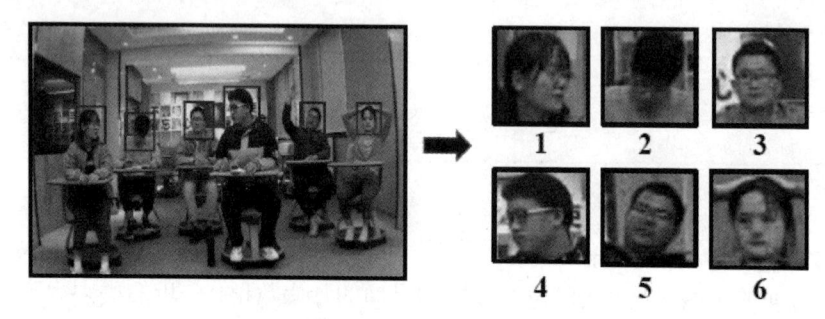

图 9-13 面部区域检测、裁剪和 ID 标记

头部姿态估计。利用训练好的 MFDNet 模型提取单张面部图像的特征，并直接输出头部姿态，利用该姿态进行注意力集中程度的判定分析。

注意力感知。该部分，主要将模型输出的头部姿态映射到注意力程度和注意力分数，由于学生的注意力程度是持续维持的，当得到每一帧图像中学生的注意力分数后，持续累加，累加的帧数阈值被设置为 40，即按照 4 帧/秒采集方案，每处理 40 帧图像，输出这 10 秒内的平均注意力分数，进而判断这段时间内学生的注意力集中程度。值得注意的是，为了给予反馈，同样需要将平均注意力和图像 ID 进行对应记录，便于教师的分析判断。

利用采集的数据集进行验证后发现，本应用所提出的基于头部姿态的注意力感知系统在其数据集上表现出了极高的准确率，图 9-14 展示了学生的头部姿态情况。教师可以根据该系统反馈的信息，掌握学生的学习集中程度，调整教学方案，并为每位学生提供个性化的教学。

第 9 章　应用实例与未来趋势探讨

图 9-14　学生的头部姿态情况

9.5　建议及对未来的思考

传统上，学生行为研究采用人工编码学生行为的方法，这种方法既费时又烦琐。本节利用深度学习相关技术很好地解决了这个问题，研究的行为识别模型可以用来检测学生在课堂上的行为，为学生行为研究领域带来了便利。但是，受数据收集方面的一些限制，实验没有收集到足够的行为数据，分析的类别也比较少，今后的研究将在以下几个方面进行改进。

（1）本节采用的卷积神经网络虽然取得了较为满意的效果，但在训练过程中存在一些问题。由于采集的数据集不够大，而网络模型的复杂度较高，难免出现过拟合的现象，训练时间也较长，今后将从提高模型识别精度和实时性方面改进相关算法，进一步优化行为识别模型的性能。

（2）用于训练网络的数据集应该足够大且多样化。但受条件限制，本节收集的数据只来自室内环境，只收集了固定教室的视频。今后，本团队将进一步完善学生行为数据库，扩大采样范围，包括小学、中学和大学的教室，同时考虑到光线的影响，还将会尝试在一天的不同时间段收集教室视频。本节研究的行为类别在课堂上比较常见，未来的研究不仅要收集更多样化的课堂数据，还要考虑增加学生的行为类别，使数据集更加丰富，如看书、睡觉、举手、玩手机、喝水、听讲、挠头、起立回答、讲小话、左顾右盼等。

（3）基于视频的学生行为识别研究难度较大，不仅需要网络模型的复杂度大，而且对训练数据集的要求比较高。因此，虽然本节收集的原始数据是教室视频，但只使用单帧图像进行行为识别，以后直接考虑将视频作为实验数据，研究基于视频的教室行为识别。

（4）研究多源数据的使用与识别精度之间的关系。本节中，受实验条件的限制，只使用了摄像头数据或鼠标轨迹数据等作为评估数据。此外，许多其他传感器的模态数据也可以用于评估，如眼球追踪、皮肤电传感器、脑电传感器和压力传感器。然而，是否使用的模态数据越多，模型精度就越高呢？另外，不同传感器数据所能表征的输入维度信息是单维的还是多维的？它们之间是否有信息重叠？所有这些问题都值得进一步深入分析。

（5）基于非正面人脸的图像识别研究。在本节中，包括表情识别、视线估计、头部姿势在内的人脸图像采集过程都是基于正面人脸图像的。一方面，正面人脸图像更有利于判断学生的学习状态；另一方面，基于正面人脸的表情识别技术更加成熟、准确率更高。但是，学生在实际学习过程中，存在转头、偏头、低头等头部姿势。这些非正面的脸部状态，以及光照变化、排列错误、面部遮挡问题对表情识别有很大影响。因此，未来的研究将集中在提高非正面人脸的识别率问题上，这将增强整个模型对课堂学习行为识别的适应性，可以进一步提高评估模型的准确性。

（6）网络模型架构的研究。当前比较流行的 Transformer 模型架构，具有很好的获取全局信息的能力，可以用来对学生课堂行为进行较为全面的分析。如果考虑到模型的计算所需的时间，则可以使用一些轻量级的网络模型，能够增强模型对于课堂学习行为识别的实时性。当然，为了更好、更准确地分析学生的课堂学习行为，可以进行阶段性考虑，如可以按学期来对学生整体的行为进行评价。

后 记

　　本书是我在多年教学工作的基础上修改完成的，能够顺利完成得益于很多人的支持和帮助，在此我要特别感谢课题组的全体成员。在多年的研究和教学中，我一直在思考计算机视觉在课堂中有哪些应用，这些应用将会对教育教学产生怎样的影响，应该如何去实现计算机视觉在课堂中对学生的学习行为进行感知等一系列的相关问题。本书从研究的背景与意义出发，关键技术部分通过介绍相关技术的基础和方法，提出了一些技术上的建议和对未来发展的思考，希望可以给相关技术方向上的读者带来一些启发，为教育信息化、智慧教室的建设者提供一些有益的思路。本书最后针对应用与未来趋势，介绍了与课堂学习行为的多模态融合有关的理论和技术、课堂学习行为的相关应用和未来研究的发展趋势。

　　课堂学习行为的视觉感知与分析是计算机视觉、大数据、教育教学、心理学等众多学科的交叉领域，为教育信息化的发展、学生的个性化教学、教师获取学生的学习状态提供了重要的原理和技术方法。越来越多的教育专家和工作者已逐渐重视人工智能在教育教学中的深度融合，然而这一深度融合面临着诸多挑战和难题。当前大多数的技术研究致力于普通的生活场景，数据集也都是互联网爬取或在实验室场景下采集的图像，而教学场景中的学生行为与这些普通场景下的个体行为还存在一定的差异性，因此对课堂学习行为的视觉感知与分析研究急需符合教学场景下的图像数据集。此外，课堂场景下的学习行为感知，通过人为观察或问卷调查实现，耗时长且统计效率低。如何用人工智能的手段来分析学生的课堂行为，并及时反馈给教师也是一个亟待关注的问题。仅通过单一模态的信息感知课堂学习行为容易受到噪声的干扰，且表达不够全面。因此，将多模态融合应用于学生课堂状态研究会有助于更好地认识并理解学生的课堂学习状态，并对学生进行干预和指导。

　　本书针对学生课堂学习行为的视觉感知与分析，探索如下三大关键挑战：学生表情、视线、头部姿态、人体姿态等学生课堂行为图像数据集的建立；学生表情、视线、头部姿态、人体姿态等学生课堂行为的识别方法；学生多模态课堂行为特征的融合及应用。在表情识别方面,本书提出了基于高斯先验分布的表情识别方法和基于图卷积网络与 K 最近邻图的面部表情识别;在视线估计方面,本书涉及基于头戴式设备和基于复合损失卷积神经网络的两种视线估计方法;在头部姿态估计方面,本书介绍了基于各向异性分布的头部姿态估计方法、基于三元组架构的头部姿态估计方法、基于矩阵费雪分布的头部姿态估计方法;在人体姿态估计方面,本书提出了基于骨骼线索感知的人体姿态估计模型和基于像素表征学习的 CHRNet 网络设计。为了综合利用各视觉任务的过程性结果和结论性结果,来获得学生学习状态的准确分析,本书介绍了三种多模态融合方法:过程性融合、决策性融合和混合性融合。最后,本书介绍了课堂学习行为的四个应用:智慧教室中的学生兴趣模型应用实例分析、基于鼠标轨迹和面部微表情的投入度分析、基于关键点位置信息的学生课堂状态分析机制、基于头部姿态的学生注意力感知和分析,并通过这些应用畅想了未来该领域的发展趋势。

　　本书是课堂学习行为的视觉感知与分析方向的入门学习著作,由于作者阅历有限,对于一些方向的探索可能还不够具体、不够深入,本书可能存在一些缺陷和不足,希望广大读者提出批评和指导性的建议。

反侵权盗版声明

电子工业出版社依法对本作品享有专有出版权。任何未经权利人书面许可，复制、销售或通过信息网络传播本作品的行为；歪曲、篡改、剽窃本作品的行为，均违反《中华人民共和国著作权法》，其行为人应承担相应的民事责任和行政责任，构成犯罪的，将被依法追究刑事责任。

为了维护市场秩序，保护权利人的合法权益，我社将依法查处和打击侵权盗版的单位和个人。欢迎社会各界人士积极举报侵权盗版行为，本社将奖励举报有功人员，并保证举报人的信息不被泄露。

举报电话：（010）88254396；（010）88258888
传　　真：（010）88254397
E-mail: dbqq@phei.com.cn
通信地址：北京市万寿路173信箱
　　　　　电子工业出版社总编办公室
邮　　编：100036